# KÖLN VON A-Z

Impressum:


Umschlaggestaltung: Jutta Schneider
Titelbild: Roman Spiro

Printed in Italy by GRAFEDIT SPA

ISBN 3-8231-0601-5

Foto- und
Bildnachweis

Verkehrsamt der Stadt Köln
Rheinisches Bildarchiv, Köln
Grafische Sammlung des
Kölnischen Stadtmuseums
Privatarchiv Dr. M.-L. Schwering
Wolfgang F. Meier, Köln

# KÖLN  VON A-Z


## *Das heitere Stadt-Lexikon*

*von Max-Leo Schwering und Roman Spiro*

TOMUS VERLAG MÜNCHEN

# Impressionen und Einsichten

Das Wagnis, Kölner Stadtgeschichte in Stichworten zu präsentieren und als Stadtführer dem Leser in die Hand zu geben, hat – soweit ich sehe – noch niemand unternommen. Ein Novum also in der Köln-Literatur und zudem noch hübsch illustriert.

Doch der Autor wußte um die Originalität seiner Aufgabe: In rund 500 Stichworten – mühelos hätten es auch 5000 sein können – das Bild eines fast zweitausendjährigen, sehr vielschichtigen Gemeinwesens zu zeichnen. Es ging darum, das Wesen dieser Stadt auf eine sorgsam ausgewählte Kurzformel zu reduzieren. Der Leser durfte nicht überfrachtet, er sollte unterhalten werden. Wir wollten ihn auch neugierig machen auf eine alte Stadt und den Lebensstil ihrer Bürger, auf das Woher und Wohin der rheinischen Metropole.

Fünfhundert Jahre Römerherrschaft bestimmten das Gesicht dieser Stadt bis heute. »Roma invicta« – »Unbesiegtes Rom« ist hier auf Schritt und Tritt gegenwärtig.

Und so liegt dieses Gemeinwesen eingebettet in große Vergangenheiten. Ihnen fühlt sich der Kölner verpflichtet. Daher auch jener, den Fremden bisweilen provozierende Lokalpatriotismus, mit Pathos und ein wenig Rührseligkeit hervorgekehrt. Diese Attitüde entspricht Kölner Mentalität. Noch immer.

Köln blieb eine wahre »urbs« in antikem, römischem Geist. Mit all den spirituellen wie schöpferischen Regungen, die das Wort nun einmal in sich schließt. Sie war eine Bürger-, keine Residenzstadt. Im politischen Denken nicht minder als im Handeln ist ihre Grundhaltung durch und durch demokratisch. Gefestigt, erprobt in Jahrhunderte dauernden Streitigkeiten um Stadtherrschaft – auch gegen den Erzbischof als Gebieter.

Die Schlacht von Worringen anno 1288 ist (fast) jedem Kölner Kind geläufig. Der Kölner sonnt sich gerne in dieser Sternstunde seiner Historie. Worringen war das Ende langwährender erzbischöflicher Herrschaft. Immerhin wuchs die Stadt während jener – auch recht glanzvollen – Epoche gleich dreimal über den ewigen Grundriß, das römische Areal, hinaus. Zum Beispiel erst 950 zum Rhein hin. Seitdem gilt das heute so selbstverständlich gebrauchte »Köln am Rhein«.

Nach Worringen kam es zwischen Patriziat und Zünften zu Streitigkeiten um das Stadtregiment. Es siegten die Handwerker. Trotzdem fanden die Bürger zu einem gemeinsamen ersten »Grundgesetz«, dem berühmten »Verbundbrief« von 1396. Da ging es um den Rat, die Verwaltung der Stadt, ihre Repräsentanten. Es ging um Außen- und Innenpolitik nach dem Mehrheitsprinzip. Die Kölner Demokratie war geboren – auch in ihrer spezifischen Spielart, dem Kölner »Klüngel« nämlich. Gewisse Komplikationen machten 1513 einen Zusatz zum »Verbundbrief« vonnöten, den »Transfixbrief«. Insofern ein Verfassungsdokument von Rang, als hier zum erstenmal im europäischen Raum (und wohl weit darüber hinaus) von den Grundrechten des Bürgers auch der Allmacht des Staates gegenüber die Rede ist.

Der »Transfixbrief« beschloß eine Phase immer vorwärtsdrängender Stadtpolitik und expandierender Wirtschaft, manifestiert im Bau des Rathauses mit seinem aufragenden Turm als Zeichen von Bürgerherrschaft. Der Kölner Kaufmann hatte seine Niederlassungen in Venedig genauso wie in Brügge, London, Wisby, Nowgorod oder auf den Kanarischen Inseln. In der Stadt türmte sich lange unvorstellbarer Reichtum, es blühten Wissenschaft und Kunst.

Die Kölner Malerschule des ausgehenden Mittelalters mit ihrem Hauptvertreter Stefan Lochner (gest. 1451) ist nur ein Exempel dafür. Die Gründung der Kölner Universität als erste städtische Hochschule Europas (1388) und die Stadt des Buchdrucks (Ulrich Zell 1466) ein anderes.

Der Gürzenich als der Herren Tanz- und Festhaus (erbaut 1441-1447) zeigt das Bedachtsein auf Prunk, ist Zurschaustellung von Geltung. Immer auch spielte das Pochen auf die Eigenständigkeit eine Rolle. Man ließ sich nicht gerne kommandieren – bis heute übrigens.

Souverän geht der Kölner Bürger mit dem um, was wir gemeinhin »Staat« nennen oder was unter »Obrigkeit« verstanden wird. Besonders wichtig nimmt er beides, egal in welcher Verpackung, schon gar nicht. Der Schutzmann Schnäutzerkowski im »Hänneschen« macht dies deutlich, das Wibbeln der Roten Funken im Verulken preußischen Gamaschendienstes ebenso.

Van den .xi. dusent ionfferen

**Ursula und ihre Gefährtinnen sind Kölner Schutzpatrone. Verehrt, gefeiert in Legenden oder auf Bildern. Attila, der grausame Hunnenfürst, erschlug sie (Koelhoffsche Chronik 1499)**

Fast nahtlos verbinden sich in dieser Stadt antikes und christliches Imperium, alte und neue Welt. Die Grabungen bei St. Gereon geben ebenso Zeugnis davon wie jene von St. Ursula. »Heilige Hügel« des Stadtgeschehens sind der des Domes, der von St. Maria im Kapitol.

Die archäologischen Forschungen unter der Kölner Kathedrale legten die Reste eines Tempels frei, vielleicht dem Merkurius Augustus inmitten eines Kaufmannsquartiers geweiht, das sich seit dem Jahre 50 n.Chr. in fast luxuriösem Zuschnitt darstellte und etwas vom unerhörten Reichtum der antiken Stadt ahnen läßt: Mosaike, farbige Fresken im Pompeji-Sujet, Schlangenfadengläser, herrliches Gebrauchsgeschirr. Absoluter Höhepunkt: Das Diatretglas. Der Dom: Unendlich oft besungen, vielleicht weniger besucht und gekannt, weil allzu selbstverständlich. Inkarnation dessen, was der Kölner »Heimat« nennt und an sich immer wieder neu erfährt, wenn er nach längerem Fortsein in die Domstadt zurückkehrt.

Die Kölner »Nationalhymne« handelt von derlei Gemütsregung. Willi Ostermann wird sie allgemein zugeschrieben: »Wenn ich su an ming Heimat denke, un sin dr Dom su vör mir ston, mööch ich direck op heim ahn schwenke, ich mööch zo Foß noh Kölle gon«. Die »Bläck Fööss« formulieren, singen es kesser, melodischer: »Mer losse dr Dom en Kölle«. Auch das eine unüberhörbare Reverenz.

Zwölf romanische Kirchen künden heute im Stadtinnern vom Geist des mittelalterlichen Köln, der Gesinnung seiner Bürger. In ihnen begriff sich die Stadt als »Himmlisches Jerusalem«, als

»Abbild des Himmels«. Seit urdenklichen Tagen also lebt der Kölner in einer durchaus christlichen Welt. Sie umspinnt, umgarnt ihn manchmal auch. Doch: Ein spezifisches Frommsein eignet ihm. Längst nicht immer harmonisiert dies »kölschfromm« oder »kölschkatholisch« mit den strengen Kirchengeboten. Nahe liegt Geistliches wie Weltliches beieinander.
Nichts Bigottes ist daran.
Gleichwohl bestimmt der Lauf des Kirchenjahres vielfach heute noch des Kölners Leben. Höhepunkt etwa die »Kinderkummelejon« (Kinderkommunion) mit dem fast obligaten »Besök em Zoolonische« (Zoo-Besuch). Sodann Prozession und Kirmes (Kirchweih) im sommerlichen Viertel, dem Stadtquartier mit lauter Fröhlichkeit, mit Fahnenschmuck, Tischen und Bänken auf der Straße. Die Kölner Straßensänger haben ihren großen Tag. Irgendwo spielt eine Orgel wehmütige Klänge, und – neuerdings – ist wieder das »Beiern« Mode. Die Kirchglocken werden nach alten, hübschen Melodien angeschlagen.

Im Spätherbst ziehen nochmals Prozessionen, Abglanz der großen Fronleichnamsprozession im Frühsommer. Kleine Lichter stehen auf den Fensterbänken jener Häuser, an denen der fromme Zug vorüberwallt. Eine merkwürdige Abschiedsstimmung liegt über alledem.
Das Jahr neigt sich dem Ende zu.

Auf Allerheiligen pilgern die Kölschen »auf« ihre Friedhöfe. »Malote« zählt zu den alten. Auch sie Stätten Kölner Geschichte. Bald steht »Zinter Klos« vor der Tür, der Nikolaustag. Schon das Fest des heiligen Martin brachte den Kölner Pänz beim Heischegang (11. November) kleine Geschenke. Mit bunten Laternen zogen sie umher, mitten darunter der reitende Heilige Martin und sein Gänsewagen.
Der Kölner Martinstag hat aber noch ein anderes Gesicht. Als »Elfter im Elften« ist er Auftakt zur »Session«, dem Karneval. Kostüme und »Pluuten« werden nach langer Pause wieder hervorgeholt. Fastnachtliche Wonne in Liedern, Vorträgen und zaghaften ersten Gehversuchen bestimmen den Tag und manchmal auch die Nacht.

Anfang Dezember wird für Weihnachten »mobil« gemacht. Tannenschmuck, Christbäume prägen das Bild in den Fußgängerzonen von Hohestraße und Schildergasse. Unwiderstehlicher Anziehungspunkt sind die Weihnachtsmärkte auf dem Neu- und Altermarkt. »Hött« an »Hött«, altertümlich hergerichtet, verbreiten »Stimmung«. Das Glockenspiel des Rathausturmes begleitet den ganzen Rummel entsprechend musikalisch.

Am »Hellige Ovend« (Heiligen Abend) läutet mit mächtigem Klang der »Decke Pitter« vom Dom die Weihnacht ein. Die »Däg« zwischen

Weihnachten und Neujahr zählen zu den wirklich geruhsamen Zeiten des Jahres. Sternsinger sind jetzt unterwegs, als Kaspar, Melchior und Balthasar verkleidet. Kurz vor dem Festtag der Heiligen Dreikönige vom Dom aus zu den Kölnern gesandt.

Immer und überall werden auch sonst die Kölner Heiligen und Schutzpatrone in der Hetze des Alltags treue Begleiter. Man lebt mit ihnen sozusagen auf »Du und Du«. Wie wäre dies bei einer Stadt, die sich einmal »Rom des Nordens« nannte, auch anders denkbar.

**F**ast heiter und sorglos ist des Kölners Temperament. Das muß wohl noch ein Erbe der Bewohner südlicher Breiten sein. Sein Frohsinn schuf sich im Karneval, den er viel zutreffender »Fastelovend« nennt, ein Ventil, das internationale Berühmtheit erlangte. Wie alles in dieser Stadt hat auch der Karneval seine Historie. Sie beginnt schon in römischer Zeit als eine Art Nachempfindung der Saturnalien oder überkommener germanischer Frühjahrsbräuche. Die andere Wurzel der Narretei führt uns in christliche Bereiche. Man könnte wohl sagen: Ohne Aschermittwoch kein kölscher Fastelovend.

**F**astelovend op dr Stroß! Die Stadtquartiere, Stammtische, Veedelsvereine verkleiden sich mit Lust wie Spontaneität. Der Narr, so will uns scheinen, wird hier aus der Tiefe seines Wesens der eigentlich Weise, Überlegene. Und dergestalt offenbart sich auch in ihm ein Stück Freiheit als Kölner Lebensprinzip.

Das »Memento mori« steht über aller Fröhlichkeit, dem Ausgelassensein naht unweigerlich der Aschermittwoch. Von daher begreift sich das außergewöhnliche Fest immer wieder neu. Oder in kölscher Mundart: »Maht üch Freud, su lang et geiht, et Levve doot kein Iwigkeit!«

Bald nach Ostern beginnt die Zeit der Landpartien und Schiffsausflüge. Irgendwie und irgendwo gibt es in diesen Sommermonaten, mit selten strahlend schönem Wetter, immer wieder etwas zu feiern.

**D**em Kölner ist die Mundart trotz aller Modeerscheinungen das Selbstverständlichste von der Welt. Heikle, schwierige Gespräche führt man in unserer Stadt am besten op Kölsch. Es wird in jedem Fall eine sehr versöhnliche Unterhaltung sein. Seine Rede fließt breit dahin, von Witz und Humor, manchmal auch mit beißendem Sarkasmus gewürzt. Er kann liebenswürdig unhöflich und überaus skeptisch sein, immer auf dem Sprung, für jedes Pöttchen das passende Deckelchen zu finden.

Schlagfertigkeit ist eine seiner beneidenswerten Vorzüge.

Reich ist Köln schon immer gewesen als zeitweise größte Stadt des Heiligen Römischen Reiches, stets auf internationalen Austausch bedacht.

Die Seele des Menschen dieser Stadt kann so unterschiedlich instrumentiert sein wie die der beiden Nationalhelden »Tünnes un Schäl«. Beide unwandelbar, immer gegenwärtig im Strom der Zeit, in der Vorstellung der Bürger. Man kann ihnen im heutigen Köln noch allenthalben begegnen: Gutmütig, Ne »Loßmichgon« und auch verschlagen.

Längst fand Köln den Weg »von der Reichsstadt zur Großstadt«. Die industrielle Revolution machte es durch Namen wie Karl Marx und Adolf Kolping berühmt. Man stritt lange und heftig um die brennend gewordene »soziale Frage«. Köln wuchs um die »Ringstraßen«, die »Neustadt«, Industrievororte wie Ehrenfeld und Kalk wurden eingemeindet. Ein bisweilen verdächtiger »Fortschritt« verdrängte Gewachsenes, Althergebrachtes.

Heute ist die große Besinnung da, das Erinnern wird übermächtig. Traditionelle Werte sind wieder gefragt. Dazu gehört die Entfaltung einer Lebensart, die man wirkliche »Kultur« nennen darf.

Die offenbart sich im Hang zu schönen Dingen, im Mäzenatentum und überhaupt in allem, was über des Lebens Misere erheben kann. Köln ist die Stadt bedeutender Museen. Ausstellungen der »Kunsthalle« machen weltweit auf sich aufmerksam.

Der Kölner will ein Sinnenmensch sein, auch wenn es ums Kulinarische geht, um »Müffele« und »Süffele«.

Ein besonderes Gütezeichen der Kölner Bürger und ihrer Welt ist indes etwas anderes, weit höher zu bewertendes: Ihr Assimilationsvermögen. Trotz des Klüngels, der nichts anderes als eine dem Kölner eigentümliche Form von Kompromißbereitschaft und Toleranz sein möchte. In summa: Hochform demokratischen Verhaltens, des »Audiatur et altera pars« – auch den anderen zu Wort kommen lassen. Eine Devise, die ehedem den Kölner Senatssaal im Rathaus zierte.
Maxime kölnischer Stadtherrschaft.

Assimilationsvermögen. Die Gabe also, aus Zugezogenen binnen kürzester Zeit Kölsche zu machen.
Nichts spricht so für den unnachahmlichen Lebensstil dieser alten Stadt und ihrer teilnehmenden Bürger.

## Aap

»De Aap maache« – den Affen markieren – erinnert in der Kölner Alltagssprache an jene den Menschen so verdammt ähnlichen Tiere, die im Kölner Zoo Attraktion Nummer eins sind. Seit Juni 1985 haben die kölschen Zoo-Aape mit ihrem Urwaldhaus ein komfortables Domizil. 1,5 Millionen Zuschauer und bald mehr zählt einer der größten und auch ältesten deutschen Tiergärten (gegründet 1860). Wie Mensch und Affe köstlich konkurrieren können, das zeigte der berühmte Kölner Affe »Petermann« – Publikumsliebling über etliche Jahrzehnte und Star vieler öffentlicher Auftritte, die ihm indes zu Kopf stiegen, so daß er aus dem Verkehr gezogen werden mußte.
»Müllers Aap« heißt ein kölnisches »Original«. Das aus der Eifel stammende Boxeridol sorgte für Aufregung, als es den Ringrichter k.o. schlug (statt seinen Gegner). Der Boxsport hatte seine Sensation und »Müllers Aap« für lange Zeit das Nachsehen, aber auch die Lacher auf seiner Seite.

**Fast schon der markante Kopf späterer Bundeskanzlerjahre – in der Karikatur Adenauers 1922**

## Adenauer, Konrad

Kölner Oberbürgermeister von 1917-1933. Nach 1945 erneut für kurze Zeit in dieses Amt berufen und von der britischen Besatzungsmacht als »unfähig« entlassen. Danach begann überhaupt erst der politische Aufstieg mit dem Einzug ins Bundeskanzleramt.
Kölner Ehrenbürger. Namengeber diverser Vereine, Institutionen, Straßen, Plätze. Adenauer ist in Köln häufig präsent: Als Initiator für die Wiederbegründung der Kölner Universität (1919), als Schöpfer der »Kölner Grünen Lungen«, womit der Kölner Grüngürtel anstelle des preußischen Festungsgeländes gemeint ist. Er stiftete die Kölner Messe (1925), ließ Charme und kölschen Klüngel beim Bau der Mülheimer Rheinbrücke (1929) geradezu Purzelbäume schlagen, war der Allroundman überhaupt. Übte sich in der Erfindung neuer politischer Praktiken, war Fuchs und Grandseigneur, gab dem Kölner Hänneschen auf der Sterngasse (1926) eine neue Heimat.
»Oberster Vorgesetzter aller Kölner«, witzelte eine Kölner Tagespostille. Der autoritäre Stil provozierte schon damals den Kölner Spaßmacher. Und er ließ auf seine Weise Dampf ab.

Des späteren Kanzlers gepflegtes »Sonderkölsch« ging in die Mundart und auch sonst als »Adenauerkölsch« ein.

## Adjüs

Der Kölner ist – wenigstens was seine Mundart angeht – auch ein Achtelfranzose. Leicht hingeworfen, mehr schon im Gehen, auf dem Sprung sozusagen, kommt das »Adjüs«, die flüchtige Abschiedsformel. Wer sich einen Deut antut, sagt »Adjö« und nähert sich damit schon verdächtig dem französischen »adieu« – Gott befohlen!
Es gibt derlei Redewendungen ungezählte. Ein »geschichtlicher« Vorgang insofern, als Köln in der Tat von 1794-1814 zum französischen Staatenverband gehörte. Als Amtssprache galt damals das Französische. Ungehemmt fand es in die Mundart Eingang und blieb darin bis heute.

## Adreßbuch

Das Kölner Adreßbuch ist nicht ein x-beliebiges Sammelsurium von Namen und Straßen. In den Jahren der Franzosenherrschaft seit 1795 erstmals erschienen, spiegelte dies dickleibige Kompendium auch Kölner Stadthistorie wider. Ab 1831 mit dem Namen der Kölner Verlegerfamilie Greven verbunden, hat es jüngst gar eine ausführliche wissenschaftliche Darstellung gefunden. Wer wissen will, wieviele »Schmitze« es in Köln gibt – es ist dieser Namen so etwas wie Kölner Uradel – der schaue in Grevens Adreßbuch nach, das leider nicht mehr aufgelegt wurde. Umsomehr erlangte es geschichtliche Bedeutung.

## Ädappel

Zu Hochdeutsch »Erdapfel« und allgemein als Kartoffel bekannt. Dem Kölner lang vertraute, vielgeliebte Feldfrucht. Wichtigster Bestandteil der von ihm hochgeschätzten »Rievkooche«, eine Kölner Spezialität aus Kartoffelbrei, in Fett gebacken. Ihre Hochkarätigkeit auf dem Kölner Speisezettel wird neuerdings – trotz vehementen Protestes einiger Stadtverordneter der provinziellen Anrüchigkeit wegen – gleich vor dem Kölner Hauptbahnhof als »Fremdenspeise« plakatiert. »Rievkooche« werden dort in einem Nobelpavillon zum Verzehr angeboten.

## Ähzezupp

An Karneval, wenn dem Straßenpublikum das Warten auf den »Zog« zu lange wird, entdeckt irgendwer den Nachbarn mit der »Ähzezupp met Speck« – die heiße, Wärme verströmende, köstlich duftende Erbsensuppe. Fliegende Händler machen mittlerweile damit lukrative Geschäfte. Die Bundeswehr hat bei kölschen Straßenfesten den Auftrag, »Ähzezupp« in großen Kübeln bereitzuhalten. Eine meist über den Leisten geschlagene »Zupp«. Anders bei internen, kölschen Festivitäten. Da wird die »Ähzezupp« mit leicht gerösteten Weißbrotstückchen schmackhaft delikat serviert.

## Agrippa Marcus Vipsanius 63-12 v.Chr.

Römischer Feldherr. Schwiegersohn des Kaisers Augustus und zeitweiliger Mitregent. Als Kölner »Stadtvater« und »Quartiermacher« genießt er besondere Verehrung. 37 oder 38 v.Chr. holte Agrippa die Ubier von der rechten auf die linke Rheinseite und gründete das »oppidum ubiorum«. Eine frühe römische »Stadtsiedlung« auf Kölner Boden. Agrippa galt als erstklassiger Verwaltungsmann

# Agrippa

und Ingenieur. Er ließ das Ubierland vermessen. Auf seine Anregung geht die Wasserleitung nach Köln von den Höhen des Vorgebirges zurück. Musterbeispiele seines technischen und auch künstlerischen Verstandes blieben das römische Pantheon und der Pont du Gard im römischen Gallien. In Köln wurde er gleich mehrfach verewigt. Auf den Kölner Domfenstern der Renaissance nicht nur (1507-1509). Hier übrigens zusammen mit einem anderen Heros der frühen Kölner Stadthistorie, nämlich Marsilius. Desgleichen an der Schauseite des Gürzenich, wo Agrippa als »herrliche heidenschman« und Stadtgründer gefeiert wird. Vor dem großen Sitzungssaal des Kölner Rates steht seit 1956 eine Kopie jener marmornen Agrippabüste, die man 1911 am Heumarkt fand. Agrippa auch hier stummer Wächter wie Mahner!

## Agrippina

In Köln (damals noch »oppidum ubiorum«) 16 n. Chr. geboren. Später römische Kaiserin mit dem deutlichen Hang zu Intrige, finsteren Machenschaften und jener Skrupellosigkeit, die sie als das Böse an sich in die Weltgeschichte eingehen ließ. Die Ermordung durch den Sohn Nero war sozusagen vorprogrammiert. Trotz alledem: Die Kölner bewahrten ihr ein rührendes Andenken, bedachten sie mit dem Ehrentitel »Stadtmutter«, wanden ihr Karnevalskränze und fühlten sich wie Agrippina-»Pänz« (Kinder). Denn: Agrippina brachte es als Gattin des römischen Kaisers Claudius fertig, die Ubierstadt in den Rang einer Colonie zu erheben. Damit waren Stadtrechte und andere Privilegien verbunden. Es begann damals der mächtige Mauerbau.

## Akademie för uns kölsche Sproch

Den mutigen Sprung ins Wasser tat die Stadtsparkasse Köln, als sie vor wenigen Jahren jene »Akademie« gründete. Das »Geschäft« floriert inzwischen prächtig. »Dichterlesungen« in Kölsch. Vorträge, Führungen – voran ein Kölscher Cicerone. Kölsch also »auf allen Kanälen«. Besonderer Gag: Man kann ein »Kölsch-Examen« ablegen und sich in Kölsch diplomieren lassen. Das ist übrigens gar nicht so einfach. Aber es fluppt bei den meisten. Denn immer mehr kommen, die schwitzen und brüten

**So mag das Herz des alten »Colonius Claudia Agrippinensium« vor 2000 Jahren ausgesehen haben**

über einem ganzen Paket heikel-hinterlistiger Fragen zu Kölner Geschichte oder zur kölnischen Mundart. Eine Freizeitbeschäftigung, die es »in sich« hat!

## Alaaf

Freudenruf, der auf des Kölners Zunge schmilzt und ansteckend sein kann, wie beim Besuch des amerikanischen Präsidenten Kennedy in Köln geschehen.
»Alaaf« ist immer angebracht, auch als »Imi« erweckt man damit Wohlgefallen. »Alaaf« heißt soviel wie dazugehören, eine Identifikationsformel, das »Sesam öffne dich«. Fragt man nach Sinn und Bedeutung, werden (fast) alle ratlos, die Gesichter lang. Dahinter steckt »Köln allein soll gelten«, alles andere »ab« sein. Köln demnach, das den Rest der Welt grüßt!
So ausschließlich will das »Alaaf« natürlich niemand gelten lassen. Aber schön klingt's doch, dies »Alaaf« – »Alaaf«! im allseitigen Harmoniebedürfnis.
Also: »Dreimol Kölle Alaaf!«
»Köln lebe hoch« – »Es lebe Köln allein«.

## Alban

Ruine einer ehemals romanisch-gotischen Pfarrkirche beim Gürzenich. Im Krieg völlig zerstört, wurde der Torso Gedenkstätte, Totenklage mit dem »Trauernden Elternpaar« der Käthe Kollwitz in Kopie von Schülern Matarés. Freier Himmel spannt sich darüber, Schatten und Düsternis umgeben den Raum. Ein Bild versteinerter Trauer (Seit 1954).

## Albertus Magnus

Zweifellos zählt der Dominikanermönch zu den »großen Kölnern«, obgleich in Lauingen (Donau) um 1200 geboren. Seine Lebensstationen sind Padua, Paris, Regensburg, wo er 1260 für zwei Jahre Bischof war. Lehr- wie Predigttätigkeit führten ihn nach Würzburg und Straßburg. Eigentliche Heimat aber blieb Köln. Hier leitete Albert die Ordenshochschule der Dominikaner (1248 gegründet) als Vorläuferin der Kölner Universität. Seine wissenschaftlichen Studien galten Aristoteles und dem Neuplatonismus. Sie kreisten um das Problem der Einheit von Glauben und Wissen. In Thomas von Aquin hatte Albert einen seiner begabten Kölner Schüler.

Die politischen Auseinandersetzungen zwischen den Kölner Bürgern und ihrem Erzbischof Konrad von Hochstaden klärte Albert im »Großen Schied« entscheidend zu Gunsten der Stadt (1258).
Noch in hohem Alter machte unser Gelehrter Entdeckungsreisen in das Reich der Natur. Er starb 1280 in Köln und fand in der Krypta von St. Andreas sein Grab. Hier verweilte Papst Johannes Paul II. bei seinem Kölnbesuch im November 1980 zu stillem Gebet. Es war die Wiederkehr des 700. Todestages.

## Altenberg

Oft zieht es den Kölner ins Bergische Land, die »Randkarpaten«. Zum Wandern nicht nur.
Altenberg, die ehemalige Zisterzienserabtei wird als Ziel angesteuert. Beispielhaftes Bauwerk jenes Ordens, der auf äußeren Pomp, insonderheit eine Turmfassade, verzichtete. Bischof Wikbold von Kulm, in Polen wenig gelitten, kehrte bekümmert ins Rheinland zurück, um nun seine Energie der Vollendung des Altenberger »Domes« zu widmen. Lange vor dem Kölner konnte er 1379 geweiht werden. Prachtvolle Fenster mit der Flora des Dhüntales in grau-grüner Farbgebung sind das Glanzstück für Kunsthistoriker, Botaniker oder vieler Schulklassen mit dem Unterrichtsthema: »Heimische Blätter- und Pflanzenwelt«.
Kloster und Kirche wurden 1802 säkularisiert. Die im Dom damals eingerichtete Chemiefabrik flog 1814 in die Luft, sehr zum Schaden der alten Abtei. Der preußische Staat restaurierte danach. Katholiken wie Evangelische dürfen nun »paritätisch« Gottesdienst feiern. Häufige Konzerte haben Altenberg bei Musikfreunden bekannt gemacht.
Um das beliebte Ausflugsziel gibt es einen sogenannten »Märchenwald« für einfältige Gemüter. Ewig Hungrige laben sich bei »Bergischer Kaffeetafel«, einer schon exportierten Spezialität der bodenständigen Küche (Bergischer Wecken z. B.).

## Alt-Köln

Rühriger, im Jahre 1902 gegründeter Kölner Heimatverein. Keineswegs eine Versammlung alter Kölner, sondern mitten im Leben stehende, interessierte Bürger, ausgezeichnet durch besonderen Spürsinn für die alten und ebenso neuen Belange Kölns. Prominente Mitglieder aus allen Schichten der Bevölkerung geben dabei den notwendigen Druck nach »oben«. Das Fußvolk sorgt für »Öffentlichkeit«. Ein Vereinsorgan unterrichtet in regelmäßigen Abständen über das, was sich in Köln getan hat bzw. was sich demnächst tun wird. Neben der Geselligkeit geht es »Alt-Köln« vor allem um die Pflege der Kölner Mundart.
»Kölschprofessor« Heribert Hilgers ist der um neue Einfälle nie verlegene Vorsitzende.

## Altrüscher

»Altrüscher« nannte man früher geringschätzig den Schuhflicker. Mittlerweile hat das lautmalende Wort einen weiter reichenden Sinn erhalten. Der Altrüscher handelt mit alten, bisweilen auch ganz wertlosen Klamotten, wird als etablierter »Lumpensammler« eingestuft. Er rafft, kauft, erwirbt auf längst nicht immer durchsichtigem Weg alles und jedes. Ein Flohmarkt im Kleinen. Zwischen seinen aufgetürmten »Kostbarkeiten« wird er leicht zum Sonderling, der in Sachen Kunst auch erstaunlich guten Rat zur Hand haben kann.

## Altstadt

Zwischen Dom, Rathaus und Rhein gelegenes Quartier verknäuelter Gassen mit dem Anspruch, das Aroma einer alten Stadt besonders zu repräsentieren. Doch gibt es etliche (gut gelungene) Neubauten um das wiedererstandene »Stapelhaus« und die Kirche »Groß St. Martin«. Im übrigen dominieren enge Straßen, ruhige Plätze mit Antiquitätenläden, Pizzerien, schummrigen Tanzlokalen und dem, was man gemeinhin gastronomische Nostalgie nennt. Anders der »Walfisch« – ein wirkliches Fein-

# Altstadt

schmeckerlokal von Niveau –, das Kölner Gourmets schätzen. Fischgerichte an erster Stelle. Die regelmäßig stattfindenden »Flohmärkte« verwandeln das Viertel mitunter in einen bunten Basar mit fast exotischer Atmosphäre. Mitten darin die lustige »Schmitz-Säule« und die Standbilder von »Tünnes und Schäl«.
Jüngst hat die Kölner Altstadt zum Rhein hin durch einen attraktiven »Garten« als Flanierweg für Luftschnapper die schon lange erwartete Bereicherung erfahren. Unbehelligt von jeglichem Straßenverkehr können Kölner (und vor allem Nichtkölner) den Strom mitsamt Düsseldorfer Rheindampfern und rechtem Uferpanorama genießen. Dem gründlichen Kölnbesucher wird eine Bootsfahrt empfohlen. Sie vermittelt auch Einblicke in die Mentalität kölscher »Süßwasserkapitäne« und was damit zusammenhängt.

**Abseits der »Altstadt«, wo »alt« der Imagepflege dient, herrscht meist hektisches Gewühl. In der »Altstadt« Gemüt, auf der »Schildergasse« Konsum und Fußgängerzone** ▷

PHOTO
LEIH HAUS
KAMP
Moden
RADIO-CITY

## Amtskette

Seit dem letzten Jahrhundert war den Kölner Oberbürgermeistern durch königliche Kabinettsorder das Tragen einer »Amtskette« gestattet. Der »Amtsschild« geriet sehr einfach, fast karg, wie es preußische Sparsamkeit gebot. Im Krieg ging dieses wenig dekorative Repräsentationsemblem unter. Eine neue Kette mußte her.

Doch sollte sie prächtiger werden, Zeichen der Geschichte und Würde. Künstler, Museumsdirektoren, Kunsthändler wurden bemüht. Elisabeth Treskow, die weit über Köln hinaus gefeierte Goldschmiedemeisterin, entwarf schließlich das Prachtstück. Wieder war es eine Kette, um den Hals zu tragen. Aber von welchem Format – der Idee, dem Material, der kostbaren »Einschübsel« wegen! Kurze Textzeilen auf den Kettengliedern erzählen von ereignisreichen Tagen der Stadthistorie. Seltene Münzen erinnern mit Porträts, mit Namen und Daten an Kölns Vergangenheit seit den Tagen der Römer. Endlich das »Gehänge«: Die Heiligen Drei Könige über dem geometrischen Dekor des Römerturmes, darunter nochmals seltene kölnische Münzprägungen.
Kaum eine andere deutsche Stadt kann sich rühmen, dergleichen zu besitzen. In dieser oberbürgermeisterlichen »Amtskette« hat Köln seiner geschichtlichen Bedeutung angemessenen Tribut gezollt.

## Andreas

Nur einen Schritt von der Domplatte über die Komödienstraße führt der Weg nach St. Andreas. »Matthäus in fossa« war wohl ihr Vorgänger als »Torkirche« – vor dem römischen Nordtor, am Mauergraben (fossa). Von Erzbischof Bruno und seinem Nachfolger Gero wird berichtet, sie hätten Neubauten begonnen. Aus diesen Jahrzehnten zu Ende des 10. Jahrhunderts (die Kirche erhielt damals zum Patron den Hl. Andreas) stammen noch Teile (Treppentürme im Winkel der Choranlage) des heutigen, staufischen Baues. Aber auch dieser wurde mehrfach verändert, vor allem zu Beginn des 13. Jahrhunderts, als ein Brand das Gotteshaus schwer beschädigte. Danach erst wölbte man das Mittelschiff und erhöhte den Vierungsturm. Nach 1414 bekommt die Kirche ihren langgestreckten, gotischen Chor in Anlehnung an den des Aachener Münsters oder den von St. Ursula in Köln. Die einstigen aufwendig-erlesenen Glasfenster mußten der barocken Ausstattung weichen, ebenso der Lettner. Keine andere der Kölner romanischen Kirchen weist eine solche Fülle vorzüglicher Bildhauerarbeiten in Friesen und Kapitellen auf. Auch mittelalterliche Wandmalereien blieben erhalten.
Die wieder geöffnete Krypta birgt das Grab des Heiligen Albert.

## Anno II, Erzbischof

Die Zeitgenossen nannten ihn »Blüte und Licht Deutschlands«. Von Kaiser Heinrich III. 1056 zum Erzbischof von Köln erhoben, war bald danach die große Politik sein Steckenpferd. Den jungen Kaiser Heinrich IV. entführte er im Gewaltstreich aus

Kaiserswerth (1062). Mit den Kölnern ging er nicht zimperlich um, als sie 1074 versuchten, seine strenge Herrschaft zu stürzen. Bei Nacht und Nebel entwich Anno nach Neuß, kam mit Heeresmacht zurück. Geblendet, vertrieben, enterbt – im kurzen Prozeß kam das unerbittliche Strafgericht über die Revoluzzer.
Ein Jahr danach starb Anno. Nicht in der unbotmäßigen Bischofsstadt fand er sein Begräbnis, sondern bei den Benediktinern zu Siegburg. Der funkelnde »Annoschrein« wurde die Grablege.
Wenig später besang das berühmte »Annolied« den eigenwilligen Erzbischof in beinahe neunhundert Versen. Pries ihn als Mehrer der Kölner Kirche, als gottesfürchtigen, frommen Mann und Wohltäter der Armen.
Das Köln von heute partizipiert an seiner ungehemmten Baulust. So im Fall von St. Georg, St. Maria im Kapitol, bei Groß St. Martin wie St. Gereon.
Auch der von Lampert von Hersfeld beschriebene abenteuerliche Fluchtweg von 1074 kam bei Grabungen unter dem jetzigen Dom ans Tageslicht. In der »Emunduskapelle« nicht nur. Desgleichen außerhalb im Bereich der Tiefgarage. Ein Hinweisschild gibt den Parkenden Auskunft. So hautnah ist hier Stadt- und Weltgeschichte erlebbar.

## Antiquitäten

Altertümchen haben in Köln immer Konjunktur. Das sprach sich schon unter den Kunsthändlern herum. So kommt ein Antiquitätengeschäft zum anderen. Es gibt Kölner Viertel, wo das besonders konzentriert und im Stil von Vertraulichkeit geschieht. Um die Apernstraße etwa. Auktionshäuser von Ruf sind »Lempertz« oder »Carola van Ham«. Ihre Kataloge interessieren die Kölner Museen nicht nur, sie sind Spiegel der Preisbewegungen im Kunsthandel überhaupt. Köln als Umschlagplatz von Kunst. Das reicht vom »Millionenartikel« bis zu dem, was mit einigem Glück und Verstand für wenige Mark auf dem Flohmarkt ergattert werden kann. Zuletzt noch machte ein so entdeckter Picasso von sich reden. Ob es sich bei dem »Fund« um etwas wirklich Echtes handelte, entscheiden zur Zeit die Gerichte.

## Antoniterkirche

Mitten im Gewühl der Schildergasse, unweit der hier überbauten »Nord-Südfahrt« erhebt sich die annähernd dreischiffige, gewölbte Kirche der Gotik. Seit 1802 ist das Gotteshaus, zur saalartigen Predigtkirche umgebaut, Kultstätte der evangelischen Gemeinde. Der Zweitguß (der erste wurde unter den Nazis eingeschmolzen) des »Totenengel« von Ernst Barlach (1952) aus dem Güstrower Dom (1927) mit den Gesichtszügen der Käthe Kollwitz findet dort viele Bewunderer: Bitteres Vermächtnis der Gefallenen beider Weltkriege.
Die Kölner Antoniterkirche machte während der sechziger und siebziger Jahre weithin durch die »Politischen Nachtgebete« von sich reden. Längst nicht immer verliefen die Demonstrationen so ruhig und fromm, wie sie vielleicht ursprünglich geplant waren. Emotion wie Provokation waren reichlich mit im Spiel. Wohl auch ein Grund, daß schließlich alles sang- und klanglos im Sande verlief.

NEUMARKT
H
P

## Aposteln

Wieder eine der alten Kölner »Torkirchen«, errichtet vor dem einstigen römischen Westtor. Das Patrozinium der zwölf Apostel ist selten, führt nach Rom, nach Mailand auch Konstantinopel. Erzbischof Bruno wurde zu St. Aposteln 965 aufgebahrt. Aus seiner Zeit stammt die erste dürftige Baunachricht. Dann nimmt sich Erzbischof Pilgrim (1021-1036) der Kirche an, macht sie zur eigenen Grablege. Sein Bau war doppelchörig nach dem Vorbild des karolingischen Kölner Domes. Endlich das, was wir heute sehen: Den totalen Umbau zwischen 1150 und 1250 als wahrhaftige, vieltürmige Gottesburg. So jedenfalls wirkt die Apostelnkirche immer noch aus der Neumarktsicht. Im Trikonchos über Trompen zur achtseitigen Kuppel mit der zierlichen Laterne aufgipfelnd gen Westen, seit der Mitte des 12. Jhdts., der mächtige, fünfgeschossige Turm mit dem ihn krönenden, grün patinierten »Apostelklotz«.

◁ **Nicht endenwollender Verkehr umbraust Tag für Tag »St. Aposteln«. Dem Fußgänger bleibt vorbehalten, die Schönheit der alten Gottesburg wahrzunehmen**

## Appelkruck

Die Kölner Bucht und ebenso die Voreifel mit ihren fruchtbaren Böden, auch dem entsprechenden Klima liefern im Herbst reichlich Äpfel. Aus ihnen wird Apfelkraut gewonnen. Der dickflüssige, herbsüße Brotaufstrich ist als Beilage zu »Rievkooche« beliebt.

## Archäologen

Das ist die Zunft der Schatzgräber – auch »Wissenschaft des Spatens« genannt. Der aufmerksame Stadtbummler entdeckt sie in den tiefen Baugruben. Bedächtig wird dort ein Mauerstück vermessen, hier eine Tonscherbe geborgen. Münzfunde erleichtern die Datierung. Fast immer sind Schaulustige um ein solches Archäologenteam versammelt. Darunter manchmal »Raubgräber«, die nachts und ungesehen »buddeln« gehen, um etwas zu ergattern. Zur eigenen Sammlung vielleicht oder als Tauschobjekt für den Kunsthandel. Andere haben nur schnödes Geldverdienen im Sinn. »Vor Ort« der Forschung geht es meist ungemütlich zu. Es drängen die schweren Baugeräte im Hintergrund. Man stapft in Schlamm und Wasser. Einigermaßen Schutz vor den Witterungsunbilden bietet das kleine Zelt, die provisorische Studierstube unserer akademischen Maulwürfe. Längst sind die »wer« in Köln. In dicken Folianten legen sie ihre Ergebnisse vor, füllten die weißen Flecken in Kölns Geschichtslandschaft. Für sie galt der Krieg als Sternstunde insofern, da nun der Weg frei war, den »Abfalleimer der Geschichte« zu lüften. Noch immer sind sie dabei. Und nie ist man sicher, ob nicht urplötzlich Sensationelles ans Tageslicht kommt. Die Überraschung lauert ständig im Hintergrund der archäologischen Partie.

## Archive

»Wer schriev, der bliev« – »Wer schreibt, der bleibt«. In Köln werden nicht nur Bilder gesammelt. Auch Papier, »historisches« Papier. Das sind Urkunden. Wieder schießt die Stadt vor vielen anderen damit den Vogel ab. Denn sie besitzt in ihrem »Historischen Archiv« auf der Severinstraße eines der ältesten in Deutschland überhaupt. Auch, was den seltenen Urkundenbestand angeht, der bis ins 10. Jahrhundert zurückreicht

(älteste 922 datiert) und inzwischen mehr als 60 000 Dokumente zählt. Die glatte, von vielen »Schlitzen« gegliederte Fassade des Schatzhauses gleicht fast einer Festung. Geschützt vor Licht und Lärm ist hier Geschichte verpackt, gebündelt, sortiert. Seit 1322 als städtisches »Gedächtnis« institutionalisiert. Gleich hinter dem »Stadtarchiv« rangiert das der Erzdiözese auf der Gereonstraße. Hier wurden die Akten der Kölner Pfarren, der Stifts- und Klosterkirchen deponiert. Die der Erzdiözese ganz allgemein, soweit sie den Krieg überstanden.
Und dann gibt es die kleineren Archive, nicht weniger bedeutend wie für die Forschung unerläßlich. Das der Evangelischen Kirche (Antoniterstraße), der Universität (Albertus Magnus Platz), das Wirtschaftsarchiv (Unter Sachsenhausen). Längst sind nicht alle genannt.

## Arnöldche

Bei Arnold, dem geläufigen Vornamen, drängt sich in Köln sogleich und unvermittelt die Welt der Originale des vergangenen Jahrhunderts Da hat die skurrile Figur des »Fleuten Arnöldche« ihren unbestrittenen Platz. Auf recht ungewöhnliche Weise fristete unser »Arnöldche« sein Außenseiterdasein. Es galt das Bibelwort: »Sie säen nicht, sie ernten nicht und unser himmlischer Vater ernähret sie doch«. Als harmloser Protestler in einer streng geregelten bürgerlichen Welt zählte das »Fleuten Arnöldche« mit seiner quasi alternativen Lebensart zum Kontrastprogramm jener Zeit. Geduldet und verspottet, wohl auch heimliche Sehnsüchte all jener verkörpernd, die nicht wagen durften,

**Et »Fleuten Arnöldche« war lange Star der Kölschen Käuze**

anders zu sein, spielte sich »Fleuten Arnöldche« in die Herzen der Kölner, wobei sein virtuos vorgetragenes Bravourstück »Der Freischütz« blieb. Daß die Flötentöne nach genüßlichem Alkoholkonsum auch schon einmal atonal gerieten, tat seiner Beliebtheit keinerlei Abbruch. In ungezählten Liedern bewahrten sich die Kölner eine liebenswerte Erinnerung an »et Arnöldche«.

## Aschermittwoch

Düsterer Abgesang des Kölner Narrenvolkes mit Aschenkreuz beim morgendlichen Gottesdienst zu Beginn der Fastenzeit und abends recht fidelem »Fischessen« der Karnevalsgesellschaften. Für etliche ist die »Session« mit einem »Gottseidank« vorbei, andere schmieden schon Pläne für den »Elften im Elften«. Und dann sind da noch die Verkaterten, die Sauertopfischen. Ein Tag, traurig und hoffnungsvoll zugleich, doch zuerst erfüllt vom »Memento mori«, die Mahnung an den Tod.
Die katholische Kölner Künstlergemeinde begeht ihn würdevoll im Beisein des Kardinal-Erzbischofes als »Aschermittwoch der Künstler«.

## ASV
## Athletik-Sport-Verein

Einmal im Jahr stellt Köln die Sport-Weltelite vor. Möglich macht's der ASV (gegr. 1929 als »akademischer Sport-Verein« a. d. Kölner Uni). Sportspektakel à la Olympia mit purzelnden Rekorden. Und das alles im Kölner Stadion zur Spätsommerzeit!

## Ausländer

Von Ausländern in Köln sprechen, heißt Eulen nach Athen tragen. Ausländer gab es immer in dieser Stadt – und »Gastarbeiter«. Daß es mit dem »Wirtschaftswunder« mehr wurden, störte die Kölner kaum. Guiseppe, Giovanni, Alberto nahmen ihnen ja auch meist die schmuddelige Arbeit ab. Die Illustration dazu gab das lachende italienische Kehrmännchen auf den Kölner Plakatsäulen: Werbung des Fuhrparkes. Sie sind immer noch da, die fleißigen Straßenfeger. Laut ihre Lieder schmetternd bei dunklem Himmel, Frost und Kälte: »Bella Italia«!
Türken wohnen hier und Spanier, Portugiesen, Griechen, Jugoslawen. In den Kölner Straßenbahnen hängen Hinweisschilder in X Sprachen. Für die »schwarzen« Kunden!
In einigen Kölner Stadtquartieren sind unsere ausländischen Mitbürger besonders häufig anzutreffen. Im Severinsviertel etwa. Auch um den Eigelstein, in Ehrenfeld nicht minder. Vor allem in Kalk oder Chorweiler. Da beträgt der Ausländeranteil bis zu 30% der Gesamtbevölkerung.
Aus den Niederungen der Drecksarbeit haben sich manche von ihnen hochgerappelt. Sind »Gastronomen« geworden, gründeten Pizzerien, Spezialitätenrestaurants. Beinahe stolpert man heute darüber. Köln ist eben eine internationale Stadt. Sie zieht die Menschen an. Der Bürger lebt damit als Selbstverständlichkeit. Ausländerfeindlichkeit gibt's natürlich, wie überall. Aber sie hält sich hier durchaus in Grenzen, zumal man einem Türkenmädchen, das fließend Kölsch babbelt, ja wirklich nichts anhaben kann. Solidarität der Kölschsprechenden!

## Ausstellungen

»Tut-ench-Amun« lockte 1980 Scharen von Besuchern. Stundenlang nahm man das Warten vor dem Zeughaus in Kauf. Wieder einmal war eine der großen Ausstellungen aufs Kölner Kulturtapet gekommen. Vorher wie nachher blieb der Kölner Ausstellungskalender dicht gespickt. Das fing 1967 bei der Eröffnung der »Kunsthalle« am Neumarkt mit »Die Römer am Rhein« an. Und wurde bereits im Zeughaus ausprobiert. Hier gab es 1964 die »Monumenta Judaica« – »2000 Jahre jüdischer Geschichte und jüdischer Kultur am Rhein«.
Die Kunsthalle ist seit 1967 für Großausstellungen reserviert. Solche von internationalem Gewicht waren 1968 »Weltkunst aus Privatbesitz«. 1970 »Herbst des Mittelalters«. 1972 »Rhein und Maas«. 1973 »Hanse in Europa«. 1975 »Monumenta Annonis«. 1978 »Die Parler«. 1979 »Paul Klee«. 1980 »Der Kölner Dom«. 1985 »Ornamenta Ecclesiae«. Endlich »Die Braut – geliebt, verkauft, getauscht, geraubt«. Und immer noch kein Ende in den Vorbereitungen für neue ehrgeizige Pläne.

## Autobahn

Kaum zu glauben, dennoch wahr: Köln ist Pionier der Autobahnen gewesen. Das sogenannte »Pilotprojekt« einer ausschließlich von Autos benutzten Straße entstand 1932 zwischen Köln und Bonn und war eine Idee des Kölner Oberbürgermeisters Konrad Adenauer. Allerdings hatten erst die Nazis den Nutzen davon. Im

# Autobahn

großen Stil kurbelten sie den Autobahnbau an, auch und nicht zuletzt aus militärischen Gründe.
Köln konnte seine Vorrangstellung als Autobahnstadt behaupten. Hier gab es nach dem Zweiten Weltkrieg den ersten geschlossenen Autobahnring um eine europäische Großstadt. Jetzt führen zehn Autobahnen aus allen Himmelsrichtungen nach Köln. Mit dem Ruhm kam das Elend: Lärm, verpestete Luft, besonders am Autobahnkreuz West, das als meist frequentiertes in Europa gilt.

▷

**Das Kölner Stadtbild prägten vor dem zweiten Weltkrieg eine beträchtliche Zahl vom Zahn der Zeit gezeichnete, mehrgeschossige Bürgerhäuser: Steinerne Zeugen des Bürgerstolzes, Relikte einstiger Wohlhabenheit, Zeichen von fein gebildetem Geschmack. Prächtige Volutengiebel kränzten die reich gegliederten, vielfenstrigen Fassaden, hinter denen der weiträumige »Saal« repräsentativen Zwecken diente**

## Bärbelchen

So heißt eine der Hauptpersonen des Kölner Stockpuppentheaters. »Et Bärbelche« (Barbara) fungiert als die ewige Braut des Tausendsassa »Hänneschen«. Spiel einer unerfüllten Liebe, die zu häufigen Konflikten führt. Wehe, wenn die beiden wirklich einmal heiraten würden! Für die »Sippschaff« des »Hänneschen« käme dies einer mittleren Katastrophe gleich. Denn die »Boore« (als »Bauern« Hauptakteure des Kölner Nationaltheaters, seit 1802) sind aufs Bärbelchen als das stets ausgleichende, fröhlich zupackende Element angewiesen.

## Balch (Balg)

Weitverbreitetes Schimpfwort für ein ungezogenes, seine Umwelt belästigendes Kind. Man beachte die Nuance etwa zu »Panz«. »Balch« ist so etwas wie die ordinäre, proletarische Variante und kann als Anrede sogar beleidigend wirken.

## Banken

Geld – das hat in der Kaufleute- und Handwerkerstadt Köln immer schon eine mehr als wichtige Rolle gespielt. Die »Kölnische Mark« galt als stabile Währung, wurde zunehmend seit dem 12. Jahrhundert in aller Welt geschätzt. Ihr Nachfolger war der rheinische Gulden – Vater der Reichsmark.
Der explosionsartige wirtschaftliche Aufschwung im vergangenen Jahrhundert belebte das traditionelle Kölner Bankgeschäft erneut und ließ große Privatbanken entstehen. Die Namen der Kölner Familien Oppenheim, Schaaffausen oder Herstatt sind damit verbunden. Sparkassen und Versicherungen gewannen an Bedeutung. 1846 wurde Köln mit der Gründung einer Rückversicherungsgesellschaft sogar Welterster.
Die Straße »Unter Sachsenhausen« entwickelte sich allmählich zum Bankenviertel, wurde Kölns Wallstreet. 62 Kreditinstitute mit über 320 Geschäftsstellen sind heute über die Stadt verteilt. Daß es bisweilen auch zu handfesten Bankkrächen kommt, kann bei dem immensen Kölner Geldverkehr eigentlich kaum verwundern. Man spekuliert waghalsig mit fremder Leute Moneten und zieht den Kürzeren. So geschehen bei der Herstattbank. Mißliche Erinnerung!

**Das »Hänneschen« strotzt vor Lebenslust. Mehr bedachtsam bringt sich »Bärbelchen« ins Spiel**

## Bankrott

Eigentlich ist »Bankrott« ein ernstes Wort und der damit Behaftete verfemt. Die Kölner nehmen es nicht ganz so tierisch ernst. »Bankrott« sein heißt leere Taschen in einer geradezu hoffnungsvollen Geste vorzeigen unter dem Motto: Das Blatt wird sich schon wieder wenden.
Aber: Der optimistische Grundakkord hat beim Herstattfiasko (1974) Schaden gelitten, zumal dieses Institut mit den Kölner Karnevalsfreunden eng liiert war und allgemein als »Karnevalsbank« in Anspruch genommen wurde.

## BAP

Nicht nur in Köln, inzwischen auch weit über die Stadtgrenzen hinaus macht BAP als kölsche Rockgruppe von sich reden. Vielverbreitete Autoaufkleber erhöhen die Publizität der »Firma BAP«. Wolfgang Niedecken, so der »Baas« (Chef, Leiter, Vorsitzender), rockt seit 1976. »Graue Vorzeit« – wie er selbst zu diesen Anfängen meinte. 1979 die erste LP. Dann ein Riesenerfolg nach dem anderen. Die Kölner Musikszene ohne BAP – undenkbar! Lieder in sehr eigenwilliger Kölner Mundart (da können dem Experten die Haare zu Berge stehen!) sind Renner geworden, gehören immer noch zum (inzwischen erweiterten) Repertoire, mit engagiertem kritischem Beihau zu den die Zeitgenossen bewegenden Fragen (Raketen, Frieden, Umwelt und mehr).
Was BAP heißt? Wieder ein eklatantes Beispiel, wie BAP mit der geheiligten Kölner Mundart umspringt (obgleich Wolfgang Niedecken es eigentlich besser wissen müßte – doch man attakiert ja so gerne!). Also: BAP gleich PAP – im Kölnischen Vater. Aber auch da gibt es noch einen Haken insofern, als die Kölner Mundart weniger Pap, denn »Vatter« sagt, wenn es um das sprichwörtliche »Familienoberhaupt« geht.

## Baselemanes

Was dem Österreicher sein »Küß die Hand« das ist dem Kölner der »Baselemanes«. Übrigens aus dem Spanischen hergeleitet (besamanos) und Indiz für jahrhundertealte kölnische Weltoffenheit. Baselemanes heißt, einen Bückling vollführen, Komplimente verteilen, den Hut auch dort lüften, wo es eigentlich unangebracht erscheint. Solch opportunistisches Gehabe ist dem Kölner schnell verdächtig. Aus dem Baselemanes wird dann flugs ein vordergründiges Getue, Strohdrescherei. Der ursprüngliche Wortsinn kehrt sich ins Gegenteil, wie überhaupt die Kölner gerne mit ihrer Mundart »spielen«, diese bei sehr unterschiedlichen Gelegenheiten sehr verschieden anbringen können. Die sprichwörtliche Kölner »Grielächerei« steht da Pate.

## Baselum

Damit laufen echte Kölner Jecken zu Fastnacht herum. Im Kölner Alltag ehedem als Arbeitskittel einfacher Leute überliefert, wird das Textil zum Jeckenhabit, zum originellen Kostüm ohne das feine Drum und Dran der uniformierten »statsen« Korps. Die im Baselümche suchen ungezwungene, natürliche Verrücktheit im Jeckenfähnchen, das Phantasie verrät. In jedem Fall ist es etwas Selbstgestricktes, das völlige Untertauchen in der Anonymität des verlorenen »Ich«, die komplette Hingabe an fastnachtliche Freuden einmal im Jahr!

## Bastei

Kölner Nobelrestaurant unweit des Theodor-Heuß-Ringes über dem Rhein gelegen. Wilhelm Riphahn baute auf dem Stumpf einer preußischen Befestigung von 1891 jenes sonderbare Rund, das zum prachtvollen Panoramaplatz gedieh. Seit 1924 gibt es diese Kölner Sehenswürdigkeit. Jochen Blatzheim, fast ein Kölner Gastronomenpapst, investierte neuerdings allerhand, um die Bastei aufzupolieren.

**Dem »Rundblick« aus Kölns Bastei gehören drei Sterne. Man genießt ihn und läßt sich kulinarisch verwöhnen**

## Bazaar de Cologne

Geschäftliches wie architektonisches Zentrum der »Mittelstraße«. Weiß, hell, licht. Kurz: hinreißend und vielbesucht. Ein ständiges Kommen und Gehen. Dunkler Himmel, Regenwetter. Unter diesem Mammuttreibhaus bleiben solche unangenehmen Erscheinungen draußen. Der »Bazaar« lädt zum Flanieren ein. Man ißt italienisch, chinesisch, deutsch natürlich. Schlürft seinen Espresso, schleckt Eis in wahrhaft italienischer Bandbreite. Ja, die ganze Atmosphäre hat etwas durchaus Südländisches. Ist wie geschaffen, Urlaubsträume zu wecken oder ihnen nachzuhängen. Shopping wird hier zum Vergnügen: Im »Bazaar de Cologne«.

## Becker, Hermann »Roter Becker«

Haarschopf und politische Gesinnung trugen dem fähigsten Kölner Oberbürgermeister des 19. Jahrhunderts diesen kuriosen Spitznamen ein. In Wuppertal 1820 geboren, gehörte er im »Tollen Jahr« 1848 zu Kölns Rebellen. Der »Kölner Kommunistenprozeß« befand ihn schuldig. Becker

wurde eingelocht. Doch nach etlichen Jahrzehnten schien alles vergeben und nicht mehr wahr. Man kürte den Nichtkölner am 5. Juli 1875 zum Oberbürgermeister. Der neue OB verblüffte mit der offenherzigen Einsicht: »Wenn andere ihren Stolz darin setzten, von einer gefaßten Meinung nicht abzugehen, so glaube ich: Wir müssen unseren Stolz darin finden, vieles zu lernen und vieles zu vergessen«. Das katholische Köln kreidete ihm an, Stadtverordnetensitzungen auch an kirchlichen Feiertagen einzuberufen. Es gab auch sonst Ärger in Fülle. Zum Beispiel beim Fest der Domvollendung (1880), wo Becker die kirchlichen Würdenträger mattzusetzen versuchte. Gleichwohl brachte er es fertig, die Stadt zu vergrößern, als der mittelalterliche Mauerring fiel. Das war am 11. Juni 1881.
Im Nachhinein wird derlei »Großtat« ganz anders bewertet. Des »Roten Beckers« Licht leuchtet nicht gar so hell mehr.

## Beethoven, Ludwig van

»Heut, dato den 26.ten Martii 1778« pries der kurkölnische Hoftenorist Beethoven im musikalischen Akademiesaal auf der Kölner Sternengasse sein »Söhngen von 6 Jahren« als Wunderkind der Töne an. Ein verheißungsvoller Sprößling griff virtuos in die Klaviertasten und erntete reichen Beifall.
Um der Wahrheit die Ehre zu geben: Papa Beethoven hatte um des Effektes wegen gemogelt und seinen Filius zwei Jahre jünger eingestuft.

## Beichtstuhl ▷

Bitte in diesem Zusammenhang keine kirchlichen Assoziationen! Nichts von Sünde und Reue, wenngleich es im Nachhinein auch manchmal darum gehen mag. »Beichtstuhl« oder besser »Bichstohl« wird jener Glaskasten in der Kölner Wirtschaft geheißen, von dem aus der Wirt (»Weet«) das Geschehen zwischen Zapfhahn und Gast dirigiert. Nichts entgeht hier seinen Argusaugen, kein Kölsch, kein »Rievkooche« oder was der kölschen Delikatessen mehr sein mögen, kann diese Barriere ohne Kontrolle passieren. Der Wirt zählt munter seine »Häufchen« Mark – oder Pfennigstücke – so jedenfalls erinnern sich die Älteren. Denn immer mehr ist der altehrwürdige »Bichstohl« auf dem Rückmarsch, muß der Elektronik weichen und wird bald museumsreif sein.

## Beiere

In Köln das melodische Anschlagen der Kirchenglocken zu besonderen Anlässen. Etwa beim Kirchweihtag (Kirmes). Dann sitzt der Beiermann in luftiger Höhe und läßt seine lustigen Beierlieder erklingen. Sie fallen wie Perlen über die Dächer. Jedes »Veedel« hat sein eigenes Beierlied mit hübschen Reimen von manchmal sarkastisch-parodistischem Beigeschmack. Lange verstummt, ist das »Beiere« heute wieder zu neuem Leben erweckt und wartet auch mit zeitgenössischen Tönen auf.

## Belgisches Viertel

Straßenquartier westlich des Hohenzollernrings mit Namen wie »Flandrische-«, »Antwerpener-«, »Lütticher-«, »Genter-« oder auch »Brüsseler Straße«. Hier sollte einmal das europäische Zentrum der Bhagwansekte entstehen. Lange hatten sich die meist rotgewandeten »Jünger« dort eingenistet. Snackbars, Bistros, Ärztepraxen, Massagesalons so gut wie Autoreparaturwerkstätten oder das vegetarische »Zorba-the-Buddha-Restaurant« sind (noch) Publikumsrenner. Man flaniert aus Neugierde durch dieses »Belgische Viertel«. Seine Diskotheken à la »Buddha« wurden inzwischen beliebte Treffpunkte junger Leute. Aber Bhagwans Vormarsch sind Grenzen gesetzt, wie jüngst zu erfahren. Die Zeichen stehen nicht gut für die Kölner Sektenkolonie, nachdem sich der große »Guru« nach Indien aus dem (amerikanischen) Staub machte.

## Bestemo

Giftiges Pendant zum »Besteva«. Altersbosheit, Keifen – summa summarum das böse Weib an sich. Den Besen schwingt sie wie eine Hexe. Spärlicher Haarwuchs und fast zahnloser Mund vervollständigen das Bild der sprichwörtlichen kölschen »Zang« »met Hor op dr Zäng« (mit Haaren auf den Zähnen), dem »Hausdrachen«.

## Besteva

»Bester Vater« zählt zur Sippschaft des Hänneschen. Er ist der alte, gutmütige Trottel, Hänneschens Großvater, seine Intelligenz nur bescheiden ausgebildet. Saufen und Schwadronieren gehört zu den Hauptbeschäftigungen. Einer geregelten Arbeit geht unser Held nicht nach, wie überhaupt die »Knollendorfer« »alternative« Lebensgewohnheiten schätzen.

## Bläck Fööss

Weit über die Stadtgrenze hinaus kölschen Singsang exportierende Barden. Seit den siebziger Jahren im Karneval, bei Volksfesten, auf weitgesteckten Tourneen im In- und Ausland tätig. Kölnische Mundart mal gemütvoll, mal aggressiv mit gesellschaftspolitischem Inhalt. Mal kritisch, mal versöhnlich zum Mitsingen, Mitsummen. Plattenstars sind unsere »Singers« mittlerweile geworden und wirtschaftlich ganz oben, die Bläck Fööss. Da haben sie einmal angefangen, unbeschuht, eben mit bläcken Fööss, also nackten Füßen. Salopp im Gehabe, auf's Volk, die Leute von der Straße getrimmt. Ein Erfolgsrezept, das immer noch ankommt und unverwüstlich zu sein scheint, wenn auch die Konkurrenz in den »Höhnern« oder bei BAP sich meldet. Auf kölschem Boden wächst derlei, und Platz ist immer auch für andere da.

## Bleche Botz

Einen unangenehmen Tatbestand verschönt der Kölner Dialekt mit sozusagen mildernden Umständen. »Bleche Botz« – »Blecherne Hose«, so hieß das ehemalige Stadtgefängnis an der Schildergasse – Krebsgasse. Ursprünglich Klarissenkloster, 1802 säkularisiert und von dem Blechschläger Alexander Hittorf (übrigens Vater des berühmt gewordenen Pariser Architekten J. I. Hittorf) gekauft. Baumeister Butz richtete die Gefängniszellen für weibliche Arrestanten ein. Darum »Bleche Botz«. Aus dem steinernen Gefängnis wurde ein nur dem Eingeweihten verständliches, kölschem Mutterwitz zugeordnetes, mit Augenzwinkern bedachtes verbales Instrument des Strafvollzuges.

## Blotwoosch

Das Wort, korrekt artikuliert und gesprochen, gilt nach einem vielgesungenen Kölner Karnevalslied als Erkennungssignal echter »Kölner«. Es wurde so etwas wie ein Identifikationsmerkmal. Übrigens auch in der beliebten Hänneschen-Karnevalssitzung, wo der Blutwurstorden die Zuschauer in geradezu euphorische Stimmung versetzen kann, wenn ihn der buckelige Literat »Speimanes« (spuckendes Hermännchen) raffiniert dem Gewinner abzuluxen versteht. »Saach ens Blotwoosch«. Es gibt Leute, die auf jene bohrende Frage ihre Haltung wahren wollen und kurzerhand »Flönz« antworten. Übrigens auch eine Blutwurst, aber ohne Speck und mit viel Zwiebelscheiben (»Musik«) serviert.

## Blum, Robert

»Erschossen wie Robert Blum«. Viel zitiert, oft gehört. Das Ereignis und die Person haben mit Köln zu tun. Es ging dabei um den »Vormärz« und die Revolution 1848. Armer Leute Kind, rührte damals Robert Blum kräftig die Demokratentrommel. Ein wahrer »Volksmann« und Abgeordneter der Frankfurter Nationalversammlung. Aber sein Kampf um demokratische Freiheiten war umsonst. Ferdinand Freiligrath ehrte den am 9. November 1848 in Wien Hingerichteten (weil kein Henker zur Stelle war, wurde das Urteil durch Pulver und Blei vollstreckt) mit einer wütenden Totenklage: »Das Robert-Blum-Requiem singt Köln, das revolutionäre«. Ein anderes war das der Kirche – auch in Köln und feierlich-fromm gehalten.

## Blumenmarkt

In Köln seit 1820 auf dem Gereonsdriesch liebgewordene Einrichtung. Am 1. Mai geht's los – nur nicht mehr auf dem Gereonsdriesch. Die Blumenhändler sind zum Altermarkt verzogen oder – besser – verzogen worden. Zur Belebung der Kölner Altstadt, wie man hört. Schade. Früher beliebtes Motiv der Kölner Sonntagsmaler: Bunte Riesenschirme, darunter Blumen, Blumen in fülligen Pyramiden aufgetürmt. Dazwischen die wägenden Käufer. Expertengespräche untereinander oder mit den dicken Blumenfrauen. Heute geht das alles nüchterner zu. Einheitlich sind die Verkaufsstände, kölscher Individualismus verpönt. Null acht fünfzehn Verkaufsmethoden. Wie gut, daß es noch Blumen gibt, die sich nicht fügen, wild ranken, in Kübeln und Kästen. Auch auf dem Blumenmarkt.

## Blumenspiele

Literarische Veranstaltung der Kölner High Society um die Jahrhundertwende (1899), deren Gründer Kommerzienrat Johann Fastenrath war. Im »edlen Wettstreit« sollte gleich den Troubadouren um die Krone der Poesie gerungen werden. Die schrullige Veranstaltung fand im Gürzenich statt. Die »Blumenkönigin« war meistens von Adel. Als Geschenke kursierten »das goldene Veilchen«, »die goldene Kornblume« oder ein wertvoller, von der Hand des Kölner Hofgoldschmiedes Hermeling gefertigter Pokal.
Immerhin – dem kostspieligen und auf so hoher gesellschaftlicher Ebene abgewickelten Zeitvertreib verdankte Willy Ostermann seinen ersten, durchschlagenden Erfolg. Mit dem Lied »Däm Schmitz sing Frau eß durchgebrannt« (1907) errang der kölsche Musikus die damals heißbegehrte Trophäe, »Fastenrathmedaille« genannt.

## Böll, Heinrich

Kölner (literarisches) Markenzeichen. Nobelpreisträger. Geborener Kölner und darum legitimiert, eigenwilliger Interpret all dessen zu sein, was mit dem offiziellen Köln zu tun hat. Er kannte seine Pappenheimer, schürfte in der Kölner Volksseele und erlangte geradezu Meisterschaft im Hinterfragen der Lebensumstände des sogenannten »kleinen Mannes«. Nicht nur deshalb war ihm auch der offizielle Kölner Karneval (nicht »Fastelovend«) verdächtig. Kritisch überhaupt beäugte die spitze Feder Um- und Mitwelt. Kölnisch schien manches an diesem Kölner Ehrenbürger zu sein. Insonderheit seine auf literarisches Niveau gehobene Grielächerei. Auf eine recht spezifische Manier war auch Heinrich Böll (gest. 1985) »jeck«.
Die leidigen Querelen um seine Ehrenbürgerwürde im Kölner Rat sind nun endgültig begraben. Dafür tun sich andere Mißhelligkeiten auf. Muß der »Appellhofplatz« einem »Heinrich-Böll-Platz« weichen (schon sind die Protestler aktiv)? Oder wird der weise Rat an der neuen Kölner Philharmonie »Platz« für den unbequemen Mitbürger finden? Er fand ihn!

## Böötcher, Müllemer

Die »Müllemer Böötcher« (Mülheimer Boote) sind ein besonders hübsches Kapitel Kölner Lokalschiffahrt. In der sogenannten »guten alten Zeit« am 16. Juni 1852 von den Kölner »Geldmännern« Kemmerich und Henn gegründet. Etliche Jahrzehnte waren sie das Sommervergnügen ungezählter Kölner Vereine, besungen und gefeiert in Dur oder auch in Moll. Eine derart liebevolle Teilnahme hat bislang keine der großen Dampfschiffahrtsgesellschaften auf dem Rhein erfahren.
»Em Müllemer Böötcher fahre mer su gän« gilt aber nur noch eingeschränkt.

KÖLN
NIBELUNGEN SCHATZ

Rundfahrten

Das »Müllemer Böötchen« meinte schon vom Sprachlichen, dem Dialekt her, Intimes, ans kölsche Herz Gewachsenes. Es suchte die Domnähe. Die kurze Stromstrecke nach Mülheim hinunter spielte dabei keine Rolle. Die »Müllemer Böötcher« strömen in der Erinnerung geradezu Nostalgisches aus, wurden zum Inbegriff des Nahebeieinander von Stadt und Strom.
Die Kölner Mundart kennt sogar eine Sprachschöpfung »Müllemer Böötche«, bezogen auf zu groß geratene oder ausgetretene Schuhe.
Eilige Fremde tun gut daran, sich dem »Böötchen« (offiziell »Lokalschiffahrt«) für eine gesellige Abendfahrt anzuvertrauen. Es kann bei diesem »Bummel auf dem Rhein« äußerst munter zugehen.

◁ **Der Rhein lädt sommertags zu fröhlichen Schiffsausflügen ein, manchmal neumodisch als »Shiffle-Boat-Party« angepriesen. Das Gedränge auf dem Strom ist von beängstigender Fülle und beweist, daß der Fluß nichts von seiner Schönheit verloren hat**

## Börse

Seit 1553 rühmt sich Köln seiner Börse. Wertpapier-, Produkten-, Warenbörse. Zuerst im Rathaus, dann auf dem Heumarkt, danach im Gürzenich, endlich im Haus der Kölner Industrie- und Handelskammer. Da gibt es auch heute noch einen »Börsenplatz«, den »Börsensaal«. Aber der schöne Schein trügt. Andere liefen Köln in diesem Geschäft längst den Rang ab. Als Börse hat Köln nur noch Erinnerungswert.

## Boisserée, Sulpiz

Vier stattliche Bände seiner Tagebücher liegen vor als Zeitdokument. Von 1808 bis 1854, dem Todesjahr. Selbstbiographisches findet der Leser dort und Epochales die Menge. Boisserée stand ja mitten darin, korrespondierte mit den Zeitheroen, im politischen wie geistigen Raum. Goethe durfte er zu seinen Freunden rechnen. Zum Kaufmann bestimmt, brachte er diese Langweiligkeit schnell hinter sich. Ganz anderes ging ihm im Kopf herum: Das Bewahren und Sammeln der Kölner mittelalterlichen Kunst nämlich. Hier fand er mit seinem Bruder Melchior eine lebenslange Aufgabe. Was dabei herauskam, ist heute in der alten Münchener Pinakothek zu sehen. Denn dahin ging schließlich die herrliche Boisserée-Sammlung 1827, aus königlicher Schatulle (Ludwig I.) bezahlt. Wieder einmal guckte Köln in die Röhre.
Die Vollendung des Kölner Domes förderte Boisserée nachdrücklich. Wenigstens hier durfte die Stadt ihres großen Sohnes sicher sein. Die aus seiner Feder stammende »Geschichte und Beschreibung des Doms zu Köln« (1823-32) gilt immer noch als Standardwerk. Eine schön illustrierte, großformatige Prachtpublikation. Die erste exakte Inventarisation und maßgerechte Wiedergabe der »Hohen Domkirche«.

## Botanischer Garten

Köln gehört zu den deutschen Städten, die schon sehr früh an die Anlage eines Botanischen Gartens dachten. Der erste entstand um 1810 und mußte 1856 dem Bau des heutigen Hauptbahnhofes weichen. Wie Goethe im Gespräch mit Eckermann erwähnt, sei er hier auf der Suche nach der »Urpflanze« gewesen. Sein interessierter Begleiter war damals Ferdinand Franz Wallraf, Kölns Museumsgründer.

In der Tradition jenes durch so hohen Besuch ausgezeichneten alten Botanischen Gartens lag die Anlage der Kölner Flora anno 1862. Damals eine gartenkünstlerische Privatinitiative, die Aufsehen erregte und endlich den neuen Botanischen Garten entstehen ließ. Flora und Botanischer Garten sind seit 1914 im Kölner Vorort Riehl die vielbesuchte Erholungsstätte aller Kölner.

## Botz

»Ritsch, ratsch de Botz kapott« singen die Roten Funken und spielen damit auf eine geplatzte Drillichhose an. Aus Angst kann jemand auch »de Botz voll« han. »De Botz anhan« heißt soviel wie das Regiment führen. Auf die kölschen Frauensleut wird seit jeher mit derlei Sticheleien angespielt. Vor allem dann, wenn der Ehemann »en Klävbotz« ist. Da sieht man die Hose förmlich am Wirtshausschemel kleben – bis in die Morgenstunden hinein.

## Botzeknöpp

sind Hosenknöpfe. »De Botzeknöpp« dagegen eine Kölner Mundartgruppe, deren Lieder inzwischen zum festen Repertoire sangeslustiger Kölner zählen. Rock steht auch bei ihnen obenan. Gerade feierten sie ihr »elfjähriges« Jubiläum. Die Zahl sagt viel, wenn nicht alles in Köln.

## Breitestraße

Mit dem Namen wurde entschieden zu hoch gegriffen (oder wollte man sich damit an römische Zeiten erinnern, als die »Breitestraße« das Attribut »breit« wirklich verdiente?). Denn »breit« ist hier gar nichts – ausgenommen das hübsch als Fußgängerzone gestaltete kurze Stück vor dem »Pressehaus« und »Karstadt« mit einem im Augenblick nur »gedachten« Brunnen, um den es schon »Knies« gab. Da stehen Bänke, kleine Tische. Bei schönem Wetter speist man draußen, von Bäumen (die noch klein von Wuchs sind) und anderem Pflanzlichen garniert. Der prächtige Blumenstand posiert als wirklicher Farbfleck mitten darin. Jenseits der »Neven-Dumont-Straße« steht alles noch »Gewehr bei Fuß«. Es wird erst allmählich gebuddelt. Auch hier soll eine Fußgängerzone her. Dann vielleicht trägt die »Breitestraße« ihren Namen zurecht.
Warten wir ab, wenn erst einmal der »Ring« als »prominenter« Zubringer seine Funktion ausübt.

## Brücken

Köln wird gerne »Brückenstadt« genannt, woran viel Wahres ist. Der erste Brückenbauer war Kaiser Konstantin in grauer, römischer Vorzeit (um 310). Seine »Pfahljochbrücke« führte ins Kastell Deutz auf der rechten Rheinseite.
Danach geschah Jahrhunderte gar nichts, was die Brückenbauerei angeht. Köln fühlte sich »hinter« dem Strom am sichersten, dachte nicht an feste Rheinübergänge. Erst die Preußen (seit 1815) machten dem ein Ende. Ihr Brückenschlag zum rechten Rheinufer war die berühmte »Schiffsbrükke«. Darum berühmt, weil sie in vielen Kölner Erzählungen eine Hauptrolle spielte. Und dies fast hundert Jahre hindurch!
Jene geschichtsträchtige Pontonbrücke bekam bald Konkurrenz. Mit der Dombrücke nämlich, die 1859 als »Mausefalle« (ihrer Gitterkonstruktion wegen) vollendet wurde. Jetzt hatte das Eisenbahnfieber die Stadt ergriffen, und Tag für Tag rollten die fauchenden Dampfungetüme zum Kölner »Centralbahnhof« hinüber.
Von da ab ging es mit dem Kölner Brückenbau Schlag auf Schlag. 1910 entstand die »Hohenzollernbrücke« (als man die »Mausefalle« abriß).

Dann die »Südbrücke« (1908-1910), die »Hindenburgbrücke« (1913-1915). Im Krieg – wie alle anderen älteren Kölner Brücken – zerstört, durch die »Deutzer Brücke« (1947/48) ersetzt. Die »Mülheimer Brücke« (1927-29) war ein Kabinettstück Adenauers insofern, als er gegen alle Widerstände »seine« Hängebrücke durchsetzte und dabei sogar die Kommunisten übertölpelte. »Severinsbrücke« (1956-1959), »Autobahnbrücken« (gleich mehrere), »Zoobrücke« und immer noch kein Ende im Planen, Erfinden. Das letztere darum, weil die Kölner Brückenarchitekten wahre Künstler sein müssen. Hier spielt der Kölner historische Stadtprospekt eine Rolle. In ihn muß sich die Brücke einfügen.

Also nicht nur Technik, sondern auch Ästhetik ist gefragt, wozu der schon sprichwörtliche Grünanstrich das seinige beiträgt.

**Köln spiegelt die vermittelnde Rolle eines Gemeinwesens wider, das Jahrhunderte hindurch eine Grenzposition einnahm, zum Brückenschlagen wie geschaffen schien**

## Brühl

Zwischen Köln und Bonn, am fruchtbaren »Vorgebirge« gelegen. Brühl verdankt seine Berühmtheit dem Kölner Kurfürst und Erzbischof aus dem Hause der bayerischen Wittelsbacher Clemens August (1723-1761). Er baute sich hier ein prachtvolles Lustschloß. Seine Sommerresidenz mit Französischem Garten und Jagdsitz »Falkenlust«. Schloß wie Garten dienen heute der Bundesregierung zu repräsentativen Empfängen, vor allem bei Staatsbesuchen. Sommertags gibt es die »Brühler Schloßkonzerte« im barocken Treppenhaus (Balthasar Neumann und François Cuvillies). Erst spät nahm Brühl seinen bedeutenden »Malersohn« Max Ernst zur Kenntnis. Die Mitbürger haben gar die Schenkung einiger Bilder an seine Vaterstadt abgelehnt.

## Brunnen

Von richtigen Brunnen wird erwartet, daß sie rauschen, nicht nur plätschern oder dünne Rinnsale von sich geben. Legt man derlei Kriterien als Maßstab an, hat Köln nur eine Handvoll wirklicher Brunnen. Zuerst der auf der Domplatte. Im Sommer umlagert von Badewütigen und Hunden. Der Brunnen vom Offenbachplatz mit den

**In Sachen »Brunnen« hat Köln Nachholbedarf. Dem Notstand soll z. B. im Severinsviertel (Berbuerbrunnen) abgeholfen werden**

hübschen Mosaiken dient bisweilen der Fußwaschung. Auch am Ebertplatz mags noch rauschen. Aber dann kommen nur spirrlige Wässerchen oder undefinierbare schmutzige Brühen. Wie im »Römerbrunnen« am Zeughaus auf der Komödienstraße. Die Kapitolinische Wölfin blickt von hoher Doppelstele finster auf das trübe Bild. Eigentlich gar keine Brunnen sind der »Heinzelmännchenbrunnen« am Hof, der des »Jan von Werth« (Altermarkt) und der »Hermann-Josef-Brunnen« (Waidmarkt). Sie haben Denkmalcharakter und wenig Wasser. So auch der »Fastnachtsbrunnen« (Gülichplatz) oder der des Dionysos am Domchor. Der berühmte »Vater-Rhein-Brunnen« von Bildhauer Adolf von Hildebrand auf dem Kaiser-Wilhelm-Ring (1922) hatte Format, war dem genius loci der Stadt gemäß. Wie der heutige Lochner»brunnen« im Hof des Wallraf-Richartz-Museum oder jener vor der Handelskammer, als »Schaschlick« am Spieß belacht. »Drügge Pitter« umschreibt den Kölner Brunnenzustand mundartlich. Gemeint ist hier der oft trockenstehende Petersbrunnen vor dem Domchor.

## Buchdruck

Ulrich Zell aus Hanau (gest. 1507) und Schüler Gutenbergs brachte 1464 die Kunst des Buchdruckes nach Köln. Die alte Universitätsstadt schien ihm das richtige Pflaster dafür zu sein. Ihm folgten bald andere Drucker wie Verleger. In der Weltchronik des Kölner Karthäusers Werner Rolevinck erschien die erste gedruckte Kölner Stadtansicht (1474).

## Bücher

Köln-Bücher wurden inzwischen Legion. An ihrer Produktion sind die Kölner Verlage erheblich beteiligt. Sie kennen den »Markt«, wissen, was »ankommt«, entdecken immer wieder neue Lücken in der Erwartung ihrer »Verbraucher«. Bachem, Dumont, Greven, Wienand – das sind nur

einige. Von hier läuft der Bücherstrom in die Buchhandlungen. Zur »Bücherstube am Dom« etwa, die gar nicht »am Dom«, sondern lange schon am Neumarkt ihre Bücherschätze ausbreitet. Gonski, König, Gondrom, Herder, Bachem, Lengfeld, Kösel, Ludwig, Sieger – nacheinander muß der Bücherfreund sie abklappern. In irgendeiner abgestellten Kiste fällt ihm auch Antiquarisches, längst Gesuchtes in die Hand. Laufkunde kann jeder sein. Der wahre Buchfreund schnuppert nach Atmosphäre, will still schmökern, in Ruhe gelassen werden auf der Fährte nach Speziellem. Gottlob tragen solchem Individualismus einige Kölner Bücherfürsten Rechnung. Eine kleine Klause lädt den Kundigen ein. Es gibt Kaffee und ein gutes Gespräch. Man weiß, was man voneinander hat. Auch – oder gerade –, wenn nichts gekauft wird.

## Bürgergesellschaft

In Köln unter dem vielverheißenden Kürzel »Bürger« bekannt. Renommierte Vereinigung der Kölner katholischen Gesellschaft. Auch als »Versoffene Rusekranz« überliefert. Das prächtige Haus der »Bürger« am Appellhofplatz (1901 bezogen und von Meister Moritz gebaut) war im politischen Leben der Stadt lange Hochburg und Hauptquartier des »Zentrum«. Zum Stadtgespräch wurden die noblen, jährlichen Bankette in den Saalfluchten der »Bürger«.
»Die Gesellschaft unterhält ihr eigenes Weinlager und ihre eigene Ökonomie«. Oder: »Zur Beschaffung der Mittel für Weine . . . bildet sich eine freiwillige Vereinigung unter den Mitgliedern«. Zitiert aus dem Gründungsstatut 1863.
Die »Bürger«, heute in bescheidenerem Rahmen im »Senatshotel« beim Rathaus untergebracht (das alte Haus ging im Zweiten Weltkrieg unter), blieb eine gute Weinadresse.

## Bütt

Zählt zu den unverzichtbaren Karnevalsrequisiten. Übersetzt heißt das Wort nichts anderes als »Bütte«. Genauer gesagt: »Waschbütte«. Und in der Tat stieg in sie früher der »Büt-

tenredner«. Von hier aus hielt er seiner lauschenden Narrenschar den Spiegel vor, rügte, parodierte die Unzulänglichkeiten der Zeitgenossen und veranstaltete mit kräftigen Worten ein Reinemachen, das es in sich hatte.
Kaum etwas ist heute von dieser ursprünglichen herzerfrischenden Philippika geblieben. Billige Kalauer sind an der karnevalistischen Tagesordnung, uralte Witze werden abgespult. Von Nachwuchs keine Spur. Die kölsche Bütt und ihre Interpreten brauchten eine Reformatio an Haupt und Gliedern.

## Bütze

Bütze (Küssen) besiegelt eine mehr flüchtige menschliche Begegnung während der Karnevalstage. Da vor allem werden Wort und Tätigkeit überstrapaziert, vielleicht auch perfektioniert.
Seine sprachliche Wurzel liegt im Ripuarischen (»Stoßen«).

## Bruno

Stiftete die Kölner Benediktinerabtei St. Pantaleon, wo er auch begraben wurde (965).
Mit seinem Namen beginnt in Köln die Herrschaft der Erzbischöfe als Stadt- und Landesfürsten. Zum Herzog von Lothringen und Herrn von Köln erhoben, leitete Bruno als Bruder Kaiser Ottos des Großen eine glanzvolle Epoche der Kölner Stadthistorie ein.
Trotz aller weltlicher Aufgaben in Vertretung seines kaiserlichen Bruders rühmt ihn der Mönchbiograph Ruotger von St. Pantaleon als kindlich fromm, bescheiden wie hochgebildet. Von imponierender Gestalt, blieb Bruno als Persönlichkeit von Rang in Erinnerung. Mit weiser Hand regierend, das noch unsichere Reichsland Lothringen fest an die Krone des Sacrum Imperium bindend.
Ihm wäre nicht in den Sinn gekommen, das Schwert dem Krummstab vorzuziehen, wie bei manchen seiner Nachfolger geschehen.

## Butzweiler Hof

Industrieansiedlung mit modern-langweiliger Zweckarchitektur und bewegter Vergangenheit. Seit hier 1912 der tollkühne Kölner Schreinermeister Jean Hugot seine ersten Flugversuche unternahm, entwickelte sich in den 20er Jahren auf dieser ebenen Wiese das »Luftverkehrskreuz des Westens«, der erste Kölner Flughafen. Hatten danach die Militärs die besseren Karten im Poker um die Landrechte, wurden zuletzt sogar die Sport- und Segelflieger durch die ausufernde Besiedlung verdrängt, so daß heute nur noch vergilbte Ansichtskarten von der ehemaligen Zeppelinhalle oder der guten alten »Tante« JU 52 künden.

## Cäsar, Gaius Julius 100-44 v.Chr.

Nicht die beste Figur machte der römische Feldherr und Politiker, als er 55 v.Chr. mit seinen Legionen am

Rhein auftauchte. Im Gebiet des späteren oppidum ubiorum (38 v.Chr.) und der Colonia Claudia Ara Agrippinensis (CCAA 50 n.Chr.), das heißt des jetzigen Köln, ließ Cäsar die hier ansässigen Eburonen derart dezimieren, daß die Landschaft länger fast menschenleer blieb.
Das Kriegstagebuch des Mannes »De bello gallico« erzählt grausige Geschichten von den Ureinwohnern Germaniens. Es gibt aber auch eine Vorstellung von den klimatischen wie landschaftlichen Besonderheiten der von ihm eroberten Gebiete.
Köln bewahrte an den Fast-Imperator eine delikate Erinnerung: Sein Prunkschwert nämlich. Es wurde als »Reliquie« im Marstempel verehrt.

## Cafés

Der Prophet gilt gewöhnlich nichts im eigenen Land. Erst die Leute »von draußen« müssen die hohe Qualität Kölner Cafés preisen: »Konditoren habt ihr – einmalig in Deutschland!« Also wohin geht's bei Hunger auf Süßes? Zu Eigel auf der Brückenstraße (mit den anerkannt besten Pralinen). Oder zu Zimmermann auf der Herzogstraße. Hier kann man sich in Havanna- und Maraschinotorte verlieben. Riese (Schildergasse), Franck am Rudolphplatz und Kranzler an der Oper bieten wahre Träume süßer Spezialitäten an. Bei Fassbender im Bazaar de Cologne gibt es Baumkuchen, der sich sehen lassen kann. Und endlich das wieder erstandene Café Reichard vor dem Dom. Hier

genießt man zwischen Kaffee, Eis und feinen Konditorwaren den Duft der großen weiten Welt. Weihnachtliches kommt das ganze Jahr hindurch aus der Backstube des »Printen-Schmitz« von der Breitestraße.

## Callas vun Niehl

Das einstige Fischernest und der heutige Kölner Vorort Niehl brachten neben den Fordwerken einen weiteren Stern zum Glänzen: Die im Fastelovend singeswütige »Callas«. Ihr bürgerlicher Name klingt entschieden anspruchsloser: Renate Fuchs. Kölsches Bodenprodukt und Urgestein von kugelrunder Gestalt – sozusagen aus allen Nähten im wörtlichen wie im übertragenen Sinn platzend, was Fettpolstrigkeit und Temperament angeht. Das Alter der quirligen Diva scheint undefinierbar, doch schon vorgerückt. Mit verwegenen, bizarren Sprüngen, allen natürlichen Hemmnissen zum Trotz, meistert unsere »Callas« ihre karnevalistischen Alleingänge, freilich nicht ohne einen Stich ins Vulgäre. Die bravourös-komischen Verrenkungen der umwerfenden Komödiantin bringen das Publikum in Wallung. Die Kölner schätzen dergleichen fastnachtlichen »Klamauk-Service« und honorieren ihn entsprechend.

## Castans Panoptikum

Ehedem im Kaisersaal auf der Komödienstraße, umgezogen zur Hohestraße (1895), war es so etwas wie das Kabinett der Madame Tussaud in London. Die »lebenswahre Wiedergabe berühmter Persönlichkeiten« wurde dem Besucherstrom versprochen. Beim näheren Hinschauen trat die groteske Versammlung aufgeputzter Schäbigkeiten weniger prunkvoll ins Rampenlicht. Längst verschwunden lebt es in der Kölner Sprachgewohnheit fort.

## Christentum

Die Botschaft des christlichen Glaubens brachten zuerst römische Soldaten und Kaufleute, auch Juden, in die Stadt. Um 180 ist eine Gemeinde bezeugt, wie der Heilige Irenäus aus Lyon erzählt. Sie war eine Kirche der Märtyrer. Die Legende berichtet von Gereon und seinen Gefährten. Sicherlich sind ebenso Zivilisten für den neuen Glauben gestorben.
Im Prätorium wird ein frühes »conventiculum ritus christiani« genannt: Versammlungsraum der immer noch verfolgten Kirche. Gilt dies auch für die römische Villa bei der heutigen Pantaleonskirche?
Konstantin brachte der christlichen Religion 313 den Frieden. Kurz danach finden wir in Köln die ersten christlichen Kultbauten, darunter die Bischofskirche des Heiligen Maternus. Er war Vertrauter des Kaisers und ist geschichtlich nachweisbar auf der ersten Gesamtsynode in Arles. Auch am römischen Lateran wird er genannt. Über den Gräbern der Märtyrer entstanden Gedächtnisbauten, wie St. Gereon oder St. Ursula beweisen.

**St. Gereon repräsentiert den reifen Stil des Übergangs von der Romanik zur Gotik** ▷

Auf einem Friedhof »extra muros« an der Kölner »via appia« im Süden entdeckte Fritz Fremersdorf 1925 unter St. Severin eine kleine Friedhofskapelle als vielleicht früheste Stätte christlichen Glaubens in Köln. Sie datiert aus der Zeit um 320. Seitdem ist Köln das »heilige« und wird immer wieder »Rom des Nordens« oder »allzeit getreue Tochter der römischen Kirche« geheißen. Stieg zur »Mutterkirche aller Kirchen Germaniens« auf.

## City

Innenstadt, Hauptverkehrsplatz, alter Stadtkern. Kulmination des Geschichtlichen und Kulturellen – eine gewiß vage Umschreibung des Begriffs. Indes: Für Köln trifft das den Nagel auf den Kopf. Seine »City« ist die alte Römerstadt, als ewiger Grundriß. An ihn lehnen sich alle Stadterweiterungen an, deren es im Mittelalter drei gab (um 950, 1106 und schließlich 1180). Seit 1888 wuchs die Stadt in rasantem Tempo, doch nie die antike »City« verleugnend.
Die Kölner »City« wird durch die Römermauer (um 50 n.Chr.) begrenzt. Größte römische Fortifikation nördlich der Alpen. Köln stieg schon damals zur »urbs« im wahren Wortsinn auf.

## Cloaca maxima

In sie gelangt man vom Prätorium. Draußen, an der Ecke Budengasse – Unter Goldschmied, ist die Steinröhre aus jahrtausendelanger Finsternis ans Licht gehoben.
Tief geht's hinunter und trockenen Fußes. Aber anno dazumal, um 50 n.Chr., floß hier das Abwasser Kölns zum Rhein hin. Wahrscheinlich noch ungeklärt.
Quadermauerwerk in Tuffstein, gedeckt durch ein Keilsteingewölbe, zieht sich fast bis unter die Hohestraße. Es gab mehrere derartige Sammler und sie verfielen nach dem Abzug der Römer. Später knüpften sich haarsträubende Räuberpistolen an die unterirdischen Gänge, deren Funktion, wissenschaftlich erforscht, erst um die Jahrhundertwende dem Köln-interessierten publik gemacht wurde. Im Zweiten Weltkrieg boten sie willkommenen Schutz vor Fliegerangriffen.

## Colonia

Als Umgangssprache häufig verwendeter Zweitname für Köln. Nicht nur vom Gebildeten, des Lateinischen mächtigen Kölner Bürger. Hier schwingt das Wissen um die römische Vergangenheit mit. Doch niemand käme auf den Gedanken, die antike Stadtbezeichnung in ihrer ganzen Länge herzusagen: Also: Colonia Claudia Ara Agrippinensis (CCAA). In der Kürze liegt die Würze. Und Köln hat ja in der Tat im lateinischen Colonia seinen Ursprung.

## Colonius

Ein hoch hinauswollender »Herr«, der den Dom fast in den Schatten stellt, Kölns Fernsehturm an der »Inneren Kanalstraße«. Architektonisch nichts Besonderes. Man kennt derlei Gebilde auch anderswo. Hoch oben ein Restaurant. Eigentlich sollte es Publikumsschlager, Magnet der Öffentlichkeit werden. Denn die Aussicht aus luftiger Höhe ist bezaubernd, ja faszinierend. Weit geht der Blick um Köln herum. Natürlich nur bei einigermaßen schönem Wetter. Das aber hat Köln selten. Und so wäre denn dieser außergewöhnliche Pluspunkt des Fernsehturmes nur noch die Hälfte oder weniger wert. Liegt es daran, daß die Pächter ihre Schwierigkeiten haben, den »Colonius« zu »verkaufen«, als Restaurant schmackhaft zu machen. Denn wer hier ißt und trinkt, will auch sehen. Sonst bleibt man lieber unten. Auch des Preises wegen.

## Curia

Römische Stadtverwaltung, deren Amtssitz im Dunkeln liegt. Wahrscheinlich westlich der Hohestraße, unweit des Forums. Zwei »Duoviri« amtierten als »Bürgermeister« für jeweils ein Jahr. Wie im späteren Kölner Rat forderte der status solcher Repräsentanz Vermögen, Grundbesitz. Ohne »betucht« zu sein, blieb die Tür zum Ratssaal verschlossen. Auch gewisser Privilegien durften sich die Herren erfreuen. Für öffentliche Lustbarkeiten waren ihnen Ehrenplätze reserviert. Geldgeschenke flossen reichlich und hatte jemand mit dem Gericht zu tun, war Folterung verpönt. Die Kölner Honoratioren genossen auch hier speziellen Schutz, verteidigten verbissen ihre Vorrechte.

## Decke Trumm

Viel gebrauchtes Utensil kölnischer Festlichkeiten, die »Decke Trumm«. Groß und rund. Vor dem Bauch zu tragen. Dazu der »Schwengel«. So tönt es dann überall, weniger melodisch, aber lärmend. Ganz besonders

natürlich zu Fastnacht. Wahre Trummorgien sind das in der Hand von Jedermann. Die »Decke Trumm« hat Hochkonjunktur. Einfach draufhauen nach Lust und Laune. Krach schlagen – vielleicht sogar Aggressionen loswerden. Die »Decke Trumm« ein therapeutisches Mittel. Das rührt an Urtümliches, Elementares. Und die »Decke Trumm« findet Sympathisanten. Solche, die den Rattenfängerklängen willig hinterher laufen. Das ist nichts für Individualisten oder zartbesaitete Gemüter. Die flüchten, wenn »Decke Trummen« auf der Stadtbildfläche sich tummeln.

## Denkmäler

Von manchen ihrer Geschichtsdenkmäler hat sich die Stadt nach dem Krieg in einem Zustand unbewältigter Vergangenheit sang- und klanglos verabschiedet. Solche Monumente galten als schwulstig und naziangehaucht, waren in der allgemein herrschenden Gemütsverfassung nicht opportun. Erstaunlich, daß die prachtvollen Reiterdenkmäler der Hohenzollern an der Dombrückenrampe (jetzt wieder »Hohenzollernbrücke«) erhalten blieben. Preußen war ja auch als Nazivorläufer mißliebig »eingestuft« und politisch belastet. Gleichwohl kam Friedrich Wilhelm III. auf dem Heumarkt (ehemals das »Königsdenkmal«) vor wenigen Wochen zu neuen Ehren. Er wurde »wiederentdeckt«, in einer Nacht- und Nebelaktion auf den Sockel gehievt, wenn auch nur aus Styropor. Die Bildhauer Gustav Blaeser, Louis Tuaillon und Friedrich Drage modellierten dergleichen in Bronze. Sozusagen zivil und darum auch ungefährdeter ging es bei anderen Kölner Standbildern zu. Dem des Gesellenvaters Adolf Kolping vor der Minoritenkirche zum Beispiel (J. B. Schreiner 1903). Die Museumsgründer Wallraf und Richartz blieben unbehelligt (W. Albermann, 1900). Und Albertus Magnus erst recht: als Neuschöpfung von Gerhard Marcks anno 1955 vor der Universität. Andere Kölner Denkmäler blühen mehr im Verborgenen. Dazu gehört die »Trauernde« bei St. Maria im Kapitol. Das »Denkmal« für den ruhenden Verkehr war eine verrückte Idee von Wolf Vostell 1968 (Josef Haubrich Hof). Ältestes Kölner Monument ist das an der Ulrepforte mit der Erinnerung an den Überfall 1268.

## Deutz

»Düx« rechtsrheinisch gelegen war für Köln lange feindliches Ausland, Zankapfel, weil dem Erzbischof untertan. Zur Römerzeit gab es allerdings rege Kontakte. Kaiser Konstantin hatte »Deutz« als »Castellum divitia« gegründet – militärischer Vorposten in das dunkle Germanien. Das war um 310. Jenes Kastell verband er mit der alten Colonia durch eine feste Brücke aus Pfahljochen und hölzernem Überbau. Die Brücke verschwand später und Deutz blieb allein zurück. Auf der »Schäl sick«, dort, wo für die Freie Reichsstadt Köln »Asien« begann.
Erst die Preußen bauten wieder eine Brücke und knüpften auch sonst unterhaltsame Verbindungen. Etwa in Gestalt der Deutzer Kürassiere (8. Rgt. Graf Geßler), von den Kölnern

**Mit ohrenbetäubendem Knall flog 1632 die als Pulvermagazin genutzte Deutzer Urbankirche in die Luft. Schwedische Truppen waren hier zusammengezogen worden und bedrohten Köln**

bewundernd »Mälsäck« genannt (ihrer weißen Waffenröcke wegen). Und endlich stieg das Deutzer Schützenfest zu einer Kölner Attraktion von besonderem Ruf auf. Willi Ostermann hat es mit einem bis heute unsterblichen Lied besungen. Aber da gehörte Deutz schon zu Köln, dem es am 1. April 1888 eingemeindet wurde. Sehenswert blieben die Reste des römischen Kastells gleich neben dem Lufthansa-Hochhaus. Benachbart liegt Alt St. Heribert, die Klosterstiftung des Kölner Erzbischofs Heribert. Neu St. Heribert hütet eine der herrlichen Goldschmiedearbeiten des Mittelalters: Den Schrein des Heiligen Heribert (um 1176).

## Diäten

Ein heikles Thema und viel geschmäht in Bund, Land oder Stadt. Wenngleich die Stadtparlamentarier von wirklichen Diäten noch am wenigsten sehen. Bei ihnen heißt es ja auch nicht »Diät«, sondern »Aufwandsentschädigung«.

Die mittelalterlichen Ratsherren regelten das alles sehr viel nobler. »Bibite cum lätitia« – »Trinket mit Freuden« stand auf den »Ratszeichen«, die es nach jeder überstandenen Ratssitzung gab. Hermann von Weinsberg, der unvergeßliche Kölner Chronist des 16. Jahrhunderts, erwartete seine Kollegen vom Rat im Weinkeller. Er nahm das »Zeichen« entgegen und goß einen kräftigen Schluck in den Becher oder in die Kanne. »Diäten«, die zu Nachsitzungen weidlich animieren konnten. Denn »Das Trinken ist der Ratsherren Pflicht, eine trokkene Lampe, die leuchtet nicht!« Wahre Erkenntnis vergangener Tage!

## Diatretglas

Schon eine wahre Pilgerschaft setzte zum Diatretglas im Kölner Römisch-Germanischen Museum ein. Die zierliche und so zerbrechliche Kostbarkeit wurde 1960 gefunden. Es war am 1. April und der Fundort ein Grab auf der Stolbergerstraße in Köln-Braunsfeld. Die erste Fundmitteilung erregte mitleidiges Lächeln. Aber dann kam die ganze Wahrheit ans Licht. Tatsächlich – das schönste dieser Gläser war entdeckt. Fast unversehrt. Der Typ ist der des Netzbechers. »Diatretos« kommt aus dem Griechischen und heißt durchbrochen. Im unteren Feld des Bechers ist dies durchbrochene Netzwerk in Smaragdgrün gehalten. Nach oben zu folgt als »Kragen« in goldgelber Farbe ein »Eierstab«-dekor. Endlich unter dem Becherrand die umlaufende Schrift in griechischen Buchstaben: »Trinke – lebe – schön – immerdar«. Die Herstellung gab lange Rätsel auf. Aus dem entsprechend »überfangenen«, d.h. mit farbigem Glas überzogenen Rohling, wurde auf der Werkbank unter Zuhilfenahme eines Diamanten, Wasser und Sand die Verzierung herausgeschliffen. Nur noch drei, dem Kölner Diatretglas von der vorzüglichen Qualität her ähnliche Stücke blieben erhalten: Kulmination römischer Glaskunst des vierten nachchristlichen Jahrhunderts!

## Dicker Pitter

Jüngste, doch mächtigste Glocke des Kölner Domgeläutes. Ersatz für die 1918 eingeschmolzene »Kaiserglocke« von 1874 – gegossen aus französischen Beutegeschützen des Krieges 1870/71.
Am 5. Mai 1923 gelang dem Glokkengießermeister Heinrich Ulrich in Apolda (Thüringen) der völlig fehlerfreie Guß auf den Schlagton C. Bürgerspalier, Würdenträger und Erzbischof-Kardinal Schulte empfingen die 24 Tonnen schwere und drei Meter hohe Glocke am 24. November 1924 vor dem Dom. Buchsbaum- und rosenbekränzt stand das Ungetüm als größte schwingende Glocke der Welt vielen Neugierigen zur Begutachtung freigegeben. Wenig später auf dem Glockenstuhl montiert, läutet der »Dicke Pitter« seitdem die hohen Festtage ein.

## Dionysos

Griechisch-römischer Gott der Lebensfreude. Wein, Weib und Gesang – daran kann sich der Kölner (sofern er will) tagtäglich erfreuen. Wenngleich nur theoretisch. Im Gucken nämlich. Spuren plattgedrückter Nasen entdeckt man denn auch an den riesigen Glasscheiben des Römisch-Germanischen Museums in Domnähe. Durch sie erspäht der Neugierige den Gott des Tanzes wie des Eros mitsamt seiner lüsternen Schar von Mänaden und Satyren. Desgleichen sind kulinarische Genüsse ausgebreitet. Auf dem herrlichen Mosaikfußboden ist dies alles zu bewundern. Er tauchte ganz zufällig 1941 beim Bau des Dombunkers auf. Über siebzig Quadratmeter groß und in leuchtenden Farben. Vielleicht von einem Kölner Getreidehändler als prunkvolle Ausstattung seines Perystilhauses zwi-

schen 260 und 280 n.Chr. in Auftrag gegeben.
Dionysos gilt in Köln als erster Karnevalsjeck. Jedenfalls nehmen ihn die Fastnachtsfreunde dafür in die Pflicht. Mit den Römern hat eben hier alles begonnen. Auch das Nationalfest, der Karneval.

## Divertissementchen

Recht vergnügliches (divertimento) Theaterstückchen, das sich mittlerweile zum abendfüllenden Opernhausspektakel der Karnevalszeit mauserte. Akteure sind Laien mit Neigung und Talent zum Professionellen. Seit 1875 kommen sie aus der Spielgemeinschaft des Kölner Männer-Gesang-Vereins und seiner »Cäcilia Wolkenburg«, auch liebevoll »et Zillche« genannt. Kölns berühmter Männer-Gesang-Verein residierte einst in der »Wolkenburg« bei St. Cäcilien. Viel belachte Galanummer jedes »Divertissementchen« sind das »Männerballett« und die parodistischen Musikeinlagen. Die Bühnensprache ist Kölsch oder Kölsch »met Knubbele«. Jedenfalls für den Fremden verständlich und von heimattümeldem Inhalt. Satirisch-kritische Passagen zum Tagesgeschehen geben dem Ganzen einen gewissen »Pfeffer«.

**Der Dombau verschlang seit 1842 riesige Summen. Eine erste Lotterie gab es 1865. Sie diente dem Aufbau der Türme. Immer noch wird am Dom für den Dom »geköttet«**

## Dom

Der Dom ist Kölns Gütezeichen Nummer eins. Vermarktet in vielerlei Gestalt, verkitscht in den Andenkenbüdchen. So jedenfalls erfährt ihn der Tourist zuerst.
Über den Fundamenten eines Mercurius Augustus Tempels (um (?) 80 n.Chr.) und einer frühchristlichen Kirchenanlage (um 320) wurde nach 800 der karolingische Dom errichtet (870 geweiht). Zweichörig, ein Monumentalbau bereits. 1248 beginnt Konrad von Hochstaden den gotischen Dom. 1322 ist der Chor mit all seinen Kostbarkeiten vollendet. Damit scheint fürs erste die Kraft erschöpft. Dieser Riesenbau sollte erst 1880 vollendet sein und die Hausnummer 4 erhalten.
Das Mittelalter sah in ihm ein Abbild des Himmels. Die neue Zeit, die des Weiterbaues ab 1842, war profaner. Nicht »Abbild des Himmels« – das »Nationaldenkmal« war gefragt, wurde kultiviert, der Dom seiner ursprünglichen Bedeutung entfremdet. Wird darum in ihm mehr gestaunt, bewundert als gebetet?
Gewiß, der Dom gehört zu Köln wie der Karneval, das Kölnisch Wasser, der Klüngel. Hat Signalwirkung auf Eingesessene oder Fremde. Ist Gewöhnung und Selbstverständlichkeit.

Und doch: Da bleibt Distanz, eine Dimension von Größe, vielleicht auch Autorität. Sie verscheucht Behaustsein, Geborgensein. Die findet der Kölner eher in seinen Romanischen Kirchen. Der Koloß des Domes, schwarz und dunkel in den aufragenden Türmen als mächtiges Steingebirge, kann das Fürchten lehren und fordert Respekt. Davor stehen, aufschauen, das kann man. Er ist kein Dom zum Anfassen. Also, im ganzen ein ambivalentes Verhältnis. Von Ferne angenommen, heiß geliebt als Fanal. Tritt man näher, stimmen die Proportionen nur noch halb. So ist das mit dem Dom und den Kölnern. Strapaziös bleibt das Hinaufklettern. Man überläßt es lieber fremdem Volk.
Die benachbarte Dombauhütte müht sich unter Dombaumeister Arnold Wolff um die Erhaltung des gefährdeten Koloss. Abgase, saurer Regen und nicht zuletzt die meist überfütterten Domtauben schaden dem Gemäuer empfindlich. Ein Steinmetz in der Kölner Dombauhütte hat in der Tat so etwas wie einen krisenfesten Arbeitsplatz auf Lebenszeit.

## Dombauhütte

Seit 1823 für den Dom »im Geschirr« und heute unter der Leitung von Dombaumeister Arnold Wolff.
Ein funktionstüchtiger Neubau entstand während der letzten Jahre an der Südseite des Domchores, eingebunden in den komfortablen Wallraf-Ludwig-Museums-Komplex.
Die Dombauhütte beschäftigt bei einem Jahresetat von 5 Millionen Mark über fünfzig Handwerker. Darunter Steinmetzen, Glasrestauratoren, Zimmerleute, Schreiner, Schlosser, Dachdecker, Maurer und Maler. »Staubrüssel« sorgen für frische Luft bei den vielfältigen Steinarbeiten. Das Material ist Londorfer Basalt. In riesigen Räumen zum Trocknen gelagert, erweist sich der Stein als widerstandsfähig in der Kölner »Domluft« voller Staub und Chemie.
Den Aufenthaltsraum der Hütte ziert in Schnörkelbuchstaben ein hübscher Spruch: »Kann ich nicht Dombaumeister sein, behau ich als Steinmetz einen Stein. Fehlt mir auch dazu der Verstand, so trag ich Mörtel bei und Sand«.
Anders das fast hehr klingende »Domwerkgesellenlied« aus der Feder Busso von Hagens (1809-1842): »Wenn im Dom der Chor erglüht, Frühmessglocken klingen, laßt das Werkgesellenlied himmelauf sich schwingen. Forme dich, du fester Stein, sollst ein stark Geäste sein, und ein Laubgewinde fein soll dich zart umschlingen.«

## Domplatte

»Freilegung des Domes« heißt das Stichwort. Es taucht schon bei Boisserée um 1816 auf. Kein glücklicher Gedanke, wie sich bald herausstellen sollte. Das Mittelalter integrierte den Dom im Kölner Stadtbild. Es gab damals ein Miteinander zu der ihn umgebenden Bebauung. Die nach 1880 praktizierte Freilegung war ein Akt der Isolation. Als »Dom-Ghetto« ist sie häufiger bezeichnet worden. Nach dem Zweiten Weltkrieg setzte erneut die Diskussion über das leidige Thema ein. Nun sollte der Dom Mittelpunkt einer »Erlebniszone« werden. Römisches konnten die Kölner bereits während der Vorbereitungen dazu »erleben«. Tief im Boden kam ein antikes Kaufmannsviertel zum Vorschein. »Rom am Dom« hieß denn auch die abschließende Ausstellung der spektakulären Funde. Und Römisches ziert immer noch die »Domplatte«, nämlich der kümmerliche Rest des einstigen Nordtores (50 n.Chr.).
Das Ei des Kolumbus fand der Architekt Schaller mit der heutigen »Domplatte« als Flanierzone, Fußgängerbereich in Verbindung mit Hauptbahnhof und Hohestraße. Die Autos wurden unter die »Platte« verbannt. So entstand in der Tat ein Ort

der Ruhe – wenn auch nur relativer. Musikveranstaltungen (nicht nur des WDR), Zauberer wie Pflastermaler, Dudelsackbläser, Urwald-Busch-Getrommel – auf der »Domplatte« ist immer was los. Brunnenfontänen laden bei heißem Wetter zum kostenlosen Bad unter den Domtürmen ein. Für Mensch und Tier in trauter Zweisamkeit. Rollschuhakrobaten machen die Gegend unsicher – außer im Winter. Dann ist wirklich Ruhe. Wenn der mächtige Christbaum an die stille Zeit im Jahr erinnert und der Streit um des Bildhauers Mack ungefüge Granitsäule auf der Südseite des Platzes vom Mai 1984 kein Gemüt mehr erregt. Wer sollte das umstrittene Kunstwerk bezahlen? Kölns Lionsfreunde vielleicht? Da waschen viele Akteure ihre Hände in Unschuld und der Laie wundert sich.
Kölns vielbegangene Domplatte bei Regen und Sturm zu passieren, bietet manches Risiko. Man sehe sich vor, ausgerüstet mit Friesennerz und kräftigem Regenschirm. Da pustet ein Wind zum Umblasen!

## Dompropst

Ein Kleriker, gewiß, und dazu »Chef« des Kölner Domkapitels. Früher fast unnahbar, unerreicht in der Würde seines Amtes. Heute Kölner Volksheld. Zumindest in der Person des unlängst verstorbenen Dompropstes Heinz Werner Ketzer. Jedem war er Begriff von Fröhlichkeit, Frömmigkeit, den Leuten auf die Schulter klopfen, ein Schwätzchen halten. Er segnete Radrenner, Rollschuhartisten auf der Domplatte, weihte die Küche des neu erstandenen »Cafe Reichard« ein (»damit nichts anbrenne«) und war überhaupt Mädchen für alles. Die Aachener erkoren ihn zum »Ritter wider den tierischen Ernst«, weil dieser Neußer in Köln von geradezu ansteckender Lebensfreude war. Nun ist er tot. Jeder Nachfolger wird einen schweren Stand im Vergleich zu diesem heiteren Gottesmann haben.

**Die »Zerberusse« des Domes (auch Dom-Schweizer genannt) – »Frembche en dr Sträuv« sind schnell von ihnen erkannt und barsch aussortiert**

## Dom-Schweizer

Jeder Dombesucher kennt sie: Die Wärter am Eingang der Kathedrale oder im Innern des Domes. Das leuchtende Rot des Talars, schwarz abgesetzt, dazu den hohen, steifen schwarzen Hut – ein Bild, das Ehrerbietung, Achtung fordert. Still, aber bestimmt tun sie ihren Dienst. Sammeln in schweren, hölzernen Kästen Gaben für den Dom und sind oft genug allzuständig, wenn ihnen Ortsunkundige, sprich Touristen, in die Hände fallen. Und das sind Millionen – Jahr für Jahr.

1 Ureinwohner Kölns
2 Kardinal
3 Röm. Stadtrecht
4 Roter Funke
5 Tünnes und Schäl
6 Funkenmariechen
7 Der Bullewuh
8 Der Bibi
9 Geißbock des 1. FC Köln
10 De Läsche Nas
11 Heinzelmännchen
12 Et Flöten-Arnöldsche
13 Maler Bock
14 Der Urgels-Palm
15 Schmuckmadonna beraubt (1975)
16 Köbes
UBIER
COLONIA
BÖLL

## Dom-Schweizer

Der Name lehnt sich an die Schweizer Garde des Vatikan an. Farbe wie Schnitt des Habits bleiben ein Rätsel. Auch wann das Domkapitel diese Wächterschar ins Leben rief. Regelmäßig taucht ihr Bild seit der Mitte des vergangenen Jahrhunderts auf. Es war die Zeit des Weiterbaues und der Vollendung des Doms. Häufig trugen sie damals (und manchmal auch heute noch) eine Art Zeremonienstab mit kostbarer Bekrönung in Form von Heiligen (z.B. Petrus). Die rot-schwarze Bekleidung könnte sich an der kölnischen Bürgermeister-Amtstracht orientiert haben.
Jedenfalls gefiel die »Uniform« der Dom-Schweizer derart, daß auch andere Kölner Pfarrgemeinden sich solche geschmückten Ordnungshüter zulegten.

**Wo sie auftauchen, ist die Jeckenwelt außer Rand und Band, wie elektrisiert. Das »Alaaf« will kein Ende nehmen**

## Dreigestirn

So heißt im Kölner Karneval das Dreigespann von »Prinz – Bauer – Jungfrau«. Durchaus historische Figuren in der Erinnerung an die einstige freie wie wehrhafte Reichsstadt Köln. Nur: Die Kölner Karnevalsjecken wissen wenig davon. Sie lieben die zahlreichen Auftritte ihres »Trifoliums«, das nach der festlichen Proklamation im Gürzenich während der »Session« von Saal zu Saal hetzt, um sich dem närrischen Volk zu empfehlen. Eine gewiß strapaziöse »Tour«, die gute körperliche Verfassung und einen entsprechenden Geldbeutel voraussetzt.
»Prinz« – die seit 1823 im Kölner Karneval existierende Personifizierung jecker Herrschaft. Von den Erfindern ursprünglich als »Romantischer Held« und kaiserliche Majestät (des Heiligen Römischen Reiches nämlich) gefeiert.

Der spätere »Prinz« blieb ein Mißverständnis der eigentlichen Idee. »Bauer« – Zeichen der Wehrhaftigkeit wie der Reichstreue. Aus dem mittelalterlichen Verfassungsschema (Quaternionensystem) überliefert. »Jungfrau« – vielleicht Agrippina als Stadtmutter. In jedem Fall Symbol der unversehrten, von keinem Feind über Jahrhunderte eingenommenen Stadt mit der mächtigen Mauer (»Virgo intacta«). Sie wird von einem Mann dargestellt. Ihre manchmal komischen Auftritte reizen zu Ulk und Parodie, zeugen vom ursprünglichen Kölner Karneval als reinem Männerfest. Die Emanzipation der Frau setzt erst um 1850 ein (Wieverfastelovend).

## Dreikönige

Kaspar, Melchior und Balthasar heißen die biblischen Weisen, deren Reliquien Erzbischof Reinald von Dassel anno 1164 seiner Bischofsstadt Köln zum Geschenk machte. Nikolaus von Verdun schuf den kostbaren Schrein über ihren Gebeinen. Stolz nahm die Stadt drei Kronen in ihr Wappen auf. Der Dom als steinernes Dreikönigegehäuse wurde zu einer der besuchtesten Wallfahrtsstätten im Heiligen Römischen Reich und weit darüber hinaus. Daß damit ebenso Profit, klingende Münze, wirtschaftlicher Reichtum verbunden waren, versteht sich als selbstverständlich am Rande. Nicht minder auch politische Macht. Denn der Kölner Erzbischof, zugleich vornehmster Reichsfürst, durfte sich mit jenen Reliquien als im Besitz christlichen Königtums »an sich« wissen. Ein weiteres Attribut von »Herrschaft« war ihm damit zugewachsen.

»Dreikönige« heute? Damit sieht es finster aus. Zwei Stunden später Dienstbeginn der Stadtverwaltung – ein billiges Alibi, nicht mehr. Im Dom Pontifikalamt. Aber nach draußen dringt kaum etwas vom festlichen Anlaß. Der Kölner Dreikönigstag ist fragwürdiger Abgesang des Weihnachtsfestes; die »Könige« sind sozusagen entmündigt.

**»Mitbürger« und »Hausgenossen« werden sie in Köln genannt: Die Könige aus dem Morgenland**

## Dreikönigenschrein

Er leuchtet in Gold und Edelsteinen, ist übersät mit antiken Kameen oder Gemmen, offenbart die virtuos gehandhabte Technik des Zellen- und Grubenschmelzes: Der Dreikönigenschrein des Nikolaus von Verdun über dem Dom-Hochaltar. Begonnen wurde er um 1180, vollendet fünfzig Jahre später. Propheten und Apostel zieren die Längsseiten des kostbaren, in der Form von drei aufeinanderstehenden Sarkophagen gestalteten Reliquiengehäuses. Propheten und Apostel: Vorläufer, auch Künder der christlichen Heilsbotschaft in unverkennbarer Personalität. Synagoge und Ecclesia. Uralte Metaphern der mittelalterlichen Bildersprache. Den drei Morgenlandweisen gesellte sich im Bildprogramm der Stirnseite ein vierter König zu, nämlich Otto IV. Pures Gold stiftete er für den Schrein. Vielleicht Beute vom letzten Raubkreuzzug anno 1204 nach Konstantinopel.

◁ **Fast sind es Gestalten von antikem Zuschnitt, die uns am Dreikönigsschrein begegnen. Soweit griff Meister Nikolaus der Renaissance voraus**

Nikolaus wagt mit den Prophetengestalten die Individuation. Er verleiht ihnen unverwechselbare Gesichtszüge und Gebärden. Ein wirklich großer Wurf vor der Wiederentdeckung des Menschen in seiner Leiblichkeit während der Renaissance.

## Drickes

Der Vorname »Heinrich« wurde kurzerhand zu »Drickes« und daraus das im Kölnischen genauso gern gebrauchte »Drickestum«. Will heißen: Deutlicher Hang zum Nichtstun, zu Bequemlichkeit wie zum Faulsein. Die Kölner Literatur kennt Lobeshymnen auf solcherlei Lebenskunst. »Alaaf et kölsche Drickestum«. Aber von außerhalb kommen weniger angenehme Töne. Da muß sich der Kölner energisch wehren, um mit den »Drickessen« nicht über einen Kamm geschoren zu werden.

## Dürer, Albrecht

Albrecht Dürer sah als Hofmaler Kaiser Karl V. nicht nur Lochners Dreikönigenbild in der Kölner Ratskapelle und steckte dem Ratsdiener fürs »Aufsperren« ein Trinkgeld zu, das er als Sonderausgabe im Tagebuch vermerkte. »Köstlich zugericht' waren Fürstentanz und Bankett auf dem Gürzenich am Sonntag zu Nacht nach Allerheiligen-Tag im 1520. Jahr«.

## Duns Scotus, Johannes

Der hochgelehrte Franziskaner führte den schönen Titel »doctor subtilis«, was soviel wie »scharfsinniger Lehrer« bedeutet. In Oxford begann Duns Scotus mit den wissenschaftlichen Studien. Sein geschulter Geist setzte sich zeitlebens mit jener philosophisch-theologischen Richtung auseinander, die als »Scholastik« von den großen Dominikanermönchen Albertus Magnus und Thomas von Aquin vertreten wurde.
»Schottland hat mich geboren, England hat mich aufgenommen, Frankreich hat mich gelehrt, Köln hält mich fest« steht auf dem Sarkophag in der Kölner Minoritenkirche mit der Ganzfigur des Heiligen auf der Deckplatte (Josef Höntgesberg 1957). Duns Scotus starb am 8. November 1308. Er galt seit seinem frühen Tod als besonderer Verehrer der Gottesmutter.

## Duve

1. En masse flattern sie um den Dom, und auch sonst wurden sie fast zur Plage. Neuerdings wird Füttern bestraft, zum Verdruß der »Duvejecke«. Tötungsaktionen bei nachtschlafener Zeit hatten vor Jahren Tierschützer alarmiert und amtliche Stellen zur Vorsicht gemahnt. Dennoch sind die »Türkentauben« – denn um diese Rasse geht es – nicht kleinzukriegen. Sie nisten allenthalben, bekleckern den Dom und anderes »Historisches« sehr zum Leidwesen der Denkmalschützer. Passanten beschweren sich über eindeutige »Visitenkarten«. Aber kaum jemand weiß wirklich Rat. 1953 erwies man den Plagegeistern noch eine Reverenz mit dem von Ewald Mataré gestalteten »Taubenbrunnen« vor der »Bank für Gemeinwirtschaft« an der »Domplatte«.
2. Ganz anders die edlen Zuchttauben. Mancher Kölner sitzt geduldig stundenlang auf seinem »Duffes«, dem Taubenschlag, und schwenkt die Fahne, seinen Lieblingen »Bewegungstherapie« verabreichend. Der Taubenhandel auf dem Altermarkt war ehedem gang und gäbe. Es gab einst in Köln die vielbesuchte »Taubenbörse«. Der »Duvejeck« als geflügeltes Wort meint ganz allgemein den Tierliebhaber.

**Der »Taubenbrunnen«, einst als Labsal für die Plagegeister gedacht. Ein zwiespältiges Unterfangen heute, da es ihnen an den Kragen geht**

## Edelweißpiraten

Zu Ende ist er längst nicht, der ideologische Zwist um die Kölner »Edelweißpiraten«. Sollen sie als politisch Verfolgte gelten, anerkannt und rehabilitiert werden? Oder sind diese verwahrlosten Jugendlichen ohne Zuhause ganz einfach nur Kriminelle in der mörderischen Endphase des

Zweiten Weltkrieges gewesen? Sporadisch kommt das leidige Thema auf den Tisch des Stadtparlamentes, beschäftigt die Spezialisten des Regierungspräsidenten, wird heiß in der Kölner Öffentlichkeit diskutiert. Und die »Bläck Fööss« singen dazu. Bislang ohne endgültige Entscheidung. Irgendwann wird Gras darüber gewachsen sein.

## Ehrenbürger

Das sind um die Stadt verdiente Männer. Keine einzige Frau glänzt darunter. Die Liste ist nicht ohne Pikanterie, was die Jahre 1933 bis 1945 betrifft. Auf Namen aus diesem Unglücksjahrzehnt kann verzichtet werden. Also Kölner »Ehrenbürger«: Der erste 1856, der letzte 1982. Zweifel dürfen an dem Verdientsein bei Reichskanzler Bismarck oder Generalfeldmarschall Moltke angemeldet werden. Hier genügte die Stadt mehr einer »vaterländischen« Pflicht, wie damals üblich. Nicht so bei August Reichensperger, dem Dom- und Altertumsfreund. Oder Herrn von Stephan, dem »Postminister«, der Köln Gutes antat. Domkapitular Schnütgen schenkte Museumsschätze. Böckler galt als Kölner Stadtverordneter und einflußreicher Gewerkschaftler viel in Köln, einem Vorort gewerkschaftlicher Regungen. Adenauer braucht man nicht besonders zu erläutern. Schwerer fällt dies schon bei Bundespräsident Heuss. Klarer Fall sind Theo Burauen oder Mäzen Ludwig und Nobelpreisträger Heinrich Böll. Der letzte vorerst (21. Dez. 1982).

**Heinrich Böll, eigensinnig-witziger Kölner Ehrenbürger, der noch über seinen Tod hinaus für beträchtliche Aufregung sorgt**

## Ehrenfeld

Kölner Industrievorort mit sehr eigenständigem Innenleben. Der Name 1845 bei fröhlicher Stammtischrunde auf der Kölner Ehrenstraße aus der Taufe gehoben. 1888 nach Köln eingemeindet. Doch zuvor schon mit seiner Glashütte (gegr. 1864) von einigem Bekanntheitsgrad, vor allem durch die Kopien römischer, venezianischer oder mittelalterlicher Gläser. Die Perfektion, mit der das gelang, unterscheidet Replik und Original kaum.
»Ihrefeld«, wie der Kölner sagt, stellt auch zu Karneval dem Innenstadt-Rosenmontagszug eine beachtliche Konkurrenz: Im Ehrenfelder Kinderzug am Karnevalsdienstag nämlich. Der dicht besiedelte Stadtteil im Westen Kölns wird dann zum Festanger kölscher »Pänz«, zur Nachwuchsbasis kölscher Narretei.

## Eigelstein

Sein Ruf reicht in fast mythische Zeiten der Stadthistorie. Damals war der »Eigelstein« römische Heer- und Ausfallstraße nach Norden – Richtung Neuss. Durch einen Legionsadler auf steinernem Podest markiert. Daher auch der Name. Aus dem lateinischen »aquila« wurde »Eigel«. Die Bürger waren des Klassischen müde, erfanden neue Bezeichnungen, deuteten lateinische auf ihre Weise um, bürgerten sie ein.
Das »Eigelsteintor« – Rest der mittelalterlichen Fortifikation – begrenzt den Straßenzug im Norden. Der »Kölsche Boor« daran wendet sich der

PELZE
KÄMPGEN
BÜRO
APOTHEKE
KD

Stadt zu. Das Tor ist so etwas wie eine Cäsur geworden. Zwischen durchaus großstädtisch anmutendem Ambiente »davor«, also zum Ring, und dem »dahinter«. Stadteinwärts fängt das Provisorium an. Aber vielleicht gerade darum anheimelnd, »unordentlich« im kölnischen Sinn. Die rechte Kulisse für das »Riesen«-Straßenfest alljährlich im Sommer. Neugesicht kölscher Kirmes, Kirchweih. Nur sehr viel lauter, geschäftiger mit »Knüllern« am laufenden Band, einschließlich weitgestreuter Plakatwerbung.

## EL-DE-Haus

Leopold-Dahmen-Haus. Seit 1935 war das Gebäude die Zentrale der Kölner Gestapo (Geheime Staatspolizei Hitlers) und barg nicht nur Verwaltungsräume, sondern auch als Gefängniszellen eingerichtete Keller. Hier »saßen« über Jahre politische Gefangene, auch »Fremdarbeiter« und sonstige, dem Regime verdächtige Personen »ein«. Folterungen und Todesurteile waren an der Tagesordnung. In die Wände der Zellen ritzten die Gefangenen Rufe der Verzweiflung oder Nachrichten für die Mitwelt.
Als Gedenkstätte einer furchtbaren Zeit blieb das EL-DE-Haus am Kölner Appellhofplatz erhalten und kann besichtigt werden.

◁ **Das Eigelsteintor mit geschäftigem Großstadtbetrieb, stadteinwärts eingezwängt in dicht bebaute Straßenfluchten**

## Elendskirche

Merkwürdig der Name und ebenso das Gotteshaus abseits der Severinstraße – »An St. Katharinen« – gelegen, weil es aus dem sonst üblichen Rahmen des Kölner Kirchenbaues herausfällt. Hier regiert das Rokoko, der »Zopfstil«. Einst gefördert vom Bürgermeister Franz Gabriel von Groote und dessen Bruder Eberhard während der Jahre 1765 bis 1778. Die damit vielfach verbundene Vorstellung von Anmut und frohem Lebensgenuß wird merkwürdig verkehrt. Über dem Portal prangt nämlich der triumphierende Tod, die Tiara auf dem Kopf, in den Händen Papst- und Bischofsstab. Nirgendwo sonst in Köln ist die endgültige Herrschaft des Todes packender, eindringlicher dargestellt als beim ehemaligen »Elendskirchhof« mit den Grabstätten der Heimatlosen, der Hingerichteten, der mißliebigen Protestanten. Von der Gesellschaft Unbeachtete oder Ausgestoßene. Der große Sensenmann zieht den Schlußstrich, macht alle gleich – ein für allemal. Es gilt kein Papst, kein Bischof mehr.
Die frühere »Elendsbruderschaft« nahm sie in ihr Gedächtnis, unter dem Schutz der Heiligen Gregor und Michael: Die armen Seelen des Fegefeuers.
Es liegt um dieses Gotteshaus ein eigenartiger Hauch von Vergangenem und von Vergänglichkeit.

## Elf

»Elf«, eine beinahe schon magische Kölner Zahl, zumal im Fastnachtsablauf. Am 11. im 11. wird die »Session« am Ostermannbrunnen und in der Piazetta des Kölner Rathauses mit Lied oder Vortrag eröffnet. Elf ist schlechthin die Jeckenzahl.
Ihre Bedeutung: Elf heißt Gleichheit aller Narren unter der Narrenkappe, wie die beiden gleichen Zahlen (11) beweisen sollen. Sie symbolisieren die ewige Hoffnung der Menschen nach Freiheit, Gleichheit, Brüderlichkeit (Egalité, Liberté, Fraternité ELF). Vielleicht bisweilen in der Kölner Fastnacht erfahrbar. Im gegenseitigen »Du« ein Manifest von Freundschaft.

## Elferrat

Der Elferrat präsidiert als eine Art Vorstand jeder richtigen Kölner Karnevalssitzung. Auf erhöhtem, dekoriertem Podium zum Publikum plaziert. Die Herren (manchmal auch Damen) sind sich ihres gewichtigen Tuns durchaus bewußt, optisch hervorgehoben durch Frack oder Uniform und Narrenkappe mit wippender Feder. Ein solcher Narren-Generalstab überwacht streng die althergebrachte, eingefahrene Klaviatur. Sein »Literat« sorgt für den reibungslosen Auftritt der »Kräfte« von »Bütt« und »Podium«. Insgesamt fühlt sich das jecke Gremium mit ordensgeschmückter Brust auch für seine Gäste und die von ihnen teuer bezahlten heiteren Stunden verantwortlich. Von hier oben werden Orden sowie kleine Geschenke verteilt, zwischendurch spendenfreudige Damen und Herren dankend aufgerufen, prominente Besucher namentlich begrüßt und applaudiert. Vorzug des Präsidenten vor allen anderen Jeckenkollegen am Elferratstisch: Geben und Nehmen von »Bützchen«.

## Eros

»Eroscenter« umschreibt Köln zurückhaltend vornehm sein Bordellzentrum in Ehrenfeld (Hornstraße). Darüber breitete man den Schleier von Ruhe und Ordnung. Kontrolle ist selbstverständlich. Alles wäre denn geregelt, das älteste Gewerbe der Welt aus der Stadt an die Peripherie verbannt. Dies gelang indes nur zeitweise, auch sehr unvollkommen. Die alten Bordellviertel »Kleine Brinkgasse«, »Nächelsgasse« oder andere verödeten zwar, dafür blühte die Prostitution munter auf den »Ringen« oder um den Hauptbahnhof. So blieb die liebe Not. Eros ließ sich nicht kasernieren, verdrängen schon gar nicht. Marktplätze der freien und käuflichen Liebe sind Großstädte immer. Und sie findet, erfindet raffinierte Methoden, der Obrigkeit ein Schnippchen zu schlagen. Köln macht davon keine Ausnahme.

## Erzbischöfe

Früher hochmögende Herren. Herrschsüchtig, baulustig, fast immer im Streit mit der Kölner Bürgerschaft.
Hildebold führt zur Zeit Karls des Großen die lange Reihe der Kölner Erzbischöfe an (806). Ihr Territorium umfaßte die Bistümer Lüttich, Münster, Osnabrück, Minden – zuweilen auch Bremen. Unermeßlich waren politischer Einfluß wie wirtschaftliche Macht. Lange stand ihnen das Recht der Königskrönung in Aachen zu. Unter Bruno, dem Bruder Ottos des Großen, sind sie Stadt- und Landesherren (953). Erzbischof Anno vor allem machte sich bei den Kölnern unbeliebt. Seines harten Regimentes wegen. Im Dom hätten sie ihm am liebsten das Lebenslicht ausgeblasen. Doch mit List und Tücke entkam der dort Eingesperrte nach Neuß (1074). Danach folgte eine Standpauke, die es in sich hatte. Die Rädelsführer des Aufstandes wurden geblendet, die alte Herrschaftsordnung wiederhergestellt. Erst 1288 zogen die Erzbischöfe den Kölner Bürgern gegenüber den Kürzeren. Die Schlacht von Worringen war die Wende. Von da ab hatten sie der Stadt nichts mehr zu kommandieren. Ihre Residenz wurde Bonn oder Brühl.
Gleichwohl blieben sie eine nicht zu übersehende Institution. Als in Kölns Franzosenzeit (1794 bis 1815) das Erzbistum kassiert wurde, gab es enttäuschte Gesichter. Eine Welt brach damals zusammen. Und frohes Aufatmen anno 1821. Köln war wieder Sitz eines Erzbischofes geworden. Bald darauf kam auch der Kardinalspurpur dazu. Unter Erzbischof Johannes Geissel (1856).
Keine »Stadtherren«, »Gebietende« überhaupt, sind die Kölner Erzbischöfe heute. Aber souverän im Sinn von Einfluß, Ansehen, Würde allemal. Kläffer wider sie gibt es immer mit kurzlebigen Parolen, Verdächtigungen. Die Person des Erzbischofes ist davon nicht ausgenommen, wie beim Papstbesuch 1980 in rüden Schmierereien oder anonymen Zuschriften ersichtlich. Stimmungsmache gegen vermeintlich zu hohe Kosten. Nur: Kölns Oberhirten scheinen gefeit! Man geht in dieser Stadt kommentarlos über alle Angriffe hinweg zur Tagesordnung über.

## Erzbischöfliches Museum

Auf der »Domplatte« ist der Eingang in Richtung Römisch-Germanisches Museum leicht zu finden: Im »Kurienhaus« des Kölner Domklerus. Weite, lichte Räume voller versteckter Schönheiten. Funde von den Domgrabungen, Domskulpturen, lächelnde Madonnen, prachtvolles liturgisches Gerät. Eine Sammlung, die den Kenner entzückt. Schätze, die im Verborgenen blühen. Nichts drängt sich laut vor. Still wandert der beglückte Besucher von Objekt zu Objekt einer mächtigen kirchlichen Vergangenheit.

## Fastelovend

Im Kölner Dialekt Bezeichnung für die Fastnacht, den Karneval. Das Wort läßt den geschichtlichen Ursprung des alten Kölner Volksfestes erkennen. Eingeordnet der Liturgie des Kirchenjahres heißt Fastnacht »Nacht vor dem vierzigtägigen Fasten«. Das ist Dienstag vor Aschermittwoch: Ein Sichfreuen und Lustigsein auf Vorrat sozusagen, nahrhaftes Essen inbegriffen. Erst während des 19. Jahrhunderts kommen der Rosenmontag und endlich der Fastnachtssonntag hinzu. Die »drei tollen Tage« sind damit komplett.

## Ferkulum, Im

Eine auf den ersten Blick vielleicht »anrüchige« Kölner Straßenbezeichnung an St. Severin. Des Rätsels Lösung: »Ferculum« heißt im mittelalterlichen Latein soviel wie »Tragegestell« bei opulenten Schmausereien. Die Severins-Stiftsherren ließen damit die Weinfuder von Rhein oder Mosel in die kühlen Keller ihrer Behausungen schaffen. Hinter dem Wort verbirgt sich demnach ein Stück reicher Kölner Stiftsherrlichkeit mit weit verstreutem Weinbergbesitz der Kölner Klerisei an Rhein, Mosel, Ahr oder Nahe.

## Festkomitee

Kurzformel für »Festkomitee Kölner Karneval von 1823«. In jenem Jahr begann der »institutionalisierte« Kölner Karneval mit der »Dachorganisation«, dem jetzigen »Festkomitee«. Pickfeine Kölner Gesellschaft war hier tonangebend. So der Kanonikus Wallraf oder Heinrich von Wittgenstein, der spätere Kölner Regierungspräsident. Er amtierte zeitweise als »Erster Sprecher« und war damit Festkomiteespräsident. Die Herren jenes »Comités« bereiteten den Rosenmontagszug vor und tun das immer noch. Dieser war recht eigentlich ihre Idee gewesen. Dem »Festkomitee« sind heute mehr als fünfzig Kölner Karnevalsgesellschaften angeschlossen. Seinen Sitz hat es auf der Antwerpenerstraße 55. In diesem »Haus der kölschen Jecken« sind unter anderem das schöne »Heimatmuseum« zur Geschichte der Kölner Fastnacht sowie die riesige »Kammer« mit einem überaus wertvollen Kostümfundus untergebracht.

## Feuriger Elias

Elektrifiziert geht's heute am Barbarossaplatz zu, bei der »Vorgebirgsbahn«. Ein vergleichsweise »stilles« Rauschen zu dem, was hier früher los war. Da fauchte und prustete seit 1897 mit dicken Dampfwolken aus dem schwarzen Schlot das Schmalspur-Vorgebirgsbähnchen im 15-Stunden-Kilometer-Tempo daher. Flugs verglich es jemand mit dem Feuerwagen des gen Himmel fahrenden Elias. Vielleicht erinnerte sich jener »Jemand« auch noch an den frommen Abt Elias, den Freund des heiligen Erzbischofes Heribert, der zu Pantaleon 1024 regierte. Denn Pantaleon, die ehemalige Benediktinerabtei, lag ja auch nicht allzu weit. Kurzum, wieder einmal mußte das »Heilige Köln« herhalten, um diesem stampfenden Ungetüm den rechten Namen zu verpassen. Fast wäre unser »Feuriger Elias« übrigens in Vergessenheit geraten. Aber nach 1945, als in Ermangelung von Elektrizität und bei zerstörten Oberleitungen erneut unser Bähnchen ins Rollen kam, hatte sich die Welt verändert. Wieder zuckelte das dampfende, »feurige« Lokomotivchen seine Wagen aus dem gemüsereichen Vorgebirge nach Köln hinein. Diesmal nicht befrachtet mit frohen Ausflüglern, sondern mit Trauben verhärmter, hamsternder Menschen. Wer Glück hatte, entkam am Barbarossaplatz mit knapper Not der Polizei.

**Ein »Oldtimer« der Kölner Straßenbahn: »Finchen«.** ▷

BETRIEBSAUSFLUG
Sonderfahrt

## Finchen

Für »Uns Finchen« (Josefine) machen die Kölner Verkehrsbetriebe neuerdings Reklame. Bei der so angesprochenen »Dame« handelt es sich um für den Normalverkehr längst ausrangierte, heil über den Krieg gekommene, altertümlich anmutende Straßenbahnwagen der einstigen »Köln–Frechen–Benzelrather Eisenbahn«. Dem nostalgischen Trend unserer Zeit folgend, kam ein findiger Werbemann auf die köstliche Idee, derlei Gefährte dem in seiner Vergangenheit schwelgenden Kölner zu lustiger Spritztour als rollendes Tanz- und Eßetablissement anzubieten. Dermaßen wurde »Uns Finchen« vielbegehrte, gern gesehene »Tram«, reichlich gebucht und liebevoll gepflegt.

## Fisematentcher

Bei »fi(e)s« wird's ernst und eklig. Der sonst obwaltende kölnische Gleichmut hat dann Pause. Auch die Wortverbindung »Fisematentcher« läßt nichts Gutes ahnen. Das lateinische »visae patentes« (ursprünglich ein ordnungsgemäß ausgefertigtes Schriftstück) wurde zum drängenden, mit drohendem Unterton vorgebrachtem, auch ärgerlichem »Fise matentechen« verfremdet, also: keine Faxen machen oder leeres Stroh dreschen. Sich rasch entschließen ohne Wenn und aber, ohne Widerspruch einem Befehl gehorchen..

## Fisternöll

Mehr belustigende nette Umschreibung einer Liebelei im Geheimen. Der »Fisternöll« scheut in jedem Fall das Licht der Öffentlichkeit, läßt damit aller Vermutung Tür und Tor offen. Ist wie zum Munkeln beschaffen.

## Flohmarkt

Der kann schon eine rechte Plage werden. Doch: »Flohmarkt« ist »in«. Mehrmals im Monat an allen möglichen und auch unmöglichen Ecken der Stadt. »Flohmarkt« im großen Stil und sozusagen hochoffiziell findet ein- oder zweimal monatlich in der Altstadt, auch auf dem Neumarkt statt. Viel »Pröll« ist da beieinander. Auf dem Boden ausgebreitet wie in orientalischen Basaren. Überhaupt hat die Atmosphäre jener »Flohmärkte« etwas Exotisches an sich. Die wirklichen Schätze indes blühen immer noch abseits von lauter Öffentlichkeit, mischen sich nicht unter Alltagstand, meiden den marktschreierischen Betrieb zwischen »Rievkoche« und kölschem Bier.

## Föttchesföhler

»Fott« meint einwandfrei das menschliche Hinterteil. »Föttchen« hört sich schmeichelnder an, wie Liebesgeflüster. »Föttchen« paart der Kölner mit der Vorstellung von klein, niedlich. Nicht nur Kinder haben ein »Föttchen«. Auch Erwachsene, zumal junge Mädchen. Und da gibt denn das »föhler« den rechten, einleuchtenden Sinn. Der kölsche »Föttchesföhler« ist ein Weiberjeck, der Mädchen (auch Frauen) gerne da kneift, ja handgreiflich wird, wo es üblicherweise verboten ist. Ein »Grapscher«, wie es im Zeitjargon heißt.

## Ford

Kölns Wappen schmückt manches Ford-Auto. Im Typ »Köln« vor allem während der Jahre 1933 bis 1936. Und dies mit Recht. In zähen Verhandlungen gelang Konrad Adenauer 1925 der feste Kontakt zu Henry Ford. Am 4. Mai 1931 verließ der erste »Ford« das Kölner Werk in Niehl. Seitdem zählen die Kölner Fordwerke zum größten Gewerbesteuerzahler der Stadt.

**Das »Fordauto« mit dem Kölner Wappen errang Weltruhm, stellte einst Amerika in Deutschland vor**

## Fott

Kurz und bündig: das menschliche Hinterteil. Aber längst nicht jedes wird dieses Wortes gewürdigt. Die »Fott« trägt das unausgesprochene Attribut des Schmunzelns. »Dä hät en decke Fott« – das ist nicht abwertend, mehr verstehend und auch nicht so direkt gemeint, wie andere Bezeichnungen für jenen Körperteil. »Föttche an dr Äd« beschreibt einen zu klein geratenen Menschen im Unterton des Mitfühlens.

## Franken

Ungehobelter Völkerstamm von der rechten Rheinseite, mit dem Köln zu römischer Zeit unangenehme Erfahrungen machte. Franken stürmten um 350 zum erstenmal über den Rhein und zerstörten die Stadt, leiteten damit die dunklen, stürmischen Jahrhunderte der nachrömischen Epoche ein.

Hundert Jahre später hatten sie das römische Imperium endgültig besiegt und wurden Herren der Colonia für etliche Jahrhunderte. Ihre Hinterlassenschaft sind kostbare Grabfunde. So zum Beispiel unter dem Dom, zu St. Severin oder in Müngersdorf. Der römischen Stadtkultur schenkten sie wenig Beachtung. Köln fiel wieder in den Zustand der Verwahrlosung. Von Mord und Totschlag ist oft an jener Zeitenwende der abendländischen

Geschichte die Rede. Gregor von Tours, der fränkische Geschichtsschreiber, erzählt ziemlich ausführlich darüber. Die Gereonskirche stieg damals zur Grab- und Huldigungsstätte fränkischer Großer auf. Erst die Karolinger machten der allgemeinen Unsicherheit ein Ende. Köln wurde Sitz eines Erzbischofes (806). Damit hob ein neues Kapitel der Stadtgeschichte an!

## Franzosenzeit

Sie begann in Köln am 6. Oktober 1794. Mehr als fragwürdig ausschauende französische Revolutionstruppen rückten, ohne einen Schuß Pulver abzugeben, in die Stadt. »Freiheit, Gleichheit, Brüderlichkeit«, der Freiheitsbaum auf dem Neumarkt intonierte Marseillaise und Jakobinermütze. Das war der begleitende Propagandadonner. St. Maria Himmelfahrt avancierte zum »Tempel der Vernunft« – die »Göttin« eine nackte Weibsperson auf dem Hochaltar. Schierer Unfug, der bald verschwand. Starker Tobak dagegen die »Assignaten«. Wertloses Papiergeld, das Wirtschaft und Leute vollends ruinierte. Als Publikumsmagnet erwies sich Napoleon, wenn ihm auch angekreidet wurde, die alten Stifte und Klöster »säkularisiert« zu haben, womit der Ausverkauf Kölner mittelalterlicher Kunstschätze begann. Bis 1814 blieb Köln französisch. Aus der Amtssprache wanderte manches Wort »verkölscht« in die Mundart.
Neben etlichen Negativposten ist auch Erfreuliches aus jenen turbulenten Jahren zu vermelden. Köln kam in den Genuß einer Straßenbeleuchtung, die Hausnumerierung wurde verordnet, ein Adreßbuch erschien. Mehr Reinlichkeit kehrte ein, auch im Gesetzwesen. Dafür spricht der »Code Napoleon« noch Jahrzehnte danach Bände. Und – immerhin – brachte jene oft geschmähte »Franzosenzeit« die eigentliche Geburtsstunde des rheinischen Liberalismus.

## Frings, Josef Kardinal

Volkstümlicher Kirchenfürst und Kölner Erzbischof während der Nachkriegsjahre. Im Kölner Sprachschatz taucht das Wort »Fringsen« auf und erinnert an den hilfreichen kirchlichen Beistand beim Beschaffen von knappen Brennmaterialien sowie anderem nach 1945. Öffentlich rügte Josef Frings die Praktiken der englischen Besatzung, dem Volk das zum Leben Notwendige bewußt vorzuenthalten. Die Kölner machten sich einen eigenen Vers darauf und gingen mit dem Segen ihres Bischofes »fringsen«, beschafften sich illegal Brikett zum Beispiel. Unter der mächtigen Orgelbühne des Domes mit den Fresken Peter Heckers findet ein aufmerksamer Betrachter die asketische Gestalt des Kölner Volksbischofes konterfeit.

## Funken, Rote

Ältestes »Korps« der Kölner Fastnacht in rot-weißer Uniform und die Tradition der ehemaligen Kölner Stadtsoldaten wahrend. Um 1660 als Wach- und Zolltruppe für die Stadttore gegründet, tauchen die Funken schon 1823 als romantisches Element im Karneval auf. Damals noch als Verulkung preußischen Gamaschendienstes und gedrillter Ordnung gedacht. So z.B. in ihren höchst merkwürdigen Exerzierformen, dem »Wibbeln« und Paradieren. Das Funkenregiment besteht aus mehreren »Knubbeln«, die übers Jahr gesellschaftlichen Umgang pflegen und überhaupt ganz entschieden ins städtische Leben wirken. Hauptquartier der Roten Funken ist die »Ühlepootz«, die Ulrepforte. Erhalten gebliebener Turm der mittelalterlichen Stadtmauer am Sachsenring. Ein kölnisches Museum besonderer Art. Stätte kölnischer »Genöglichkeit«.

**Nichts illustriert besser das jecke Gebaren der »Roten Funken«, als dieser Kommandant mit dem »Paraplü«, rittlings dahinter sein Adjutant. Die Leiter wird vorausgetragen. Parat, um vom Pferd zu steigen. Endlich die Marketenderinnen in mythischen Masken von Hahn und Gans**

## Gaffel

Natürlich hat das Wort etwas mit der Eßgabel zu tun: Beim »Gabeln«, sprich »Essen«, wurde und wird in Köln gerne Politik gemacht. Denn die reichsstädtische »Gaffel« amtierte ihrer Funktion nach als politisches Gremium unterschiedlicher Zünfte. War eine Zunft zahlenmäßig nicht stark genug, um eine »Gaffel« zu bilden, schloß sie sich mit artverwandten zusammen. Der »Verbundbrief« zählte zweiundzwanzig Gaffeln, obwohl es sehr viel mehr Zünfte in Köln gab. Das Verfahren erinnert an die Fünfprozent-Klausel im heutigen Wahlsystem! Die »Gaffelhäuser« der Kölner Zünfte waren Keimzellen demokratischen Lebens.

## Galerien

sind sozusagen Dependancen der Kölner Museen. Mehr als dreihundert gibt es in Köln davon. Einige mit Weltgeltung. Nicht immer steht bei den Kölner Galeristen partout schnöder Mammon im Vordergrund. Manche sind von jener Sorte, die entdekken, Avantgardisten sein wollen auf dem Feld moderner Kunst. In der Tat gilt Köln darin als Mekka. Etliche Verrücktheiten sind unausbleiblich und mit inbegriffen. Der Kölner Galerist experimentiert gerne. Er tastet die Kunstflur ab, betreibt Marktforschung. Ist er renommiert, steigt er zum Mentor privater und öffentlicher Kunstsammlungen auf. Der unlängst verstorbene Aloys Faust mag dafür beispielhaft sein.

## Geckenbähnche

»Jecker Bernhard« wurde einst der Kölner Hofnarr geheißen. Sein Kostüm war ein »Zaddelkleid«. In der Hand trug er Schild und Pritsche.
Bei den reichsstädtischen Schützen-Schießspielen auf dem Neumarkt trat unser »morio vulgo« als lustiger Pritschenmeister auf. Mit den »Heiligen Jungen und Mädchen« begleitete »Geckenbähnche« die kirchliche Prozession als »tanzender König David« vor dem Sanctissimum. Den reichsstädtischen Doktorritten am Tage der öffentlichen Promotion war er Anführer und warf buntes Zuckerzeug unters jubelnde Volk.
Mit der »romantischen« Fastnacht kam er ab 1823 in den Rosenmontagszug. Da ist er heute noch zu sehen. Den Säbel schwingend, wirbelt jener historische Narr dem Trupp der »heiligen« Mädchen und Jungen voran.

## Geißbock

Maskottchen der Fußballer vom 1. FC Köln. Das Wappentier gibt's nicht nur als farbiges Emblem. In natura begleitet der Bock Kölns Fußballakrobaten in die Arena. Sinn (und Unsinn) seiner Tiernatur: Die sprichwörtlichen Bocksprünge sollten die Spieler zur Hochform animieren. Die Geschichte vom 1. FC »Geißbock« datiert aus dem Jahre 1950, als

am »Aachener Weiher« der Zirkus »Williams« in einem riesigen Festzelt gastierte. Es diente der an Festsälen damals noch armen Stadt überhaupt zu allen möglichen Lustbarkeiten. Fastelovend im »Williamsbau« auch für den 1. FC Köln. Und just bei dieser närrischen Schau überraschte Carola Williams die FC-Oberen mit einem außergewöhnlichen Geschenk: Dem »Geißbock« – einem von Anfang an munteren Meckerer.

## Georg, St.

Der Kölner schätzt die Kirche zweier Besonderheiten wegen. Frommer Sinn führt den ganzen Tag über Beter in mißlichen Lebenssituationen zum heiligen Judas Thadäus. Hunderte von Kerzen brennen vor seinem Standbild in der schönen Vorhalle. Es gibt zahlreiche Dankadressen an der Rückwand.
Zum andern mahnt hier ein kleiner Friedhof an die letzte große Zerstörung der Stadt (2. März 1945). St. Georg war danach nur noch eine Wüstenei.
Vom Waidmarkt blickt in die Kirchhofidylle das nüchtern wirkende Hochhaus der Kölner Polizei, an Römisches insofern anknüpfend, als es hier schon einmal eine Wachstation vor dem antiken Südtor gab. Dem »Genius loci« folgte das frühchristliche Cäsariusoratorium, entdeckt bei Grabungen in der späteren Kirche des Erzbischofes Anno. Er gründete das Georgstift im 11. Jahrhundert und die älteste Säulenbasilika des Rheinlandes. Stammen ihre Sandsteinsäulen von Tempeln der römischen Stadt? Meister »Herebrat« gibt sich auf einem Kryptakapitel zu erkennen. War er Architekt, Bildhauer oder was sonst? Zahlreiche Spekulationen verbinden sich mit diesem Namen.

In die bei St. Georg beginnende »Severinstraße« ragt das mächtige Westwerk des Gotteshauses aus staufischer Zeit. Seit den dreißiger Jahren mit den leuchtenden Fenstern von Jan Thorn Prikker ausgestattet. Zum kostbaren Inventar gehören zwei Kreuzdarstellungen. Eine in der Nachfolge des Gerokreuzes (um 1000), die andere als »Pestkreuz« (14. Jhdt.) vom häufigen Pesttod in der mittelalterlichen Stadt erzählend.

## Gereon

Unter den romanischen Kirchen Kölns ist sie eine der prächtigsten, von großer Vergangenheit umwittert. Gedächtniskirche für Gereon und seine Gefährten. Allesamt römische Soldaten. Irgendein hochgestellter Römer legte um die Mitte des vierten Jahrhunderts den Grundstein zu jenem Wunderbau. Ein ausgenischtes Oval, im Innern mit Mosaiken und Fresken geschmückt. »Ad sanctos aureos« vom fränkischen Geschichtsschreiber Gregor von Tours genannt. »Zu den goldenen Heiligen«. Und es blieb weiter ein Ort der Verehrung. Erzbischof Anno verlängerte den antiken Kernbau um einen Hochchor (1069). Erzbischof Arnold von Wied fügte

# Gereon

die zweitürmige Chorfassade hinzu (1151–1156). Von 1219 bis 1227 endlich datiert die Ummantelung des Urbaues zum Dekagon (Zehneck). Es gilt dies als Schöpfungsbau der abendländischen Architektur, von mächtiger Kuppel überspannt. Dem großartigen Außenbau entspricht die Ausstattung: Staufische Malereien im Chor, Mosaike in der Krypta, der festlich-barocke Hochaltar des Johann Franz van Helmont und manches Schöne aus unserer Zeit.

# Gereunskeß

»Kiste bei St. Gereon« – so unmöglich klingt die hochdeutsche »Übersetzung«. Eigenwillig ist das Kölsche, auch im Zueinanderschleifen. Die »Kiste« war ein stadtbekannter Beginenkonvent mit dem hübschen Namen (1528) »Zum Lämmchen«. Nur werden darin längst nicht immer Lammsgemüter gewohnt haben. Vielmehr »Möhne«, Klatschende, zuträgerische alte Weiber. So etwas wurde genüßlich kolportiert. Kölschen Mädchen, die sich nicht rechtzeitig zum Heiraten entschließen konnten, drohte man mit der »Gereunskeß«. Böse Vorahnung, wo es ohne Mann enden konnte. Ob die »Keß« Wunder wirkte, ist nicht überliefert.

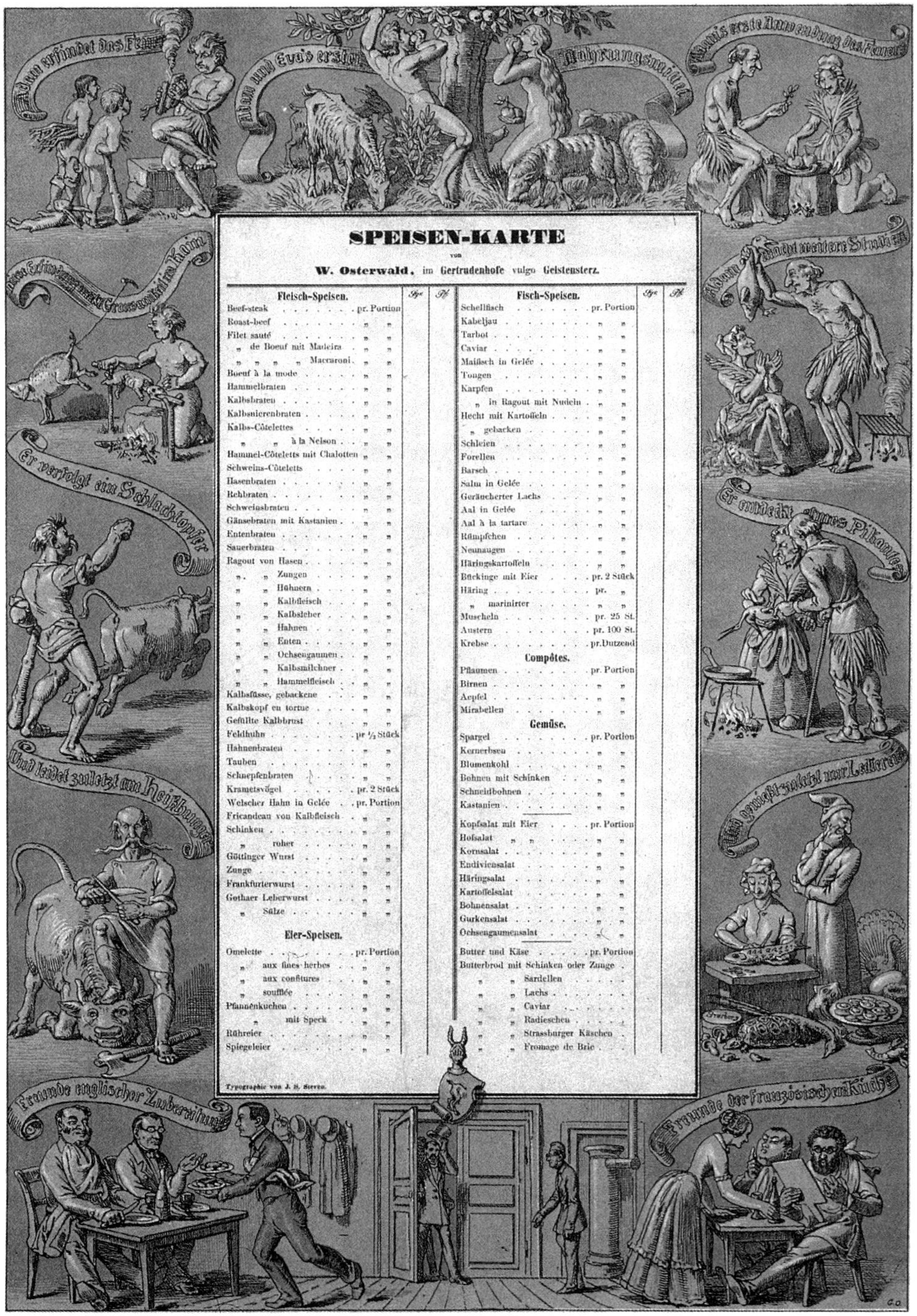

◁ **Mit Gästen, Personal und manch leckerem Viehzeug um 1850**

## Gertrudenhof

Der »Gertrudenhof« vulgo »Geistensterz« war für das Köln des 19. Jahrhunderts ein Begriff. Sein »Kometensaal« ist oft mit dem Gürzenich verglichen worden. In der Nacht vom 25. zum 26. August 1878 brannte die berühmte Lokalität nieder.

## Gesellschaft

Manchmal ein Reizwort im heute weit verbreiteten Trend zur Nivellierung. Aber sie gibt es dennoch, die Kölner »Gesellschaft«. Unöffentlicher zwar, nicht mehr so deutlich hervortretend wie annodazumal. Wer ist in Köln »Gesellschaft«? Derlei Intima verkneifen wir uns lieber, weil sich dies ja auch sehr schnell ändern kann. Einigermaßen konstant sind jene »Gesellschaften«, denen man zugehören will, um das gesellschaftliche Image aufzupolieren. Mitglied eines »Lionsclub« zu sein ist schon etwas. Deren gibt es gleich mehrere in Köln mit so geschichtsträchtigen Namen wie »Colonia«, »Claudia ara« oder »Vitellius«. Noch ein wenig höher gestellt scheint der »Rotary«. Exklusiv auch die »Montagsgesellschaft«, der frühere KCK (Katholischer Club Köln). Eine Etage tiefer die »Bürger« (einst unter der Ulkfirmierung »Versoffener Rosenkranz« bekannt) fürs katholische Publikum. Sodann die »Lese«, Heimat der »Evangelischen«. Ehemals jedenfalls. »Gesellschaft« in Köln – das unterscheidet sich nicht mehr nach »katholisch« oder »evangelisch«. Auch »arm« oder »reich« sind keine unbedingt gültigen Kriterien. Ein Lottogewinn und schon ist man auf der gesellschaftlichen Leiter etliche Sprossen aufgerückt.
Alte, bewährte Familien mit dem Charisma der Kontinuität in aller Erscheinungen Flucht – die gibt es in Köln immer noch. Aber sie treten kaum an die Öffentlichkeit, halten sich vornehm bedeckt.
Einflußreich muß schon sein, wer in Köln als »gesellschaftsfähig« gelten will. Bestes Beispiel dafür ist die Mitgliedschaft im »Großen Senat« des Kölner Karnevals. Da hinein wird man auch nur nach strenger Kontrolle berufen.

## Gitta

Kein Mädchenname, wie man vermuten könnte, sondern die kölsche Gitarre. Hier wird kräftig in die Saiten gegriffen, untermalt durch mundartlichen Singsang. Die »Gitta« verträgt keinen Verstärker. »Gitta« ist persönliche, direkte Ansprache und kölsche Genöglichkeit zum Anfassen. Naiv, effektlos, was fürs Gemüt.

## Glockenspiel

»Dat Glockespell vum Rothuuston« klingt seit 1958 zweimal täglich über eine mechanische Walze. An hohen Kölner Festtagen bedient der »Stadtglöckner« Clemens Reuter das Spiel per Hand. Melodischer, wie sich denken läßt, und ein künstlerischer Genuß auf schwierig zu handhabender Tastatur.
Die dickste der insgesamt 48 Glocken ist – wie könnte es anders sein – dem Kölner Ehrenbürger Konrad Adenauer gewidmet. Sie trägt die Inschrift: »Unse Schirmhär, dä Kunrad, dä ganz groß hück regeret (1958 hatte er noch das Sagen in Bonn) hät als Meister der Bürger dat em Rothus durch der Klüngel geleht«.
Die anderen, reichlich phantasielosen Pendants zum Rathausglockenspiel findet man an der Glockengasse (4711) oder im Restaurant »Alt Köllen« beim Dom. Lautsprechergebimmel untermalen das Daherstolzieren einer buntgescheckten Trachtengruppe à la Münchener Rathausglockenspiel.

## Goethe

In der gut bestückten Kölner Zitatensammlung fehlt auch der deutsche Dichterfürst nicht. Mehrfach besuchte und bewunderte er die Stadt. Mit dem Kanonikus Wallraf zusammen spürte er im »Botanischen Garten« beim späteren Kölner Hauptbahnhof der Urpflanze nach. Die Fastnacht bedachte Goethe mit weisen Sprüchen und kritischen dazu: »Löblich wird ein tolles Streben, wenn es kurz ist und mit Sinn!« Und anno 1828 an Adele Schopenhauer: »Die von Ihrer Frau Mutter mitgetheilten Cölner Thorheiten erscheinen mir wirklich wie aus einem anderen Planeten«. Andererseits konnte der Heros beim Besuch eines fast fürstlich zu nennenden Kölner Bürgerdomizils (Jabachhaus) ins Schwärmen geraten, »wo alles Gute und Liebevolle, was in meinem Gemüte lag, (sich) aufschließen und hervorbrechen mochte«. Auch erinnerte sich Goethe lebhaft an »jenes von Rubens für seinen Geburtsort (gemeint war Köln) gemalte, die Kreuzigung Petri darstellende Bild«, das 1815 aus Paris nach Köln im Triumphzug zurückgebracht wurde. Goethe war damals in Köln und rief zum Weiterbau des Domes auf.

## Gottestracht

In Köln besser »Prozession« genannt. Nur Mülheim macht da eine Ausnahme. Die dortige Schiffsprozession führt – aus welchem unerfindlichen Grund auch immer – den Namen »Gottestracht«. Ihre Anfänge reichen bis ins 14. Jahrhundert zurück. Um das aufgeputzte Sakramentsschiff schwärmen kleinere Boote und Nachen, von Schützen und Schaulustigen besetzt. Mit lauten, weithin dröhnenden Böllerschüssen begleitet die Mülheimer Schützengesellschaft den frommen Zug. Mülheim feiert Fronleichnam eben ganz anders als Köln. Ein sorgsam gehütetes Reservat einstiger Selbständigkeit. Die ehedem bergische »Freiheit« ging mit der Eingemeindung nach Köln (1914) zu Ende.

## Grielächer

Jemand, der leise, verschmitzt lacht und seinen Spott anbringt. Ohne direkt zu verletzen, aber doch mit gezielter Ironie und einem gehörigen Schuß Intelligenz. Aus der Reserve des Zuhörens kann der Grielächer ganz unvermittelt gleichmütig das spöttelnde Resumé aus langanhaltendem Palaver ziehen. Er formuliert seine Weisheit als quasi Narr, ohne sich selbst dabei zu schonen. Die kölsche Grielächerei fundiert in einem gehörigen Schuß Lebensphilosophie und wird zum unergründlichen Elixier der Kölner Volksseele.

## Groß St. Martin

Der mächtige Turm über dem Trikonchos und die ihn flankierenden vier kleineren »Türmchen« beherrschen seit langer Zeit das Kölner Stadtpanorama neben den Domtürmen oder dem Rathausturm.
Groß St. Martin geht in seinem Kernbau auf Römisches zurück, wurde über einer antiken dreischiffigen Kornspeicheranlage errichtet. Diese stammte aus dem zweiten nachchristlichen Jahrhundert und löste eine römische »Palästra«, d. h. Sportanlage mit Schwimmbecken ab. Zu sehen im Bereich der heutigen Krypta.
Die frühchristliche Kirche mit dem Patrozinium des heiligen Martin als »Staatsheiligen« des Frankenreiches war vielleicht eine Stiftung der Plektrudis und des Pipin, Urahnen Karls des Großen. Nach Um- und Anbauten unter Erzbischof Bruno im 10. Jahrhundert (Turmanlage im Westen) oder Erzbischof Anno hundert Jahre später (Chortürme?) wurde das ältere Gotteshaus durch Brände im 12. Jahrhundert vernichtet. Danach völli-

**Zum 50jährigen Bestehen (1873) gründete die »Große« ihre »hanswurstliche Bank« mit einer »Elf Milliarden Anleihe«. Die Zahl allein macht den Eingeweihten stutzig. Alles war nur ein großer Jux, Grielächerei im Superformat, doch nicht ohne zeitgemäßen Kontext. Jedweder strebte damals nach Reichtum, Geldadel. Es waren die Jahrzehnte der berühmten »Noblesse op Plüsch«**

ger Neubau im Stil des Überganges von der Romanik zur Gotik. Die Idee des »Trikonchos« wird in Anlehnung an St. Maria im Kapitol verändert aufgenommen (Kleeblattanlage ohne Umgangschor). Das Langhaus ist schon ganz gotisch empfunden (Triforium, Kreuzrippengewölbe).

Datiert um 1240.
Fast gänzlich im Zweiten Weltkrieg zerstört. Inzwischen – nach Sicherung der archäologischen Funde – wieder aufgebaut. Noch harrt die Kirche der ihr gemäßen Innenausstattung. Die modern gestalteten Fenster (im Westen) geben eine Vorstellung davon.

**Die Schauseite des Gürzenich schmücken frühkölner Stadtheroen. Unter zierlichen gotischen Baldachinen: Agrippa und Marsilius. Als kontrastierende Bildwerke zur sonst eher monumentalen Architektur des überdimensionierten Kölner »Bürgerhauses«**

## Grüne Lungen

Kölns »Grüne Lungen« stehen im permanenten »Wettstreit« mit dem berüchtigten Chemiegürtel. Was von dort stinkt, absorbieren sie. – Kölner Grünanlagen produzieren frische Luft, tagtäglich. Nicht immer war das so. Erst Konrad Adenauer nutzte die günstige Gelegenheit, als Köln und das Rheinland »entmilitarisierte Zone« im Friedensvertrag von Versailles (1919) wurden. Das ehemalige »Rayongebiet« bot Platz genug für den »inneren« und »äußeren Grüngürtel« – ein über 40 Kilometer ausgedehntes Erholungsgebiet! Der geniale Hamburger Baudirektor Fritz Schumacher holte seit 1924 das nach, was die Reichsstadt nie schaffte und versäumte: Den großzügigen Umgang mit Raum. Unter Schumachers Händen gedieh Fürstliches, konnte mit den ehemaligen Residenzstädten ohne weiteres konkurrieren. Bestes Beispiel: Der sogenannte Kölner »Lido«, seine Alleen und Kanäle.

## Gürzenich ▷

»Jözenich« sagt der Kölner und meint damit das eigentliche, traditionsreiche Festhaus seiner Stadt. Er weiß um dessen Geschichte (1441 bis 1447

# Grosses Maskenfest zu Köln.

## Zur Feier des 25jährigen Jubiläums

# JUBEL-BALL

## auf dem Saale Gürzenich

### heute Montag den 15. Februar 1847.

*Motto:* **Wat wör et nit e Stähnespill,
En Lumenation!!!**

Fünf und zwanzig Jahre, welch ein Reitzaum! sind an Euch, geliebte Nationen, vorübergerutscht. Tretet nun vor und leget mir Bericht ab, wer von Euch die dummsten Streiche gemacht hat. Was habt Ihr Franzosen gethan? Von Anfang seid Ihr mir zu gescheidt gewesen, nachher seid Ihr wieder unter mein Scepter zurückgekehrt, Ihr habt närrische Speculationen in Spanien gemacht, Ihr seid in verrückte Einverständnisse gerathen, Ihr habt politische Bewegungen am Rhein verspüren wollen, die namentlich bei Unkel zum Ausbruch gekommen wären. Was habt Ihr Engländer gethan, Ihr seht immer aus, als wäret Ihr pudelnärrische Kerls, und doch das trockenste Volk der Welt. Ihr Russen seid krank an der Idee Deutschland civilisiren zu wollen, und Ihr Dänen glaubt noch immer an die glückliche Zukunft Schleswig-Holsteins.

Und wie sieht es mit Euch aus, Ihr Mecklenburger, seid Ihr noch immer die guten kräftigen Zugpferde, und Ihr Luxemburger, Ihr Limburger, sind Eure Käse noch immer viereckig? Was endlich habt Ihr Meininger, Ihr Altenburger, Ihr Köthener, Schwarzburg-Sondershauser, Lippe-Detmold-Schaumburger, Reuss-Greitzer, Ihr Schleitzer, Ihr Lobenstein-Ebersdorfer gethan? gar nichts, gar nichts! **Also, Ihr Völker alle,** kommt zu mir heute auf meinen Tanz und Jubel-Saal, da will ich Euch zeigen, was es heisst, ein froher, thätiger Narr zu sein!

**Euch, meine lieben Kölner,** brauche ich nicht zu hören, ich habe stets über Euch gewacht, all Eure Narrheiten sind mir bekannt, mein Herz ist gerührt davon; so kommt denn Alle und helfet mir den frohen Tag festlich begehen, an welchem ich 25 Jahre der Eurige bin!

Ich verkünde Euch nun noch vor Allem, dass ich, trotzdem der alte Vater Gürzenich mit der grossen Theurung gleichen Schritt gegangen, aus besonderer Affection zu meinen lieben Getreuen den alten Preis zu einem harten oder weichen Thaler oder auch sonstigem Geschräppels, welches einen Thaler voll macht, beibehalten habe, obgleich ich die Pracht des Saales, die Freude und den Jubel verzehnfachen werde.

Besonders bitte ich nur darauf acht zu geben, dass Ihr, wenn die Karte glücklich in Euren Händen ist, nicht die Treppe herauf stolpert und in den Saal fallt, es könnte sonst der Commissair der Armenverwaltung, der an der Thüre steht, glauben, Ihr wolltet Euch auf diese Manier herein fuschen; also übereilt Euch nicht, haltet, oben angekommen, ein paar Minuten die Hand über die Augen, damit Ihr nicht geblendet werdet und nun tretet ein und seht Euch um. Schweife nun, o Glücklicher, der Du dabinnen bist, die Wohlgerüche tausendfältiger papierner Blumen ein, die in goldnen Körben vom Himmel herab hängen, sauge die schwellende Musik aus den unschuldigen Instrumenten in Dein weit geöffnetes Ohrloch, betrachte den ebenhölzernen Fussboden und gib wohl acht, dass Du nicht stulperst, sondern hebe Deine zartgeknöchelten Füsse zum sich dahin eilenden vertretenden Tanze, bewundre Dich, etwas rastend, nun die Schöpfung belgischer Künstler und strenge Dich vergeblich an, aus dem, was sie vorstellen, klug zu werden. Dränge Dich nun so angenehm wie immer möglich zu den 8 Büffets, dort findest Du gegen sehr billige Vergütung warmes Eis, welches ohne Schlittschuhe genossen werden kann; kalter Thee zur Erwärmung vaterstädtischer Gefühle; patriotische Pfannenkuchen mit gebackenen Prummen und sonstige Erfrischungen alter und neuer Zeit.

Ueberwältigen Dich, o Glücklicher, Deine Gefühle und Du willst zum Weinen übergehen, so bemühe Dich zu den Seiten-Büffets, hier findest Du alles, was Deine durstige Seele begehrt: erstens einen guten gewöhnlichen Wein, zweitens einen gewöhnlichen bessern und drittens einen feinen trinkbaren; auch findest Du kitzlichen Champagner und lächerlichen Rothwein. Geniesse alles und behalte das Beste, das Geld aber wirf weg.

Nun schliesse ich mich; und in dieser Lage wende ich mich an Euch, Ihr holden Jungfrauen, tribbelliret Eure zähen Väter, küsst ihnen einen blinden Thaler aus der Tasche, denn es ist Jemand auf dem Balle, der wartet auf Euch. Hängt Euch, Ihr jungen Frauen, in den Rockärmel Eurer fröhlichen Männer und Ihr Alten thut eine weisse Crawatte an, einen frischen Laberdan und nehmt das ganze Haus ins Schlepptau.

Nun thue ich mich noch einmal auf und rufe aus voller Seele: bis diesen Abend.

Euer ganz kostbarer

**Hanswurst.**

**P. S.** Der Ball beginnt um 9 Uhr. — Wer sich gegen Beulen-, Rippen-, Ellenbogen- und Hühneraugen-Schmerz sichern will, kann sich gegen 2½ Sgr. Vergütung schwefeläthern lassen.

Typographie von F. X. Schlösser.

**Bald nach 1823 zog in den Gürzenich die Fastnacht ein. Zuerst mit festlichen Maskenbällen, danach auch mit dem Sitzungskarneval. Höhepunkt närrischen Treibens bleibt alljährlich die Prinzenproklamation**

erbaut), erinnert sich an Besuche der Kaiser Maximilian, Karl V., kurzum der mittelalterlichen Herrlichkeiten. Der »Jözenich« sieht alljährlich die Prinzenproklamation zu Fastnacht. Eine illustre Kölner Gesellschaft spielt dabei Taufpate, sehr zum Mißvergnügen aller jener, die aus Platzmangel keinen Zutritt zu diesem gesellschaftlichen Ereignis der »Session« ergattern konnten. Ein Fest des kölschen Fasteleers, wie es nur noch der Rosenmontagszug zu bieten vermag. Der »Gürzenich« ist desgleichen Ort für Konzerte, Tagungen, Feiern und Empfänge aller Art.

**Der Kölner Karneval entdeckte den »Gürzenich« erneut als großes Fest- und Ballhaus**

## Häfen

Köln ist seit dem Mittelalter ein bedeutender Umschlageplatz auch im Schiffsverkehr. Übrigens gleich hinter Duisburg-Ruhrort. In Niehl werden Massengüter – vor allem Bauxit, Kohle und Öl entladen. Für die Containerabfertigung der umliegenden Industrieunternehmen hat Niehl an Bedeutung gewonnen und wird weiter ausgebaut. Andere Kölner Häfen – die von Deutz, Mülheim und der Rheinauhafen – dienen dem Stückgutverkehr. Mit der Industrialisierung wuchs die Bedeutung der Kölner Häfen stetig. Um die Jahrhundertwende wurden An- oder Neubauten notwendig. Wie zum Beispiel beim Rheinauhafen während der Jahre 1891 bis 1898, oder in Deutz zwischen 1904 und 1907. Zum Teil sind die damals errichteten »Drehbrücken« – sie galten zu ihrer Zeit als Wunderwerke – in das technische Denkmälerverzeichnis des Landeskonservators Rheinland aufgenommen worden.

## Hänneschen

Kölner Stockpuppentheater seit 1802. Von Goethe in den Rang eines kölnischen Nationaltheaters gehoben. Seine »Typen« im entsprechenden, tradierten Textil, in Aussehen und Habitus (»Hänneschen«, »Bärbelchen«, »Bestemo«, »Besteva«, »Tünnes«,

**Jauchzend verfolgen fidele große und kleine Zuschauer ein Hänneschenspiel**

»Schäl«, »Speimanes«, »Pitter Mählwurm« und Schutzmann »Schnäutzerkowsky«) entstammen mehr oder weniger dem Kölner Milieu und sind in »Knollendorf«, einer imaginären Dorf-Stadtlandschaft, zu Hause.

# Hänneschen

Mundart wird hier – auch für den Nichtkölner einigermaßen verständlich – als »Oxford-Kölsch« gesprochen. Im oft geradezu verwirrenden Handlungsablauf des schwungvollen Spiels »Hinger dr Britz« (darunter versteht man die Spielleiste, hinter der die Spieler, fürs Publikum unsichtbar, die Puppen am »Faulenzer«, dem »Stock« führen) ist die zünftige Schlägerei nicht wegzudenkender Höhepunkt.
Dem »Hänneschen« wird ungestraft zugestanden, ungeschminkt Kritik an der Stadtpolitik oder – noch gefährlicher – am geheiligten Kölner Brauchtum zu üben.

## Hätz

Fast schmilzt das Wort auf der Zunge. Der Kölner nimmt es bei allen möglichen (und auch mitunter unmöglichen) Gelegenheiten in den Mund. »Et Hätz vun Kölle«, vielstrapaziert, das »Kölner Herz«. Naturell wie Mentalität eines Menschenschlages haben das »Hätz« geprägt. Es heißt soviel wie Offenheit, Kommunikationsbereitschaft, traute Nachbarschaft. Auch »Seid umschlungen, Millionen« – »Wir sind glücklich, in Köln zu leben, die Stadt zu genießen«. Man teilt sich dem Fremden mit, läßt auch einmal krumm gerade sein. Das »Kölsche Hätz« läuft über vor Freude, ist Inbegriff von Herzlichkeit überhaupt.

## Hahnepooz

Rest der mittelalterlichen Stadtbefestigung am heutigen Rudolfplatz. Erbaut um 1200. 1888 Historisches Museum. Nach Kriegszerstörung wiederhergestellt. Ausstellungsort junger Kölner Künstler. »Porte de Coq« ist noch unter dem Torbogen aus französischer Zeit zu lesen. Wilhelm Riphahn schuf stadteinwärts zwischen 1947 und 1950 den neumodischen Stil der »Hahnenstraße«.

**Eine Reminiszenz an vergangene Tage: Die Straßenbahn an der »Hahnepooz« (Hahnentor) fährt nicht mehr. Sie mußte der Unterpflasterbahn weichen. Die Neugestaltung dieses Kölner »Kreisels« braucht seine Zeit. Der Satz »met de Föß voröp durch de Hahnepooz« (nach Melaten nämlich) gilt längst nicht mehr** ▷

19

## Haie, Kölner

Vorwärtsstürmende, bereits zu Meisterehren gekommene Kölner Eishokkey-Mannschaft, deren Gruppenbild auf einem Kölner Straßenbahnwagen in Großformat zu bewundern ist.
So treibt man Imagepflege!

Tausende werden zu Schlachtenbummlern, wenn die Kölner Haie auf der Sport-Bildfläche erscheinen. Man drückt die Daumen, skandiert aufmunternd, immer den Sieg im Auge. Den der »Haie« natürlich.
Der Name kann das Fürchten lehren und die Monitur auch.

**Hier sind sie voll in Aktion, die siegreichen und immer wieder bejubelten »Haie«.**

## Halver Hahn

Kölner »Weetschaff« – Delikatesse. Nichts direkt Feines oder Außergewöhnliches, wie der Fremde beim Studieren der Speisekarte vermuten könnte. Kurz gesagt: ein Röggelchen (Roggenbrötchen) mit Butter und dick geschnittenem mittelaltem Holländer belegt. Die kuriose Bezeichnung verdankt kölnischer Fopperei wegen eine gewisse Berühmtheit und geht auf die genöglich-genüßliche Kölner Stammtischseligkeit des 19. Jahrhunderts zurück.

## Handwerk

Handwerk war immer gefragt in dieser Stadt. Schon die römische Kolonie zählte mehr als dreihundert handwerkliche Betätigungen. Färber, Gerber, Weber, Bierbrauer, Bortenstikkerinnen, Goldschmiede – fast siebzig Zünfte kennt das mittelalterliche Köln. Die Waffenhandwerker exportierten schon früh. Trübe Zeiten bescherte dem Kölner Handwerk das 19. Jahrhundert. Da war auch seine politische Bedeutung dahin, wie sie seit dem »Verbundbrief« (1396) über vier Jahrhunderte galt.
Maschine und Gewerbefreiheit brachten die alten Gewerbe an den Bettel-

stab. Erst allmählich rückte das Handwerk durch kluge Anpassung an die neuen Technologien wieder nach oben. Erklomm mittlerweile eine Spitzenposition mit über 7000 Handwerksbetrieben. Es dominiert die Metallverarbeitung. Das Elektro-, Körperpflege-, Holz-, Gerüstbauer-, Dekorations-, Speiseeishersteller-, Maler- und Bauhandwerk bieten einen nur unvollkommenen Schnitt durch die weite Palette. 65 000 Beschäftigte setzen 5 Milliarden jährlich um. Kölns Konditoren sind die besten in Deutschland.
Die Kölner Handwerkskammer sowie die Kölner Kreishandwerkerschaft gehören zu den ältesten Interessenverbänden des deutschen Handwerks. Schon vor mehr als hundert Jahren (1884) gab die Kreishandwerkerschaft Köln ein deutliches Signal der Selbstbehauptung.

## Hanse

Köln rühmte sich lange der Zugehörigkeit zur Hanse, dem bewaffneten Kaufmannsbund. 1367 wurde im »Hansasaal« des heutigen »Historischen Rathauses« die sogenannte »Kölner Konföderation« beschlossen. Im Klartext der Krieg der Hansestädte gegen den dänischen König Waldemar Atterdag.

**Kölner Hansekogge: Die gewappnete Schar der Hanseaten bot manchem Strauchritter erfolgreich Paroli**

Rot-weiß sind Kölns Stadtfarben. Auch dies Erinnerung an die Hansezeit. Hansepatrone waren seit altersher die »Neun Guten Helden«, wie sie als kostbare Plastiken der Zeit um 1320 noch heute vor der Südwand des Kölner Hansesaales stehen: Fürstenzyklus aus dem Sakralbereich. Darstellend die drei Zeitalter der Heilsgeschichte.

## Heinzelmännchen

In Köln existiert zu Ehren der kleinen, meist unsichtbaren Kobolde sogar ein Brunnen (1900 von E. u. H. Renard). Als krönendes »Subjekt« sieht der Betrachter eine laternenhaltende, griesgrämige Frau, die ihm der Ortskundige als neugierig, faul, verdrießlich, kurz, als Frauenzimmer beschreibt, dem man eigentlich den Hals herumdrehen sollte. Denn sie vertrieb die fleißigen »Heinzelmännchen«, unter deren selbstloser »Herrschaft« die Kölner einst aller Arbeit »Lebewohl« sagen konnten, um fortan dem »süßen Leben« zu fröhnen. Paradiesische Zustände – bis des Schneiders Weib dem Paradies ein Ende machte. Sie streute Erbsen und entfachte ein nächtliches Hindernisrennen. Niemals mehr kehrten die fleißigen Geister zurück. Literarisch sind sie durch den Schlesier August Ko-

Stumm, in Stein gehauen, schauen Kölns Heinzelmännchen dem mühseligem Tun der (oft ausländischen) Straßenfeger zu. Nichts vermag mehr an die seligen Zeiten des Faulenzens zu erinnern

pisch gewürdigt worden: »Wie war in Köln es doch vordem, mit Heinzelmännchen so bequem«. Ist sonniges Wetter, rückt die Brauerei Früh oder das benachbarte Eiscafé Stühle und Bänke hinaus. Bei Kölsch und Eis läßt sich in Urlaubsstimmung nachempfinden, welches Unglück die Kölner »damals« traf.

## »Hellige Junge un Mädcher«

Unbescholtene Jungen und Mädchen der Kölner »Bauerbänke«, die in den zahlreichen Prozessionen Heiligenfiguren trugen. So jedenfalls ihr ursprünglicher Auftrag. Zu Kirmes tanzten sie den »Reitanz«, angeführt von »Schütz« und »Fähnrich«. Auch das »Geckenbähnchen« war mit von der lustigen Partie.
Heute sind sie eine historische Gruppe im Rosenmontagszug als Erinnerung an reichsstädtische Kölner Glanzzeiten. Dargestellt von der Karnevalsgesellschaft »Lyskircher Junge«.

## Heribert

Bedeutender Kölner Erzbischof (998–1021). Kanzler und Vertrauter Ottos III. Heribert war Gründer der Deutzer Benediktinerabtei (1002). Die Kirche sollte nach dem Aachener Vorbild als Zentralbau entstehen. Nicht hier, sondern in dem überaus kostbaren, ja prunkvollen Heribertusschrein (um 1170) wurde Erzbischof Heribert beigesetzt.
Das erlesene Reliquiengehäuse kann heute in der neuen Heribertskirche zu Deutz (auf der Deutzer »Freiheit« gelegen) betrachtet werden.

## Heumarkt

Köln hat ein ausgesprochenes Defizit an repräsentativen Plätzen. Um es deutlicher zu sagen: Es gibt gar keinen. Vielleicht bot der Heumarkt einmal etwas davon. Umrahmt von geschlossenen Häuserzeilen mit herrlich gegliederten, für Köln so charakteristischen Fassaden aus sehr unterschiedlichen Stilepochen. Eine einzige dieser »Hausperlen« überstand den Krieg und kann noch vorstellen, was Köln hier verlor. Wilhelm Terlaen van Lennep baute 1568 sein schönes Domizil »St. Peter« (Heumarkt 77). Seit dem vergangenen Jahrhundert gab das Blaeser-Denkmal Friedrich Wilhelms III. dem Platz die respektable Mitte. Unter dem Pferdestätz trafen sich Kölner Liebespärchen.

**Renaissance-Bürgerhaus am Heumarkt: Insel des Gestern** ▷

Rundum Marktbetrieb. Bunte Schirme. Palavernde Leutchen. In aller Seelenruhe spielende Kinder. Im ganzen das wohltuende Ambiente kultivierter Gelassenheit. Und heute? Verkehrsgewühl. Laut und ungeniert die rasenden oder parkenden Blechkarawanen. Lärmende Busse, Straßenbahnen malträtieren den zur Hast angetriebenen Passanten. Er hat fast das Recht seiner Existenz verloren. Der »Platz« durchschnitten von Straßen, Überwegen, Schienen. Dazwischen der kümmerliche Versuch einer mäßigen Begrünung.
Gewiß, das Denkmal des ungeliebten Preußenkönigs steht wieder – beinahe und im nächtlichen Husarenstreich wurde ein Styropurkönig auf den Sockel gehievt. Doch mehren sich die Stimmen heftiger Kritik darüber, was aus diesem »Platz« geworden ist. Indes: die Gelegenheit einer Neugestaltung wurde verpaßt. Wie so manches in dieser Stadt des allzu hektischen Wiederaufbaues nach 1945.

## Hexemächer

Auf den ersten Blick könnte das Wort an die berüchtigten Kölner Hexenverbrennungen erinnern, für die Kölner Dominikaner 1487 den »Hexenhammer« schrieben. Aber nichts von dem. Unsere »Hexemächer« datieren aus napoleonischer Zeit und betätigten sich sozusagen als Blockadebrecher der damals auch für Köln geltenden »Kontinentalsperre« (1806). Als Schmugglerbanden im Sold Kölner Kaufleute stehend, trieben die »Hexemächer« heimliche Geschäfte und zauberten begehrte, lang entbehrte Dinge ans Tageslicht (»Hexemächer« = Zauberer).

## Hochhäuser

Wo es mit dem Platz hapert, reckt man sich zur Höhe. Köln war damit Vorreiter insofern, als hier 1924/25 das höchste Wohnhaus Europas (Architekt Jakob Koerfer) in Eisenbeton und Ziegelverblendung am »Hansaring« entstand.
Erst richtig weiter mit dem Kölner Hochhausbau ging es dann nach dem Zweiten Weltkrieg: Gerling bei St. Gereon, Concordia in luftiger Rheinhöhe, Stadtsparkasse am Barbarossaplatz, Lufthansa an der Deutzer Brükke, die Handwerkskammer (Heumarkt) oder das Polizeipräsidium am Waidmarkt. Und immer noch ist kein Ende abzusehen. Jeder wollte und will hoch hinaus, obgleich längst feststeht, daß damit die historische Kölner Skyline beeinträchtigt wird.

## Höhner, De

Seit etlichen Jahren sehr erfolgreiche Kölner Gesangsgruppe, die mit Schlagwerk und Triangel, Quetschenbüggel oder Tastinstrument weithin von sich reden macht und inzwischen die kölsche Hitparade anführt. »Shorties« – »Sloggy-Long« in und aus den Kölner Stadtquartieren – es geht rund, wo die lustigen und manchmal auch nachdenklichen Musikanten auftauchen. Nicht mehr wegzudenken aus der kölschen Musikszene und immer »op Jöck«.

## Hohe Straße

Kölner Haupteinkaufsstraße zwischen Dom und Schildergasse. Römische Handels- und Heerstraße als »Cardo maximus« vor zweitausend Jahren angelegt. Lange Zentrum der vornehmen wie teuren Kölner Geschäftswelt, die allmählich von Kaufhäusern, Bazaren und Sexshops verdrängt wurde. Dennoch herrscht hier immer noch dichtes Passantengewühl. Den Touristen vor allem scheint der Ruf von Kölns einstiger Parade- und Flanierstraße ungebrochen.

## Hotels

Hoteladresssen in Köln? Wie der Sand am Meer. Das Verkehrsamt gibt gerne Auskunft, sorgt für eine Vermittlung. Man braucht ja nicht unbedingt in den Nobelherbergen »Excelsior« (Dom), im »Domhotel«, beim »Mondial« (Dom) oder dem »Senatshotel« (am Rathaus) abzusteigen. Das »Interconti« an der Helenenstraße liegt relativ abseits aller Parkprobleme und wird darum wohl auch gerne von den Flughafenbussen angesteuert. Duft der weiten Welt – seinem Namen macht es alle Ehre! Wer es ganz ruhig liebt, fährt nach Lindenthal hinaus, zum »Crest-Hotel«. Mit Stadtwald und Kahnweiher weit vom Schuß der lärmenden Großstadt. Ein Hotel, das einen Michelin-Liegestuhl in rot verdiente.

## Hüpsch, Baron von

Weder »Hüpsch« noch »Baron«, sondern ganz einfach Jean Guillaume Fiacre Honvlez und 1730 in Vielsalm bei Lüttich geboren.
Köln war immer schon ein Pflaster für absonderlich-schrullige Köpfe. Das Adelsprädikat nämlich kam von eigenen Gnaden in Zeiten, die so närrisch waren wie der angebliche »Baron von Hüpsch« selbst. Vor allem die »Franzosenzeit« zwischen 1794 und 1815. Ihr Ende erlebte unser Held nicht mehr. Denn er starb schon 1805. Was überlebte, war seine Sammlung erlesener Kunstschätze, auch »Naturalien« und »Mineralien«. Zusammengetragen in wildem Sammeleifer, der pathologisch wirkt. Ausgeplünderte Kirchen, Stifte, Klöster – hier fand »Baron Hüpsch« nur ein Betätigungsfeld seines ungehemmten Triebes. Bewundert, gehaßt, gefürchtet als schillernde, facettenreiche, ganz »aufgeklärte« Persönlichkeit. Besitzer eines Antiquitätenimperiums, das schließlich nach Darmstadt, zum Landgrafen von Hessen, abwanderte. Das dortige Landesmuseum besitzt etliche Exponate aus des »Baron Hüpsch« Kabinett. Unter anderem Stefan Lochners »Darbringung im Tempel« und romanische Kuppelreliquiare.
War »Baron Hüpsch« wirklich jeck oder nur gerissen. Ein virtuoser Übertölpler, tumber Tor? Selbst völlig bedürfnislos, aber extrem empfindlich, wenn es um seine Schätze ging. Und da lag der wunde Punkt. Die Kölner Oberen werteten seine Pretiosen als »Pröll« und gaben sich in Geldsachen zugeknöpft. Ebenso lehnten sie abrupt eine Art Museumshaus ab. Unverzeihlich, diese Eselei. Was auf der Kölner Johannisstraße als Wallfahrtsstätte vieler Kunstbeflissener galt, fand zu Köln keine Bleibe. Glück brachte die oftmals angekreidete Geschäftstüchtigkeit unserem Sonderling nicht. »Baron Hüpsch« kam an den Bettelstab, starb in trostloser Armut.

## Hungk, soore

Wein, in Kölner Gärten noch im 19. Jahrhundert angebaut als Ersatz für das nicht immer keimfreie Trinkwasser. Ein Surius, mehr als nur »trokken«, daher »Saurer Hund«. Das Gesöff wurde aufgebessert durch Beigabe von Honig, Zucker oder würzigen Kräutern. In jedem Fall waren jene im Vorteil, die einen Weinberg an der Mosel oder Ahr, auch im Rheingau ihr eigen nennen durften.

## Huppet Hohhot

Zu Hochdeutsch: Hubert mit dem hohen Hut. So sieht das kölnische Rumpelstilzchen denn auch aus. Klein von Wuchs, der spitze, hohe Hut in knallroter Farbe. Dazu das bärtige Gesicht. Kurzes Mäntelchen, Strumpfhose und überlange Schuhe. Ein pfiffiger, manchmal ebenso bösartiger Kobold, der um den mittelalterlichen Bayenturm am südlichen Kölner Rheinufer geisterte. Die Kölner Sagenwelt ist voll davon und weiß auch Possierliches zu berichten.

## Imi

Kurzformel für »imitierten« Kölner, den Zugereisten, nicht in Köln Geborenen. Spöttisch-bissig hingeworfen, hat das Wort zuweilen auch den Hauch des Unversöhnlichen. Selbst ein vielgesungenes, häufig zitiertes Karnevalslied der Nachkriegszeit konnte den negativen Tenor einer angeklebten Jovialität nicht mildern.

## Industrie

Bedeutet in der allgmeinen Vorstellung Luftverschmutzung und Lärm. In jedem Fall erhebliche Schmälerung von Freizeitwert. Das Kölner Umland ist längst durch die Braunkohlegewinnung und die seitdem angesiedelten Industrieen zerstört. Hoffnungsschimmer bleiben weiter die sogenannten »Rekultivierungsgebiete« bei Brühl oder Liblar. Köln selbst umgibt ein Gürtel petrochemischer Anlagen. Dann Ford, die Chemische Fabrik in Kalk, Klöckner Humboldt Deutz im Stadtgebiet. Große Werke von Weltrang zweifellos und gute Gewerbesteuerzahler für den Stadtsäckel. Über 30 Milliarden Jahresumsatz werden von der Kölner Industrie in 300 Unternehmen von rund 113 000 Menschen erwirtschaftet. Mehr soll aber nicht über »Industrie« gesagt werden. Sie gibt es reichlich in Köln. Sei noch angemerkt, daß sich bereits 1803 der Kölner »Handelsvorstand« gründete. Seit 1934 firmiert er als »Industrie- und Handelskammer«.

## Jan und Griet

Heißt die rührend-sentimentale Geschichte auf dem Kölner »Kümpchenshoff«. Vom unbekümmerten Bauernknecht Jan ist die Rede, der um Griet, eine dralle Magd, vergeblich anhält. Nach solchem Desaster trieb Liebeskummer Jan unter die Soldaten. Er machte Blitzkarriere und stieg zum General auf. Die Wahrheit sieht nüchterner aus, von jener Romanze keine Spur. Unsere Erzählung war das Produkt einer fidelen kölschen Stammtischrunde, nicht mehr. Aber den Jan gibt's tatsächlich. Als Held des Dreißigjährigen Krieges nämlich. Sein Denkmal auf dem Kölner Altermarkt (1884) brachte dem eifrigen Verschönerungsverein manche Kümmernis. Erst um den Standort. Die reitende Konkurrenz stand zu nahe dabei und durfte nicht beeinträchtigt sein – im »Königsdenkmal« auf dem Heumarkt. Denkmalunwürdig blieb zunächst der handfeste, wenn auch erdichtete »Fisternöll« zwischen Jan und Griet. Noch später wurde des Jan und Griet-Lied-Poeten Karl Cramer (1804-1860) am Denkmal gedacht. Den Kölnern schien ob jener Unterlassung die Welt aus den Fugen geraten. Doch wußten sie Rat. Alljährlich zu Fastnacht wird an der »Vringspooz« das Spiel um Jan und Griet publikumswirksam vorgeführt. Höhepunkte der Szene sind die denkwürdigen Worte: »Jan, wer et hätt gewoß« – »Griet, wer et hätt gedonn«. Kaum jemand ahnt noch, daß es ursprünglich dabei um dicke Grundstücksgeschäfte ging. Eine verpaßte Gelegenheit wurde bei den kölschen »Quadratföß« solchermaßen kommentiert.

## Jan von Werth

Haudegen des 30-jährigen Krieges, den Köln kurzerhand als »Sohn der Stadt« okkupierte. Wahrscheinlich in Büttgen bei Neuß geboren, hatte er zu Köln insofern Kontakt, als ihm hier der »Raitzenhof« gehörte. Im Pulverdampf des großen Krieges tat sich Jan im Scharmützel am Weißen Berge (1620) ebenso hervor wie im Gefecht von Nördlingen (1634), oder bei der Bedrohung von Paris. Immer ein fähiger Troupier und braver Soldat seines Kaisers. In Köln machte er häufig Waffengeschäfte, galt als reicher Herr. 1637 eroberte er die Festung Ehrenbreitstein von den Franzosen

Da »thront« er nun auf hohem Postament! Jan von Werth. Um ihn Marktstände mit Obst, Gemüse, Blumen und - »der Krims-Kram« einer nostalgischen Welle. Kein Held des Krieges, mehr wohl aber des Kölner Volkes!

zurück. Eine goldene Kette und 400 Gulden in bar war den Kölnern das Bravourstück wert. Vergessen haben sie ihren Heros auch fernerhin nicht. Ein Denkmal (1884) auf dem Altermarkt war ihm gewiß, und lange vorher schon kursierte die rührselige Geschichte vom »Fisternöll« zwischen ihm als dem »Knääch« (Knecht) und der drallen Dirn Griet. Kein happy end, aber spätere Begegnung an der »Vringspooz« (Severintor). Jan als Marschall und Griet vor ihrem »Appelskrom« (Gemüsestand). Im Endeffekt eine komische »Tragödie« verschmähter Liebe. In kölnischen Versen geschmiedet mahnt sie, zur rechten Zeit die richtige Wahl zu treffen. Jans Rüstung und andere authentische Hinterlassenschaften seines bewegten Heldenlebens bewahrt das Kölnische Stadtmuseum (Zeughausstraße).

## Jeck

Zustand oder Personenbeschreibung auch außerhalb der »jecken« Zeit, was in Köln soviel wie Karneval bedeutet. »Do bis jeck« (Du bist jeck) – freudig erregt, bewundernd, zweifelnd. Wirklich jeck vor allem und an erster Stelle unter dem Narrenkostüm. Kaum ein Wort der Kölner Alltagssprache läßt so zahlreiche Deutungen zu, bietet so unterschiedliche Anwendungsmöglichkeiten. Allerdings bedarf es eines gewissen Fingerspitzengefühls, das »jeck« sein dem Gegenüber zuzumuten. Man kann dabei leicht ins Fettnäpfchen treten und erfüllt den Tatbestand der Beleidigung, wie zuweilen in der Kölner Presse nachzulesen.

## Jecke

Es gibt davon in Köln Einzelgänger, Grüppchen, Vereine mit hundert und mehr Mitgliedern. »Karnevalsjecken« sind die in der Welt bekanntesten. Als »Oberjeck« und Präsident des Festkomitee Kölner Karneval schwingt Bernd Assenmacher das Narrenzepter.
»Jeck« können desgleichen Fußballfans, Kegelbrüder, Angler, Hobbygärtner, Kunstsammler zum Beispiel sein. Jeck sein heißt außerhalb der Norm agieren. »Duvejecke« sind solche, die in einer Art Übereifer Tauben züchten. Immer neue »Jekken« kreiert die Stadt, bis zu jenen, die ganz allgemein »jeck op Kölle« sind.

## Jesuiten

Hier »Schlaue Jungs« (SJ) genannt, sind mit Petrus Faber zum erstenmal 1543 in Köln. Kurz darauf (1544) entsteht die älteste deutsche Jesuitenkommunität, der auch Petrus Canisius angehörte. Seitdem sind die Jesuiten über zwei Jahrhunderte eine feste Größe in der Stadt. Berühmt wurden ihre Prozessionen, das aufwendige geistliche Theaterspiel, der intensive und für damalige Begriffe hochmoderne Schulbetrieb. Das »astronomisch-physikalische« Kabinett zeigte ihre Fortschrittlichkeit. Pater Friedrich Spee machte energisch Front wider den Hexenwahn. Adam Schall von Bell wurde erster deutscher Chinamissionar und Erbauer einer Sternwarte in Peking. Das jesuitische Wirken in Köln steht ganz im Zeichen der Gegenreformation, nachdrücklich unterstützt durch die Erzbischöfe aus dem Hause Wittelsbach.

## Jet an de Föß

»Der kann sich helfen«, ist »betucht«, finanziell einigermaßen unabhängig. Das wird durch »jet an de Föß« mit Respekt, nicht Neid verkündet, zur Kenntnis genommen. Man erwartet entsprechende Gebefreudigkeit. Manchmal indes vergeblich. Die Leute »met jet an de Föß« können auch arge »Kniesbüggel« sein (Geizkragen).

## Juden

Köln behauptet das nicht nur, auch die historische Forschung bestätigte es klipp und klar: Hier existiert die älteste Judengemeinde Deutschlands aus den Tagen des Kaisers Konstantin. Seit 321 durften sie »in den Stadtrat« berufen werden. Doch alle Schönfärberei nutzt nichts: Auch in Köln hatten die Juden wenig zu lachen. Zunächst geduldet als Bankiers, Ärzte, Juristen und auch gern gesehen, kam mit den Kreuzzügen das Unheil über sie. Ermordung, Zerstörung des Judenviertels (1349) und endlich (1424) Vertreibung aus Köln »auf ewige Zeiten«, wie der Rat etwas vorschnell hinausposaunte. Denn Kaiser Napoleon gestattete ihnen das Wiederkommen. Für etliche Jahrzehnte blühte die Kölner jüdische Gemeinde auf. Es entstanden die schönen Synagogen auf der Glockengasse und in der Roonstraße. Herzl und Bodenheimer warben in Köln als »Zionisten« für die Idee eines jüdischen Staates. Die Nazis zerstörten das alles. Köln war bald eine Stadt ohne Juden. Langsam fanden sie nach 1945 zurück. Ein kleines Häuflein, das die Schrecknisse überlebte. Vergessen waren sie nie, auch nicht die Juden der mittelalterlichen Stadt. Heute weniger denn je. Im Rathausviertel kam das »Judenbad« zum Vorschein (1957). Man kann es besichtigen, steigt mehr als sechzehn Meter hinunter und erlebt »vor Ort«, was das einmal war: Jüdische Geschichte in Köln. Die Stadt ein »Jerusalem des Nordens«.

## Juppi

Er feierte jüngst seinen zehnten Geburtstag: Der fahrbare Kölner Kinderspielplatz. Gar keine fixe Idee, sondern kluge Einsicht, daß Kindern in der Großstadtsteinwüste der Platz zum Spielen eng wird. »Juppi« also machte es mit Hilfe etlicher potenter Kölner möglich. Die hatten ein Herz »für uns kölsche Pänz«.

## Kabaß

Gemeint ist die geräumige, strohgeflochtene Tasche zum Transport von Picknickutensilien. Das merkwürdig klingende Wort kommt von weither in den Kölner Dialekt. Über Arabien und Spanien (Cabazo) nämlich.

## Käthe-Kollwitz-Museum

Köln gilt nicht mehr als quasi Geheimtip, wenn es um Käthe Kollwitz geht. Sie ist nun ganz und gar »öffentlich« in dieser Stadt geworden. Als Mäzen engagierte sich die Kreissparkasse schon im »Stillen« seit 1976. Jetzt eröffnete sie in ihrem Haus am Neumarkt das erste deutsche Käthe-Kollwitz-Museum mit einem Ensemble von Handzeichnungen, Lithographien und Plastiken. Jedem Kunstfreund wird da das Herz höher schlagen ob der hervorragenden Qualität des Dargebotenen.

## Käu

Stupides Gerede, das mit dem Wiederkäuen manches gemeinsam haben kann. Im Tenor nicht gerade so abfällig wie »Quatsch«.

## Kaiserkett

»Hölp, o Hölp! – De Kaiserkett eß fott!« So der Schreckensruf am Morgen des 20. Juni 1912. Die von Kaiser Wilhelm II. für den besten Männergesang gestiftete Trophäe war aus dem Historischen Museum in der Kölner Eigelsteintorburg von dreisten Räubern geklaut worden. Die spektakuläre Affäre erregte damals viele Gemüter, wurde als Jahrhundertdiebstahl taxiert, in Wort und Bild beschrieben. Das Nachsehen hatte der »Kölner-Männer-Gesang-Verein« als vielbeneideter, vielbewunderter Besitzer jenes Prunkstückes. Aber die Kaiserkette war und blieb endgültig »fott«. Bald wurde eine Nachschöpfung beschafft. Und jetzt verließen sich die Kölner Sangesbrüder nicht mehr auf das als absolut sicher geltende »Historische Museum«. Hinter Schloß und Riegel kam der Siegespreis im eigenen Vereinslokal mit dem schönen Namen »Wolkenburg«.

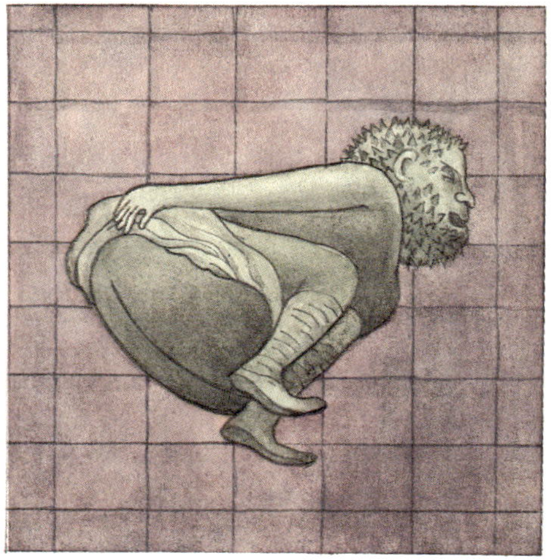

## Kallendresser

Ganz in der Nähe des Rathauses, Altermarkt 24, am Haus »Em Hane« hängt hoch droben, fast unter der Dachtraufe, ein kleines Männchen mit entblößtem Hinterteil. Von den Kölnern »Kallendresser« genannt. Ewald Matarée schuf die Spottfigur im Auftrag des Kölner Originals Jupp Engels (Oberkallendresser vum Aldermaat). »Kalle« heißt Regenrinne und was hinterherkommt, ist menschliches Verdauungsprodukt. Unser »Kallendressser« tut demnach etwas, wofür eigentlich das verschwiegene Örtchen aufgesucht wird. Kölnische Derbheit spielt hier mit, die Freude am Drastischen. Es gibt in Köln sogar einen »Kallendresserorden«. Bei besonderem Verdienst um die Brauchtumspflege wird man eingeführt und quasi zum »Ritter« geschlagen. Kurioser geht's nimmer!

## Kamell

»Kamelle, Kamelle« – Schlachtruf am Weg des Rosenmontagszuges. Man schreit nicht etwa nach Pralinen, Kaugummi, Luftballons oder was sonst noch alles an jecken Köstlichkeiten aus der Tiefe der Prunkwagen auf die erwartungsvollen Zuschauer herabregnet. Nein, »Kamelle« sind gefragt als pauschale Aufforderung, kein »Kniesbüggel« zu sein und in die Vollen zu greifen, daß es nur so prasselt. Geworfen und geschnappt (manchmal in umgedrehten Regenschirmen) sind diese süßen runden, auch ovalen oder einfach viereckigen

**Schöne »Soldaten«, die »Roten Funken«. Vor den Franzosen ergriffen sie 1794 das Hasenpanier. Aber dem kölschen Fastelovend dienen die »Mödmänner« treu – seit 1823. »Funk« oder gar »Mariechen« zu sein, ist Traum der kölschen Jugend. Nur sind die »Mariechen«-posten eben dünn gesät**

Dinger – verpackt in knallbuntes Papier mit und ohne Werbesprüche – ein recht »bewegendes« Moment der Kölner Narretei. Denn jeder langt und bückt sich danach auf und unter den Tribünen, vor allem am kilometerlangen Rosenmontags-Zugweg. Von Balkonen und aus Fenstern rekken sich die Hände. Jeder macht sich Sport und Spaß daraus, soviel wie nur möglich davon zu schappen. Nicht, als wären »Kamellen« Raritäten oder gar unbezahlbare Kostbarkeiten. Im Gegenteil. Lumpiges Zuckerzeug, an dem man sich die Zähne ausbeißen kann. Zu dicken Klumpen gebündelt, per Tüte aufgefangen, im prallen Plastiksack nach Hause spediert, fällt das »Beutegut« meistens bald der Vergessenheit anheim. Aus irgendeiner Ecke wird es zum Martinstag, beim Heischegang der Kölner Pänz, nochmals hervorgeholt. Jetzt sind es wirklich »ahl Kamelle« (man kennt diese Formulierung in der bildhaften Kölner Mundart für etwas, das seinen aktuellen Wert längst einbüßte), denn schon steht mit dem 11. im 11. die neue Session vor der Tür. Und damit die Hoffnung auf nagelneue »Kamelle«.
Merke: Der kölschen »Kamell« liegt das Spanische »carmelo« (gebrannter Zucker) wie auch das Französische »caramell« zugrunde.

## Kanapee

Ein Sofa, vor allem ein altersschwaches. Verschlissen darf es sein, vom Zahn der Zeit berührt. Es dient mancherlei Ausgefallenem, ist also nicht nur ordinäres Möbel. Alfred Biolek verhalf ihm zu außergewöhnlicher Berühmtheit, er »promovierte« es sozusagen: Das Kanapee seiner Prominentengespräche ist somit Statussymbol. Nacheiferer fand das Ding etwa bei den »Sofagesprächen« der Köln-Zollstocker Pius Pfarrgemeinde. Pastor Peter Haanen (»Wort zum Sonntag«) fungiert als eifriger »Inquisitor« und im Sinn einer recht anschaulich-aktuellen Seelsorgepraxis.

## Kannebäcker

Westerwälder Tonwaren, blau oder manganfarbig, waren in Köln über Jahrhunderte begehrtes Handelsgut und sind es zum Teil heute noch. Als »Duppfenkräm« macht eine Ansicht vom Marktleben auf dem Altermarkt (um 1660) den schwunghaften Handel publik. Das »Kannebäcker Lädchen« ist für Kölner Sonntagstouristen häufig angestrebtes Wochenendziel.

## Karl der Kühne

Mit ihm hatten die Kölner 1474 zu tun. Vor Neuß standen im Winter zweihundert Reiter und zehnmal so viele Fußsoldaten, von der Stadt Köln Kaiser Friedrich III. zu Hilfe geschickt. Karl der Kühne verlor das Treffen und machte sich, wie die Fama überliefert, in fragwürdiger Toilette aus dem Staub. Köln brachte die Kaisertreue das Privileg der Reichsunmittelbarkeit ein. Es war nun auch nominell wie rechtens »Freie Reichsstadt« und blieb dies bis zum 4. Oktober 1794.

## Karneval

Die in Köln offizielle Bezeichnung für Fastnacht auch Fastelovend, Fasteleer, um fremden Ohren das Fest verständlicher zu machen. Demnach eine Konzession an den Tourismus oder an das, was man gemeinhin den Gesellschaftskarneval nennt. »Karneval« ist feine, gepflegte Kölner Narretei.
Weitverbreitet war die Meinung, das Wort habe mit »Carne vale« (= Fleisch lebewohl im Hinblick auf die Fastenzeit) zu tun. Eine andere Deutung bezieht sich auf den Kult der Isis im

**Anno 1873 war der »institutionalisierte« Karneval gerade 50 Jahre alt. Grund genug zum Jubeln, was mit Inbrunst und Ausdauer besorgt wurde**

zeitigen Frühjahr, den »carrus navalis« (= Schiffskarren). Im römischen Rheinland das Signal zur Winteraustreibung.

## Kaschöttche

Man muß schon ein eingefleischter Kölner sein, um noch den Sinn des Wortes zu begreifen, das sich übrigens aus dem französischen »cachot« herleitet. Gemeint ist die Haftzelle für sozusagen »läßliche Sünden«. Ins »Kaschöttche« wird der eher harmlose Delinquent nur vorübergehend eingesperrt. Die Arretierung hat vergleichsweise symbolischen Wert. Im Kölner Rosenmontagszug führen die Roten Funken ihr »Kaschöttche« mit, das dann auch »notdürftigen« Zwekken dienen kann. Immerhin treiben sie so ein Stück Sprachschatzerweiterung, wenn auch auf recht »ökonomische« Weise.

## Kaviar, kölscher

Hinter dem anspruchsvollen Namen verbirgt sich eine gastronomische Plattitude, nämlich ordinäre Blutwurst. Bisweilen durch weiße Speckstückchen angereichert und mit Mostert und Öllich (Zwiebel) serviert.

Kölner *kulinarische* Küche

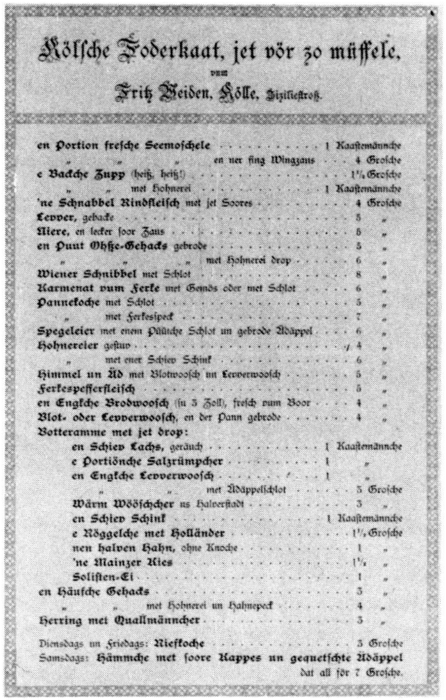

Kölsche Foderkaat, jet vör zo müffele,

vum

Fritz Weiden, Kölle, Zizíliestroß.

| | |
|---|---|
| en Portion fresche Seemoschele | 1 Kaastemännche |
| „ „ „ en ner fing Wingzaus | 4 Grosche |
| e Backche Zupp (heiß, heiß!) | 1½ Grosche |
| „ „ met Hohnerei | 1 Kaastemännche |
| 'ne Schnabbel Rindfleisch met jet Soores | 4 Grosche |
| Levver, gebacke | 5 „ |
| Niere, en lecker soor Zaus | 5 „ |
| en Puut Ohße-Gehacks gebrode | 5 „ |
| „ „ „ met Hohnerei drop | 6 „ |
| Wiener Schnibbel met Schlot | 8 „ |
| Karmenat vum Ferke met Gemös oder met Schlot | 6 „ |
| Pannekoche met Schlot | 5 „ |
| „ met Ferkesspeck | 7 „ |
| Spegeleier met enem Püütche Schlot un gebrode Ädäppel | 6 „ |
| Hohnereier gestuv | 4 „ |
| „ met ener Schiev Schink | 6 „ |
| Himmel un Äd met Blotwoosch un Levverwoosch | 5 „ |
| Ferkespefferfleisch | 5 „ |
| en Engkche Brodwoosch (su 3 Zoll), fresch vum Boor | 4 „ |
| Blot- oder Levverwoosch, en der Pann gebrode | 4 „ |
| Botteramme met jet drop: | |
| en Schiev Lachs, geräuch | 1 Kaastemännche |
| e Portiönche Salzrümpcher | 1 „ |
| en Engkche Levverwoosch | 1 „ |
| „ „ met Ädäppelschlot | 3 Grosche |
| Wärm Wööschcher us Halverstadt | 3 „ |
| en Schiev Schink | 1 Kaastemännche |
| e Röggelche met Holländer | 1½ Grosche |
| nen halven Hahn, ohne Knoche | 1 „ |
| 'ne Mainzer Kies | 1½ „ |
| Solisten-Ei | 1 „ |
| en Häufche Gehacks | 3 „ |
| „ „ met Hohnerei un Hahnepeck | 4 „ |
| Herring met Quallmänncher | 3 „ |
| Diensdags un Friedags: Riefkoche | 3 Grosche |
| Samsdags: Hämmche met soore Kappes un gequetschte Ädäppel dat all för 7 Grosche. | |

**Die »Kölsche Fooderkaat« wird hier angepriesen. Sie kann für den Nichtkölner ein arger kulinarischer Holzweg sein. Dann wendet sich der Gast mit Grausen. Oder stürzt sich voll guten Appetits auf das verschmitzt Dargebotene**

Die Kölner Speisekarte ist für Überraschungen gut. Der Nichtkölner sollte da auf der Hut sein. Unter einem »Halven Hahn« etwa erwarte er bei Gott nichts von Geflügel.

## Kaygaß

Gäßchen im Griechenmarktviertel. Nach dem Stammgut der Familie Henricus Keige (1257) genannt. Volkstümlich Key oder Kay. Eine Schule in dieser Gasse mit dem Lehrer Welsch machte Furore. Nicht ihrer Qualität wegen. Im Gegenteil. Das dort vermittelte Bildungsniveau hielt niedrigsten Ansprüchen nicht mehr stand. Eine Null spielt denn auch im Liedtext zu diesem bemerkenswerten Bildungsinstitut eine Rolle. Berechtigte Zweifel sind angebracht, ob Schule und Lehrer je existiert haben wie überliefert und besungen.

## Kill

Das war der »Künstlername« des fröhlich-freundlichen kölschen Straßensängers Wilhelm Eichmeier. Letzter Sproß eines deftigen Musikantenkollegiums von zuerst vier, dann drei »Rabauen«. Anfangs (1946) zogen sie durch Kölns bizarres Trümmerfeld, über den Trampelpfad »Hohestraße«. »Jungens, tut mir einen Jefallen. Jeht auf die Trümmer und bringt den Kölnern wieder Humor«. Das probate Rezept empfahl ihnen Konrad Adenauer und ließ sie bei »Hettlage« (einem bekannten Kölner Textilkaufhaus) notdürftig einkleiden. Mittels »Quetschenbüggel«, Gitarre und Megaphon verbreiteten die »Rabaue« Jahre hindurch »Kölsche Tön« vom späten Mittag bis Mitternacht. Es war die Begleitmusik des allmählichen Wiederaufbaues in der Ruinenlandschaft ringsum.

## Klaaf

Ein richtiger kölscher Klaaf ist nie spontaner Einfall. Der »Klaaf« braucht Zeit, wächst wie die Dämmerung, gedeiht sozusagen im »Bruzzeln«. »Klaaf«, das ist wie nach Innen gukken, Gewissenserforschung, Seelenmassage. Die deutsche Hochsprache kennt für das so Miteinanderreden gar kein gleichwertiges Wort.

## Klatschkies

Auch wieder eine von den bekannten Kölner Tischgenüssen. Die Ingredienzien sind Quark, Zwiebeln und Sahne. Als saftiger Brotaufstrich beliebt, mehr noch als Beigabe zu sogenannten Quallmännern, sprich Pellkartoffeln.

## Klingelpütz

»Pütz« (= Brunnen) in der Flur des Herrn Klingelmann (1349). »In charaktervollen, mittelalterlichen Formen« wurde hier 1843 bis 1845 von Stadtbaumeister Julius Raschdorff die Strafanstalt »Klingelpütz« errichtet. Der »Klingelpütz« ist seitdem jedem Kölner Inbegriff von Freiheitsberaubung, Gefangensein – ob zu Recht oder Unrecht, eingegangen in den Sprachgebrauch als hingeworfene Floskel und doch auch böse Erinnerung an die Jahre der Gewaltherrschaft 1933-1945, was dem gern verharmlosenden Nimbus von »Klingelpütz« erheblich Abbruch tat. Nun ist der »Klingelpütz« auch schon Vergangenheit geworden. Längst gibt es eine hochmoderne Strafvollzugsanstalt in Ossendorf, dem Kölner Vorort. Vom einstigen »Klingelpütz« steht kein Stein mehr auf dem anderen. Stattdessen Parkanlagen und Kinderspielplätze. Aber den Namen halten Kölns Bürger »in Ehren«. Seine Anwendungspalette ist immer noch breit. Das Wort ist nicht kleinzukriegen, weil »Klüngel« und »Klingel« einander ähneln.

## Klüngel

Von den Kölnern durch Generationen gehandhabte Möglichkeit, lästige bürokratische oder andere auf nicht normale Weise zu nehmende Hindernisse im menschlichen Miteinander zu überwinden. Böse Zungen sprechen von »Machenschaften«, »heimlichem Hinterherum« oder »Unlauterkeit«. In Wahrheit stellt sich der berühmt-berüchtigte »Kölner Klüngel« als das heraus, was andernorts durch die Redensart »eine Hand wäscht die andere« umschrieben wird und wäre demnach keine spezifisch Kölner Erfindung. In Köln nur hat dergleichen eine sozusagen gewachsene Tradition im demokratischen Umgang der Bürger untereinander. Dieser »Klüngel« ist geschichtlich legitimiert, eingespielte Gewohnheit, souverän wie gekonnt. Darum auch immer wieder dem Neid der Nichtkölner ausgesetzt. »Amtliche Dinge erledigt man möglichst persönlich«, wäre eine Quintessenz für »Kölner Klüngel«.

## Klütten

Das sind Braunkohlenbriketts in langgestreckter, mehreckiger Form, handlich und wie zum Stapeln gemacht. Jeder Kölner Haushalt deckte sich damit früher sommers wie winters ein. Lieferant war der »Klütteboor« aus dem Braunkohlerevier, der nahen »Ville«. Eine inzwischen rare Erscheinung im Kölner Stadtbild, da Öl und Gas die langgewohnten »Klütten« verdrängten.

## Klut

»Krat«, »Rabbau«, »Klut« – der Kölner kennt eine fein abgestimmte Skala für Zeitgenossen, die mit unflätigem Benehmen anderen auf die Nerven fallen. Er bringt sie bisweilen aller Welt – wenigstens, was die früher charakteristische »Tracht« angeht – in Erinnerung. Und zwar zu Karneval. So nennt sich ein alter Kölner Verein »Klutengarde«. Über die Drillichhose baumeln Hosenträger. Das schreiend karierte Hemd zeugt nicht gerade vom besten Geschmack. Die hohe »Ballonmütze« macht weithin sichtbar, womit wir es zu tun haben. Natürlich nicht nur in der Verulkung des Karnevals. Noch immer lümmelt sich die »Klut« irgendwo herum, kann einem urplötzlich begegnen, auch ohne Hosenträger, kariertem Hemd oder Ballonmütze. Die Bekanntschaft führt manchmal zu Komplikationen und bleibt nicht gerade als erfreulich im Gedächtnis.

## Knabbüß

Kölnische Lautmalerei: Eine Büchse, welche knallen soll. Also das Gewehr. Die »Knabbüß« ist aber nicht irgendein Gewehr, sondern eines, das weder knallt noch schießt. Eine »Strunzwaffe« nur, mit der die Roten Funken zu Karneval hantieren, auch ein bißchen parodistisch exerzieren. Nicht mehr. Als leichtes Holzgewehrchen beschwert es niemanden. Und mit dem Blumensträußchen im Mündungsloch ist die komische Waffe alles andere als auf kriegerische Meriten aus.

## Knapsack

Rund fünfzehn Kilometer im Westen von Köln gelegenes Industriedorf (Höchst AG), dessen »zwölf Apostel« (etwas euphorische Umschreibung die Luft verpestender Schornsteine) noch vor wenigen Jahrzehnten umweltverschmutzend von sich reden machten. Sie sind mittlerweile gekappt. Die Luft in und um Köln ist dennoch von minderer Qualität. Eines fast geschlossenen Chemiegürtels wegen.

## Knies

Die Kölner Mundart kreiert zuweilen Vokabeln von ziemlicher Bedeutungsbandbreite. Kniestig zum Beispiel mag geizig heißen und gipfelt in dem Schimpfwort »Kniesbüggel«. Voller Knies kann das Habit eines schmutzigen Menschen sein. Hier täte eine Reinigung Wunder. Knies können gute Nachbarn untereinander haben. Man zankt sich. Knies mit der Hoffnung auf baldige Einigung. Knies in der Bedeutung von Streit läßt die Tür offen, hat nichts Endgültiges an sich. Im Ansatz wird das friedliche Ende sichtbar.

## Kniesbüggel

Geizige Zeitgenossen, die »jet an de Föß han« und nichts oder zu wenig davon herausrücken wollen. Sie gibt es einzeln und en masse. Letzteres zum Beispiel auf den Rosenmontagszugwagen. Kommt zu wenig »Wurfmaterial« in die Menge, ertönt skandiert der Schlachtruf »Kniesbüggel«.

## Knubbel

»Kompanie« des Kölner Funkenregiments. Es gibt deren vier mit unterschiedlichen Emblemen, als Säbeltroddel befestigt. Knubbel eins trägt den kleinen, halbfertigen rotweißen Strickstrumpf. Nummer zwei bekennt sich zum »Öllig«, der Zwiebel. Seine lustige Grußformel: »Öllig stink«. Der dritte Knubbel hat als »Kompaniesignet« einen Kinderkreisel, zu Kölnisch »Dilledopp«. »Schmeck d'r Dopp« wird hier untereinander zugerufen (Schlag den Kreisel mit der Peitsche). Sehr beziehungsreich endlich entpuppt sich das »Aushängeschild« des vierten »Knubbel«. Seine Mannschaft trägt am »Zachabel« (Zabel = Säbel) den Sektpfropfen – »Stoppe« geheißen. »Stippe-Fott« ist hier das akustische Signal.

## Köbes

Im Hochdeutschen »Jakob« und für jeden Fremden vielbestauntes Inventar einer kölschen Weetschaff (Wirtschaft). Da amtiert er in der Würde seines behäbigen Umfanges als wahrhaftiges Reklameschild kölscher Bierbrauerei. Denn Kölsch trinken macht schließlich einen »Schwabbelbauch«. Der »Dienstanzug« des »Köbes« be-

Köbes
Korn
Kölsch vom Faß
Kranz
Kölsch
Pitter-männche

steht seit altersher aus einer blauen Strickweste, langer Leinenschürze von gleicher Farbe sowie der ledernen, um den Bauch geschnallten Geldtasche. Behend, ja geradezu virtuos-beflissen schwenkt er den »Kranz« mit den hohen schlanken Biergläsern. Ein Köbes sollte schlagfertig sein und sich nie aus der Ruhe bringen lassen im Rumoren des meist noch zu später Stunde florierenden Geschäftes unter allmählich sich steigernder Alkoholeinwirkung. Der richtige kölsche Köbes bleibt da der ruhende Pol bei allem Gedöns. Sein Gast darf ihn ruhig mit »Köbes« titulieren und sogar duzen. Die Reaktion darauf kann indes sehr unterschiedlich sein. Ist unser Köbes von Kölner Geblüt, akzeptiert er ohne Umschweife und in Bierruhe die ihm erwiesene Vertraulichkeit. Wehe, er kommt von

**Die 50 Jahrfeier der Gründung des »KGMV« war 1892 ein Kölner Ereignis von Rang. Die Schar der Gratulanten riß Tage hindurch nicht ab - allen voran Kaiser Wilhelm II. Josef Schwartz dirigierte den Chor mit Händels »Halleluja« in das zweite Halbjahrhundert seiner Geschichte.**

anderswoher. Dann kann es schon einmal Ärger geben. Mit jenen angeheuerten Statisten in Köbesmontur auf im Grunde ungeliebter Bühne. Nur schwerlich findet sich der Kölner gerade in diesem Metier mit einem »Imi« ab. Übrigens: Des Köbes vornehmlich blaue Montur geht zurück auf das in Köln von der Blaufärberzunft in mühselig-langwierigem Prozeß fabrizierte »Kölsche Blau« aus der Waidpflanze vor der Erfindung des Indigo (»Waidmarkt« – »Blaubach«).

## Kölle

Siehe Colonia (Köln). Erst offiziell 1917 mit »K« geschrieben, was nicht von allen Bürgern widerstandslos akzeptiert wurde. Vor allem die klassisch gebildeten erhoben lauten Protest, machten ihrem Ärger in Glossen und »Leserzuschriften« Luft.

## Kölle op Kölsch

Eine Erfindung des Kulturamtes der Stadt Köln, die der fast überschwappenden nostalgischen Welle Rechnung trägt. Alljährlich im Herbst (demnächst zur Maienzeit) gibt es über zwei (und manchmal mehr) Wochen jene Veranstaltung. Öffentliches Kölschsingen, kölsche Mundartdichter, Stadtgeschichte in Kölsch. Und immer wieder neue Themen. Ein weit gefächertes Angebot für alle, die Köln kennenlernen wollen. Den Vogel dabei schießen die Kölner Schulen ab. Man kann sich vor Anmeldungen zum Mittun nicht retten. Das ist die sicherste Garantie für die Lebendigkeit der »kölschen Sproch«. Und aussterben wird sie nicht – trotz des auch in Köln spürbaren »Pillenknicks«. Dafür sorgen die mittlerweile herangewachsenen, ganz und gar kölschen Gastarbeiterkinder. Die sprechen den Dialekt akzentfrei, wie ihnen der Schnabel von Geburt an gewachsen ist.

## Kölner Männer-Gesang-Verein kurz KMGV

Seit 1842 im deutschen Männergesang berühmte Chorgemeinschaft (Wahlspruch: »Durch das Schöne stets das Gute!«), die neben dem Berliner-Lehrer-Gesangverein mehrmals einen vor dem Ersten Weltkrieg begehrten Preis ersang: Die Kaiserkette. Ihr Abhandenkommen durch dreisten Diebstahl gab Kölner Stückeschreibern immer wieder willkommenen Anlaß, darüber mundartlich oder heimattümelnd zu meditieren.
Der KMGV pflegt durch Reisen im In- und Ausland sein traditionelles Image mit hohem künstlerischem Niveau. Bei den offiziellen Veranstaltungen ist das Tragen des schon aus der Mode gekommenen Frack obligat. Davon rückte man auch nicht bei der Prinzenproklamation im Gürzenich zu Fastelovend ab.

## Kölner Malerschule

Seit dem frühen 14. Jahrhundert auf Andachtsbildern und mächtigen Flügelaltären überliefert. Marienleben, Heiligenlegenden, Passion des Herrn werden beseelt oder lyrisch-gefühlvoll in mystischer Verinnerlichung dargestellt. Schlanke, fast körperlose Gestalten, stilisierte Gesichter mit konventioneller Gebärdensprache sind vor Goldgrund komponiert. Symbol überirdischer Wirklichkeit.
Hauptvertreter der »Kölner Malerschule« war der in Konstanz oder in Meersburg geborene Meister Stefan Lochner (um 1410-1451). Sein berühmtestes Werk ist das Bild der Kölner Stadtpatrone (1445), heute im

Dom. Hier sind die Dreikönige, Gereon und Ursula als Porträts Kölner Bürger wiedergegeben. In deren prunkenden Gewändern, kostbarem Geschmeide und Waffenschmuck erreicht Lochners Malerei schon eine erstaunliche Offenheit für die ihn umgebende Wirklichkeit. Seine »Madonna im Rosenhag« (Wallraf-Richartz-Museum) ist dagegen noch den sonst üblichen Kriterien der mittelalterlichen Kölner Malerschule verpflichtet. Ihr letzter Vertreter war die Malerfamilie Bruyn, hervorgetreten u.a. durch die im Sinn der Renaissance weiter entwickelte Kunst als Persönlichkeitskult.

## Kölner Philharmonie

Sie schwimmt im Wasser, diese nagelneue »Kölner Philharmonie« und wurde dem »Museum Ludwig« – »Wallraf-Richartz-Museum« integriert. Mächtige Anker halten den unter Grundwasser liegenden Konzertsaal fest, dessen Orchesterraum sich mittels hydraulischer Raffinessen in seiner Höhe verändern läßt. Wie in einem Amphitheater steigen die Sitzreihen halbrund auf. Zweitausend Besucher können von hier aus einem ausgeklügelten Konzertprogramm der Welt-Spitzenklasse lauschen. Für Köln insofern absolutes Novum, da ihm bislang ein solchen Ansprüchen genügender Konzertsaal fehlte.

Was das alles gekostet hat? 270 Millionen Mark. Ein stolzer Preis. Aber die Stadt wuchs über alles Kleinkarierte und den Mief des Spießbürgerlichen mit diesem Projekt hinaus!

## Kölner Verkehrsbetriebe (KVB)

Lapidar unter dem Namen »Straßenbahn« bekannt. Seitdem anno 1879 ein erster innerstädtischer »Rundkurs« mit der »Pferde-Eisenbahn« eingerichtet wurde, hat sich die Kölner Straßenbahn gründlich verändert. Über zwanzig Jahre besitzt Köln nun eine sogenannte »Unterpflasterbahn«, die sich mit leuchtendem »U« an ihren Einstiegen als fast »U-Bahn« zu erkennen gibt. Man führt Großes im Schilde beim weiteren Ausbau und hofft, bis 1990 mit einem dichten Netz aufwarten zu können. Die ständige Modernisierung des Wagenparkes, ein neues Fahrkartensystem, Fahrradservice zum Königsforst, Taxiruf etc. haben der KVB neuerdings wieder mehr Kundschaft zugeführt. Wer nach Köln kommt, mache sich darauf gefaßt, zeitweilig in ein Verkehrschaos zu geraten. Vor allem um den Rudolfplatz, wo für die »U-Bahn« seit Monaten und auch auf Jahre noch gebuddelt wird.

U

7
Weingarten
K-II 131
H
P

## Kölnischer Geschichtsverein

Weniger Geselliges, denn Wissenschaftliches steht auf seinem Programm. Und das seit 1907. Die stattliche Reihe der bisher erschienenen Veröffentlichungen wurde zur wahren Fundgrube für jeden Freund der Kölner Historie.

## Kölnisches Stadtmuseum

Im alten Zeughaus auf der Zeughausstraße, das der Reichsstadt einmal als Rüstkammer diente, entstand 1958 das »Kölnische Stadtmuseum«. Vor dem Umbau und der Neueröffnung am 3. September 1984 hatte es Tut ench Amun zu Besuch (1980). Man stand stundenlang Schlange, um die Totenmaske des jungen Pharao zu betrachten. Auch mancherlei anderes, auf geheimnisvolle Weise der Nachwelt Verstecktes und von Archäologen doch Entdecktes. Als diese ganze

**Das Zeughausportal mit dem reichen von Greif und Löwe gehaltenen Stadtwappen zwischen Obelisken über einer Rustika-Architektur stammt von Peter Cronenborch (1595)** ▷

Herrlichkeit wieder in Kisten verpackt und nach Ägypten unterwegs war, kam der schon sprichwörtlich gewordene »Fluch des Pharao« über das Kölnische Stadtmuseum. Ein Feuer im Frühjahr 1983 hätte ihm beinahe den Garaus gemacht. Doch gottlob brannte nur ein Teil des Dachstuhls nieder, dank der in den Wiederaufbau nach Kriegsende eingebrachten Erfahrungen aus dem Luftbombardement. Nichts ging verloren. Und so können sich die Kölner weiter an den zahlreichen Objekten und Dokumenten zur Kölnischen Stadthistorie erfreuen. Ein dicker Katalog orientiert den Besucher in allen Einzelheiten. Weiter hilft das »Außenreferat« der Kölner Museen. Wort und Wirken erfanden vor 20 Jahren Kölner Museumsleute als Weltpremiere der Museumspädagogik. Im Basteln und Malen von Originalen wird die Welt von Gestern spielerisch bewältigt. Begleitender Nutzeffekt der ganzen Aktion – Kinder und Jugendliche ins Museum zu locken, dem Nachwuchs eine Chance zu geben. Das Konzept geht auf. Der Vordenker Köln hat überall Nachahmer gefunden. Jüngst noch eroberten das Stadtmuseum eine Mannschaft bunt verkleideter »Ritter« mitsamt ihren »Damen«.

## Kölnisch Wasser

»Eau de Cologne« – das sagt eigentlich alles, wird seit 1742 weltweit verstanden, ist »Esperanto«. Es hat lang zurückliegende Ahnen, dies kölnische Heil- und Duftwasser. Damit wurde schon zur Römerzeit gehandelt. Weltruhm indes war ihm erst viel später beschieden, als zu Anfang des 18. Jahrhunderts (gegr. 1709) Johann Maria Farina in Köln sein »Aqua mirabilis« produzierte. Die »Rote Marke« vom Kölner Jülichplatz bürgte Jahrhunderte hindurch für Qualität und half bei allen möglichen Wehwehchen wie »Schlag-Fallsucht« oder »Ohnmachten und Herzens Schwachheiten«. Goethe ließ sich vom Kölnischen »Wunderwasser« sechzehn

4711

Flaschen für die »Frau Geheimräthin« in Weimar reservieren. Dann trat 1792 die Familie Mülhens unter dem Markenzeichen »4711« (Hausnummer des Stammplatzes nach französischer Zählung) auf die »Bühne«. Sie hat mittlerweile so gut wie alle anderen Kölnisch-Wasser Konkurrenten aus dem Feld geschlagen und hält das Monopol in »Eau de Cologne«.

## Kölsch

Kölner Nationalgetränk. Obergäriges, leicht bitter schmeckendes Bier. Früher streng kontrolliert, des »Tollbieres« wegen, das mit Kräutern verpanscht wurde (»Ginsterbier«). Seit mehr als tausend Jahren in Klöstern, Stiften und bürgerlichen Brauereien hergestellt. Die Zunft der Brauer war eine der vornehmsten Kölns. Ihr Artikel begehrte Exportware – auch an den Hof Kaiser Maximilians anno 1505 nach Augsburg. Als »Bierhaus« der Hanse ist Köln in die Geschichte eingegangen. »Kölsch« kann nur unter Verwendung heimischen Wassers gedeihen, weshalb die Kölner Brauereien meist eigene Brunnen besitzen und auch nur dann verbrieftes, das heißt gesetzlich anerkanntes »Kölsch« brauen dürfen.

In Köln werden alljährlich rund 160 Liter des beliebten »Kölsch« pro Kopf getrunken. Demnach rund zwanzig Liter Bier mehr als sonstwo.

»Kölsch« trinkt man palavernd im Stehen an der Theke, dem »Tresen«, auch zwischendurch und zu jeder Tageszeit. Soll es richtig schmecken, ist »Kölsch« direkt vom Faß gezapft. In Dosen und Flaschen verpackt, wird ihm häufig Originalität bestritten, mögen die Reklametexte auch Gegenteiliges verkünden. Der Kölschexperte legt strenge Maßstäbe an. Dazu gehört ebenfalls das Trinken aus schlanken Glas-»Stangen«, die nur 0,2 Liter fassen. Alles andere verfälscht das geheiligte Ritual.

»Kölsch«, so will ein Ondit, kann – reichlich genossen – Nierensteine verhindern, soll auch die Verdauung fördern und »kreierte« den »Schwabbelbauch«.

◁ **Das »4711«-Haus auf der Glockengasse ist ein »Juwel«. Einmal der »gotischen« Fassade wegen. Zum anderen paradieren zum Glockenspiel historische Figuren**

## Kölsche Boor en Ieser

Martialisches Holzstandbild 1915 vor dem Gürzenich (Bildhauer W. Wallner). Zum »Benageln« aufgestellt. Nägel wie größere Plaketten konnten zu unterschiedlichen Preisen erworben werden. Das Geld kam Kölner Kriegerwitwen und Waisen zugute.

Nach dem Zweiten Weltkrieg wurde nochmals »genagelt«. Jetzt mußten Tünnes und Schäl als Großfiguren herhalten. Ganz friedlich gesinnt standen sie vor der Ruine des Gürzenichs. Nichts mehr von dem, was einst den »Boor« beflügelte. Nun ging es um den Wiederaufbau des »Herren Tanz- und Festhaus« (1950).

## Kölsche Wipp

Ein in der Kölner Kommunalpolitik viel bestauntes (und ebenso belachtes) Phänomen. Während einer Legislaturperiode (1948-1952) wechselten SPD und CDU Oberbürgermeister einander turnusmäßig ab. War einer »oben«, wippte der andere nach »unten«: Kölsche Wipp. Beschluß eines hochweisen Rates.

## Köttel

heißt eigentlich kleines Häufchen – Hundedreck zum Beispiel. »Pädsköttel« (Pferdemist) können schon von größerem Format sein, werden aber immer noch als »Köttel« gehandelt.

Mit mehr liebevollem Unterton bezeichnet der Kölner kleine Kinder als

»Köttel«. Werden sie lästig, schlägt die Stimmung ins Unwirsche um. Der »Köttel« hat dann nichts zu lachen und wird zum Lausejunge.

## Kokoschka, Oskar

malte Köln aus der Vogelperspektive des Presseturmes. Da taucht das weltberühmte Panorama vor uns auf, sich fast in der Himmelsbläue verlierend, aber immer noch als das zu erkennen, was die Maler und Grafiker von jeher faszinierte. Der Dom sozusagen als Fixpunkt, davor die Hohenzollernbrücke und der Strom mit den Lastkähnen. Mehr nach Süden gerückt ist dieses »Porträt« der alten und doch so jungen Stadt. Entstanden aus Anlaß der Wiedereröffnung des modernen Wallraf-Richartz-Museums 1956. Schon fünf Jahre zuvor verlieh Köln dem großen Meister den Stephan-Lochner-Preis.

## Kolping, Adolf

Weithin als der »Gesellenvater« bekannt. In Kerpen bei Köln 1813 geboren, später zum Priester geweiht, entdeckte er in Elberfeld als junger Geistlicher seine Lebensaufgabe: Den arbeitslosen, umherlungernden Handwerksgesellen zu helfen. In Köln gründete Kolping den ersten Katholischen Gesellenverein (1849) und damit eine der großen sozialen Schöpfungen des vergangenen Jahrhunderts. Die auf seine Initiative erbauten Gesellenhospize in aller Welt sollten den Gesellen zu Geborgenheit verhelfen, aber ebenso arbeitsvermittelnd tätig sein. Kurz, sie steuerten der sozialen Not der Berufsstandes, der zuerst die Kehrseite einer beginnenden industriellen Revolution zu spüren bekam. Bei Kolpings Tod (1865) gab es weltweit 418 Gesellenvereine mit rund 24 000 Mitgliedern.
Adolf Kolping fand in der Kölner Minoritenkirche sein Grab.

## Konservator

Er soll »bewahren«, wie das Wort sagt. Schützen auch vor dem Zahn der Zeit. Seine Augen hat er überall. Die Stadt mit ihrer Anhäufung von jahrhundertealten Kunstwerten ist ihm das adäquate Jagdrevier. Konservator in Köln zu sein, ist Sisyphusarbeit, ständiger Streit mit jenen, die nicht konservieren wollen. Deren gibt es genug. So bedarf die Amtsführung einer couragierten, den Konflikt nicht scheuenden Person mit entsprechend dicker Haut. Köln erkor sich für diesen »Job« eine Frau »met Hoor op de Zäng« (Haar auf den Zähnen): Hiltrud Kier. Erstaunliches brachte die Dame aus Graz bisher zuwege, sensibilisierte die Kölner Bürgerschaft fürs Bewahren alter oder auch gar nicht so alter Schätze. Denn schon wird ein ganz neues Kapitel Kölner Denkmalpflege aufgeschlagen: Die Architektur der unmittelbaren Nachkriegszeit. Man bleibt den Denkmälern also dicht auf den Fersen, verpaßt keine Gelegenheit. Weder bei den Lebenden noch bei den Toten. Denn der Friedhof Melaten zum Beispiel ist ja nicht ausgespart. Patenschaften für dem Verfall preisgegebene alte Grabdenkmäler werden vermittelt, sind zum Konservator-Renner geworden.

## Konstantin, Römischer Kaiser

In die Weltgeschichte ging er als Freund der Christen ein. Sein Mailänder Edikt von 313 sicherte ihnen ungehinderte Religionsausübung zu. Köln hat noch andere Erinnerungen an den freundlichen Imperator. Anno 310 ließ Konstantin eine erste feste Brücke in das von ihm gegründete

Kastell Deutz auf der rechten Rheinseite bauen.
Den Kölner Juden erlaubte er, »Stadtrat« zu werden (321).
Lange galt Konstantin als der Initiator eines königlichen Palastes in Köln, der »Regia« in Nachfolge des Prätoriums. Inzwischen wird das Prachthaus in die zweite Hälfte des 4. Jahrhunderts datiert.

## Krätzchen

Modern ausgedrückt ist das »Krätzchen« eine Art Sketch, auch lustiger Kalauer in kölnischer Mundart. Es kann gesungen oder gesprochen werden und endet im Idealfall mit witziger Pointe. Was keineswegs ausschließt, daß man viel Banales in dieser spezifisch kölnischen Fabulierkunst findet. Am schönsten blüht das »Krätzchen« als spontaner Einfall.

## Kranz

Wichtiges »Gerät« und »Handwerkszeug« zum Transportieren der Kölschgläser (»Stangen«). Runder, metallener Tragekorb mit gestanzten, vertieften Löchern, in die jene »Stangen« gefüllt und auch leer versenkt werden.

## Krat

Dem Wort liegt ursprünglich »Kröte« zugrunde. Der Kölner hat für verlotterte, ungehobelte Zeitgenossen sehr unterschiedliche »Verschlüsselungen«, trifft graduelle Unterschiede. Das Schimpfwort »Krat« ist in jenem Spektrum angesiedelt, wo es wirklich ernst wird und Pardon nur noch selten bei sonst durchaus toleranter Gemütsverfassung geboten scheint.

## Kreishaus

Eigentlich »Landratsamt«. In den Jahren 1907-1909 von dem bedeutenden deutschen Architekten Karl Moritz erbaut. Seit Auflösung des Landkreises Köln (1975 kommunale Gebietsreform) als »Kreishausgalerie« mit renovierter Jugendstilfassade und moderner Geschäftspassage (Haupteingang Apernstraße) konzipiert. Großstädtisches Flair. Geschäfte für gehobene Ansprüche.

## Krieler Dömchen

Romanische Stephanus-Kirche im Ortsteil Lindenthal aus der Zeit um 900. Mit Apsis (um 1100) und Seitenschiff (um 1250). Im Mauerwerk römische Ziegel. Während der nachfolgenden Jahrhunderten erweitert und ergänzt. Das wie eine Dorfkirche wirkende Gotteshaus steht heute inmitten dichter Großstadtbesiedlung. Gleichwohl blieben Anmut und Altertümlichkeit der kleinen Enklave gewahrt. Das Wort »Dömchen« hat einiges davon eingefangen.

## Krippe

Kein Kölner Weihnachtsfest ohne Krippe und Krippenfahrt. Das eine vor allem in den Kölner Kirchen, das andere vom Kölner Verkehrsamt organisiert und dankbar angenommen. Katholisches Bildungswerk, die Arbeitsgemeinschaft der Kölner Krippenfreunde, Pfarrgemeinden – alle sind unterwegs. Ein sehr gemütsreiches Krippenambiente belohnt die Besucher. Höhepunkte einer jeden »Krippenfahrt« sind St. Ägidius in Köln-Wahn und neuerlich St. Maria in Lyskirchen. Hier gibt es »kölsche« Krippen zu bestaunen. Das Weihnachtsgeschehen wurde in die Kölner Stadtlandschaft transponiert. »Erfinder« jenes originellen Genres ist Pastor Gottfried Kirsch. Er kam zuerst auf die Idee, in Wahn eine »Hänneschenkrippe« aufzubauen. Hänneschen und

Bärbelchen, Tünnes und Schäl, ja, die ganze Sippschaft vom Eisenmarkt ist nach Bethlehem gepilgert. Ähnliches sieht der Krippenfreund in Lyskirchen. Das lose Völkchen aus dem Kölner Hafenviertel ist hier in kuriosen Typen vereint.

## Krömche

Kleiner Kramladen mit allen möglichen wie unmöglichen Pfennigsachen vom Heftzwecken bis zum Bindegarn. Auch Schreibpapier und Schmierhefte, Schultüten, Glanzpapier, Tinte oder Bleistifte werden zum Billigpreis feilgeboten.

## Krüßche wärm

Begehrte Kölner Zwischenmahlzeit zum »Kölsch«. Um die Jahrhundertwende und neuerdings wieder modern. Ein Imbiß aus Bratfleisch, Bratensauce und Weißbrot. Man darf darin den Vorläufer des »Hamburger« sehen.

## Küster

»Kustos« = »Küster«. Der Wächter. Neben dem Pastor wichtigste Institution einer Kirche. Unser Küster kennt Sachen und Menschen, er schließt die Kirche auf und zu, nimmt dem Pastor den Kleinkram ab. Nur über den Küster führt der Weg in Verborgenes. Er besitzt den Schlüssel zu jedem Winkel – im realen wie übertragenem Sinn. Der Küster kennt seine »Klienten« aus dem Eff-Eff, ist in langen Dienstjahren ein ausgezeichneter Menschenbeobachter geworden. Er hat die seltene Gabe der Unterscheidung, Einschätzung erlernt, er weiß, wer da was will. Die gegenseitigen Wellenlängen sind schnell vermessen, ein Kölscher Küster flugs im Bild. Er bleibt unbeteiligte Amtsperson – dies wäre die eine Reaktion. Oder er »sympathisiert«, findet das berühmte Hintertürchen, breitet den ganzen unergründlichen Schatz seiner Kenntnisse aus – der kölsche »Offermann«. Er tut es mit Herz, Stolz und Liebe.

## Kulturinstitute

Erst nach dem letzten Krieg sind sie aufgeblüht im Zeichen der Völkerverständigung. Zuerst waren die Engländer da mit der »Brücke« (Hahnenstraße). Die Amerikaner bauten dicht daneben das »Amerikahaus«. Gegenstand häufiger Demonstrationen und polizeilicher Absperrungen. Die durch Jahrhunderte dichten wirtschaftlichen und kulturellen Kontakte zu Belgien pflegt das »Belgische Haus« (Cäcilienstraße). Draußen, am »inneren« Grüngürtel liegen das »Italienische« und das »Japanische« Institut. Daß die Italiener nach Köln fanden, hat mancherlei Gründe. Nicht zuletzt die lange römische Geschichte der Stadt. Und die Japaner? Nun, es gibt nahebei den noch einigermaßen neuen Bau des »Museum für ostasiatische Kunst«, jene herrliche Sammlung ostasiatischer Kunstschätze, die Adolf Fischer (1857-1914) von weiten Reisen mitbrachte – als Geschenk für Köln. Und schon wird das Kölner Pflaster durch weitere Kulturaspekte bereichert. Seit Oktober 1985 mit dem »Russischen Haus« (Komödienstraße). Ein »Chinazentrum« entsteht am Kaiser-Wilhelm-Ring.

## Kumedemächer

Sie spielen Komödie, also Theater. Früher waren sie einmal »Fahrendes Volk« mit dem Hang zum Unsoliden. Heute haben wir es mit biederen Bürgern zu tun, denen Häuslichkeit über alles geht. Theaterspiel wird als Hobby betrieben. Besseres kann es

kaum geben bei der »Kumede«, der »Spielschar Fritz Monreal«, dem Kindertheater »Paula Hiertz« oder erst recht dem Kölner »Altermarktspielkreis«. Dessen Baas Richard Griesbach scheut auch zeitkritische Töne nicht. Ohne Häme übrigens. Die kölnische Mundart – alle »Kumedemächer« beherrschen sie perfekt – mildert Schärfen. Man lacht herzhaft über jecke Possen, auch, wenn es eigentlich gar nichts zu lachen gibt. Nasenstüber werden in versöhnlichem Ton verteilt. Jeder bekommt sein Fett ab.
Die nur heimattümelnden kölschen »Kumedemächer« umgehen dergleichen Glatteis. Da fehlt dann aber das »Salz en dr Zupp«.
Seit zehn Jahren gibt es den »Zirkus Roncalli« in Köln. Im Spiel voller Illusionen und Träume begeistert er die sonst so gestreßten Zeitgenossen. Chef Paul weiß, was er seiner Klientel schuldig bleibt.
Trude Herr »op dr Vringsstroß« brilliert in praller Volkstümlichkeit als Ulknudel. Draußen weniger bekannt. Darum vielleicht umso überzeugender eine kölsche Komödiantin.

**»Fahrendes Volk« wurden sie genannt, die »Kumedemächer«. Hier hat ein Trupp bei St. Kunibert Station gemacht. Die Szene stammt aus dem Ende des 17. Jahrhunderts**

## Kummelejon

Ein kölsches Wort, das es in sich hat. Der Aussprache nach und auch sonst. Gemeint ist die Kinderkommunion. Im katholischen Köln immer noch ein Tag voller Glanz und Gloria. Die Mädchen in Weiß, die Jungen blau oder schwarz ausstaffiert, bietet der fromme Zug zu Kirche und Altar das eindrucksvolle äußere Bild einer »Kinderkummelejon«. Mittagsschmaus, lang ausgedehnter Kaffeeklatsch, überhaupt das gute Essen und Trinken mit Verwandten und Bekannten – nicht zu vergessen die »Nohberschaff« aus dem »Veedel« – gehören seit altersher zum Feiertagsprogramm. Am nächsten Tag gibt's den fast obligaten »Besök em Zoo«.

## Kunibätspütz

Legendärer Kinderborn (»Pütz« = Brunnen) in der Krypta von St. Kunibert. In Köln bringt nicht der Storch die Kinder. Sie werden aus dem »Ku-

**Dicht am Rheinufer liegt St. Kunibert mit der vollkommen-eleganten Choranlage des Kölnisch-rheinischen »Übergangsstiles«** ▷

nibätspütz« gezogen. Vielleicht Erinnerung an ein Fruchtbarkeitsheiligtum in prähistorischer oder auch römischer Zeit.
Der Kölner Bildhauer Elmar Hillebrand schuf über jenem Brunnen eine Schieferplatte mit eingeschnittenem Kinderreigen um das neugeborene Christkind.

## Kunibert

1. Dem Kölner fällt hier vor allem »Kunibäät dä Fiese« ein. Altes, renommiertes Weinrestaurant unweit Groß St. Martin. Die sagenumwobene, wenngleich nur in der Phantasie existierende Figur gab 1909 dem Etablissement den Namen, zielte wohl auch auf die Statur des damaligen Wirtes, seine »knollige« Nase etwa.
2. Nicht weniger tief sitzt die Erinnerung an den »Kunibäätspütz«. »Kinderborn« in der Krypta von St. Kunibert. Uralte Überlieferung verhieß beim Genuß des Wassers reichlichen Kindersegen. Nicht der Klapperstorch brachte die kölschen Pänz, sondern man fischte sie aus dem Kunibäätspütz.
3. Natürlich ist ihm die romanische Stiftskirche St. Kunibert ein Begriff, wenngleich 1. und 2. der Exotik wegen Priorität in der Skala kölnischer Wertschätzungen genießt.
Das mächtige Gotteshaus verdankt dem hier begrabenen Bischof Kunibert (623-663) seinen Namen. Erst im Jahrhundert der großen kölnischen Kirchenbaukunst zwischen 1150 und 1250 bekam auch St. Kunibert seine heutige imponierende Gestalt. 1247 wurde die Kirche als letzte romanische geweiht, ehe die Gotik (1248 Grundsteinlegung des gotischen Domes) in Köln Einzug hielt. Zur kostbaren Ausstattung zählt der Fensterzyklus im Hochchor (um 1230 mit »Wurzel Jesse«, »Kunibert«- und »Papst Clemenslegende«), sowie die lyrische Verkündigungsgruppe des Kölner Dombaumeisters Konrad Kuyn (nach 1450). In vier Jahren wird auch der mächtige Westturm wieder da sein. Türmedreiklang des Kölner Panoramas: Norden.

## Kunstgewerbemuseum

Mit dem Kunstgewerbemuseum wissen eigentlich nur Experten etwas anzufangen. Gemeint ist Handwerk, das zur Kunst aufstieg. Eine vage Formulierung, gewiß. Der Nicht-Insider kommt kaum umhin, das Institut höchstpersönlich in Augenschein zu nehmen. Dann erst geht ihm ein Licht auf. Aber eben daran haperte es bislang. Zwar mühte sich das KGM redlich, seine exzellenten Exponate vors Publikum zu bringen, doch lag der Großteil jener Pretiosen im Depot. Verpackt seit vierzig Jahren in Kisten und Koffern, ein kümmerliches Dasein fristend. Nun endlich hat das KGM wieder sein eigenes Haus. Im ehemaligen Wallraf-Richartz-Museum nämlich, das den Neubau am Rhein bezog. Es wurde ein Schaufenster ungeahnter Köstlichkeiten: Porzellane, Möbel, Steinzeug, Textilien. Da wird sich mancher Kunstfreund wieder laben können, auf Entdeckungsfahrt gehen und staunen, was hier seit 1888 von Kölner Bürgern, die Herren ihres Geldes waren, zusammengetragen wurde.

## Kunstverein

Der Kölner Kunstverein – 1839 durch »Allerhöchste Order« in seiner Gründung bestätigt – war anfänglich ein Kind romantischer Bestrebungen und widmete sich vornehmlich der mittelalterlichen Kunst. Avantgardistisches gewann dann aber immer mehr die Oberhand. Maßgeblich war er an der schon fast legendären Kölner »Sonderbund – Ausstellung« (1912) mit dem Aufbruch in die Moderne beteiligt. Konsequent setzte der Verein während der folgenden Jahre diese

## Kunstverein

Linie fort. In der von ihm 1919 veranstalteten »Dada-Ausstellung« gab Max Ernst sein Debut.
»Klein Paestum« hieß das am Friesenplatz (1922) bezogene Ausstellungsgebäude – wegen des gelungenen Portikus vor dem Eingang. Heute domiziliert der »Kölnische Kunstverein« am Josef-Haubrich-Hof (Kunsthalle). Hier geht es für den Geschmack des Normalverbrauchers in Sachen Kunst häufig recht turbulent und schockierend zu. Man inszenierte zum Beispiel »Happening und Fluxus« und stieß auf Unbehagen. Die Staatsanwaltschaft sogar, auch das Gesundheitsamt wurden bemüht.
Trotz alledem blieb der »Kölnische Kunstverein« die tonangebende Stelle hinsichtlich dessen, was in der Kunstszene zur Zeit en vogue ist. Und das nicht nur für Köln.

## Kuschteiemann

Wenn es kalt und finster wird, der Winter vor der Tür steht, taucht auf den Kölner »Plätzen« der »Kuschteiemann« auf. Ein meist wackeliges Kärrchen mit glühendem Öfchen darunter, das sind »Werkstatt und »Theke« in einem. Wie duften auf dem heißen Blech die leckeren Kastanien! Tütchen zu zwanzig, fünfzig Pfennigen liegen sorgsam warm verpackt daneben unter

**Wohltuend riecht es um das Öfchen des »Kuschteiemann«.**

dem Sack, dessen Aufschrift zeigt, woher die Herrlichkeit des kölnischen Winters kommt: Aus Italien! Es gibt auch komfortable piekfeine Kuschteie-Wägelchen. Sie beschädigen das vertraute Image ein wenig. Hier hat es provisorisch zuzugehen. Allzu Blankes, Perfektes ist nicht gefragt.
Als Kämpe unter Kölns Kuschteiemännern gilt »Hans« vom Rudolfplatz. Sein »Geschäft« wurde ihm Hobby und Lebensaufgabe zugleich. Zur treuen Kundschaft pflegt »Kuschteie-Hans« ein vertrauensvolles Verhältnis.

## Lädchen

Wohlbetuchte Kölner Damen gründeten 1922 am Quatermarkt das »Lädchen« als Verkaufsvermittlung im Allgemeinen Deutschen Frauenverein, wo auch heute noch »unter den Hammer« kommt, was einst in glücklicheren Jahren die Haushalte der begüterten Kölner Oberschicht zierte. Verschämte Armut steckt allemal dahinter. Im »Lädchen«, das sich so schön auf »Schnäppchen« reimt, wird allerhand zu mäßigen Preisen einem quasi wohltätigen Zweck zugeführt. Eine segensreiche Einrichtung dieses »Lädchen« am Appellhofplatz.

## Lällbeck

Unergründlich erfindungsreich ist der Kölner im Einordnen absonderlicher Zeitgenossen, wovon die Frauen meist ausgespart werden, längst nicht so häufig Zielscheibe des Spottes sind, wie die »Herren der Schöpfung«. Jedenfalls kommt ihnen im Normalfall die mildere Behandlung zu.
»Die« Lällbeck wäre undenkbar. »Der« dagegen ist völlig geläufig, nicht verwechsel-, nicht verwischbar. Der Schwätzer, Schludrian und Grünschnabel. Ein Lackaffe auch, der sich gerne auf- und in den Vordergrund spielt. Lällbeck ist ein böses Wort. Da gibt es keinen Pardon. Seine Anwendung will überlegt sein. Wer so bloßgestellt wird, weiß um die Wirkung.

## Lammeng

Häufig gebraucht in der Kölner Alltagssprache. Etwas »aus der Lammeng« tun heißt, mit leichter Hand eine Entscheidung treffen, Arbeiten verrichten. Meistens wird dabei Wissen und Können vorausgesetzt. »Lammeng« bezogen auf Leute, die von ihrem Fach etwas verstehen.

## Lappöhrche

Um einen kleinen Flicken, wie das Wort glauben macht, handelt es sich längst nicht mehr. Zwischenzeitlich ging es in die Kölner »Geheimsprache« ein, verdeckt einen Zustand, der eigentlich nicht sein soll und darf: Die Schwarzarbeit. »Lappöhrchen« – das klingt nicht gar so hart und strafwürdig, provoziert verzeihendes, auch verständiges Lächeln. Augenzwinkernd kursiert es unter Eingeweihten. Dem tumben Tor schwant nur etwas von Ungesetzlichkeit.

## Leibl, Wilhelm

Sein Vater war lange Kölner Domkapellmeister. Den 1844 in Köln geborenen Sohn zog es zur Malerei. Schäbig genug behandelte ihn die Vaterstadt. Der große Porträtist und »Menschenmaler« trat mit den Herrn der Kölner Kunstkommission in Verhandlung um sein Tableau »Wildschützen«. Krämergeist und Unverstand erbosten Leibl derart, daß er die »Wildschützen« zerschnitt. Heinrich Pallenberg, den hochherzigen Kölner Möbelfabrikanten, malte er. Sein Konterfei und anderes von Leibls Hand hängt heute in der Galerie des Wallraf-Richartz-Museums.

## Lese

Genauer: »Lese-Gesellschaft-Köln«. Sie war und galt als liberales Pendant zur »Bürger«. Ein »Bollwerk« wider den »konfessionellen Dogmatismus und für Gedankenfreiheit im modernen, weltlichen Staat«. So jedenfalls die entscheidenden Sätze des Programms. Vom 4. Mai 1872 datiert die Gründung. Zehn Jahre danach stand das prachtvolle Klubhaus an der Langgasse. Nichts blieb davon übrig im Bombenkrieg. Nur noch Erinnerung sind die rauschenden Feste. Die Flucht vor dem Alltagstrott, die heißen politischen Debatten der Kölner »Liberalen«, die gemütlichen Stammtischrunden voller Klaaf. – Summa summarum die »Lese«, Eckpfeiler des Kölner Gesellschaftslebens. Alles dies und mehr gehört endgültig der Vergangenheit an – dem Köln der »Gründerjahre« nämlich. Aber immer noch wirken jene »Hochzeiten« in die Gegenwart hinein und setzten Maßstäbe.
Längst sind »Bürger« und »Lese« keine konkurrierenden oder gar feindlichen Brüder mehr. In trauter Zweisamkeit sprechen sie ein Publikum an, das auf Kölner Tradition hält. Und in dieser Hinsicht tragen beide Vereinigungen ein Gütezeichen.

## Leverkusen

Im Norden von Köln gelegene »Bayer«-Stadt. Der weltberühmte Chemiekonzern hat die Kölner mehr als einmal begehrlich gemacht, Leverkusen zu »schlucken«. Solche Pläne stammen schon aus der Zeit des großen Kölner Oberbürgermeisters Konrad Adenauer, dem der Coup 1922 fast geglückt wäre. Ein nochmaliger Anlauf scheiterte bei der Gebietsreform 1975. Mit dem Slogan »Lev muß leben« wehrten die Leverkusener alle Angriffe auf ihre Selbständigkeit erfolgreich ab.

## Lied

Man singt gerne in dieser Stadt. Zu allen Zeiten und bei allen Gelegenheiten. Singen ist dem Kölner Herzensbedürfnis. Gerold Kürten trommelt die kölschen Sangesfreunde als singendes Forum zusammen: »Offenes Singen« nennt er das. Kölsche Tön als Volksgesang. Das ist etwas anderes als das Metier der Fastelovendslieder. Die kommen und gehen zu jeder Session, sind meistens Eintagsfliegen nach denen bald kein Hahn mehr kräht. Bei Gerold Kürten und Monika Kampmann geht es ernster, besinnlicher zu. Kölsches Gefühl ist Trumpf. Aus der Vergangenheit klingt manches

**Kölscher Revolutionssänger anno 1848 gegen Preußen und Militarismus. Das Volk war seine »Muße« und »schöne Geliebte«**

immer wieder in die Kölner Liedszene herüber. Lieder von Willi Ostermann natürlich. Und Karl Berbuer ist gefragt als »Klassiker«. Ihm soll gar ein Brunnendenkmal im Vringsveedel gewidmet werden.

## Literat

Woran denkt man in Köln, wenn dieses Wort fällt? Bestimmt nicht an hohe, sozusagen »klassische« Literatur. An Geschriebenes schon gar nicht. Insofern ist »Literat« ein dummes, ja ein jeckes Etikett. Und da gehört es auch hin: In die Sprachgewohnheiten der kölschen Jeckenwelt. Der »Literat« ist ein »Mann vom Dienst«. Wenn andere lachen und sich freuen, müht er sich redlich hinter der Bühne, damit alles »fluppt«. Das heißt, die Büttenredner, Gesangsakrobaten, Heiterkeitskanonen und was sonst noch alles herzuspaziert (und natürlich gegen klingende Münze engagiert wurde). Ins Schwitzen kommt der vielbeschäftigte »Literat«, wenn der Zeitplan durcheinander gerät, das vorher so schön ausgeklügelte Programm auf einmal »Löcher« hat. Dann ist guter Rat teuer. In solcher Katastrophenlage zeigt sich erst, was ein rechter Literat vermag. Bierruhig regiert er jetzt den Präsidenten, den Elferrat als »graue Eminenz«, hat irgendein Mittel parat, um die dem Nullpunkt zueilende Stimmung wieder zu beleben. Und sei es, daß er sich selbst als »Jecker Literat« in die »Bütt« schwingt, um allen aus der Verlegenheit zu helfen.

## Litschen (Letsche loße)

Zu Hochdeutsch »Glitschig«. Und dermaßen fürs Ausrutschen präpariert war einst die Laderampe aus dem oberen Saal des Kaufhauses Gürzenich, wo nach 1550 auch im ehemaligen Festsaal fettige Ware gestapelt wurde. Also Fett, Butter, Öl etc., von den Kölnern »Ventgüter« (leicht verderbliche Ware) genannt. Wer sich auf die Gürzenich-Letsch wagte, konnte ausrutschen, Arme und Beine brechen.
Die Kölner Karnevalsjecken wollten im Bild bleiben und ließen bei schlechtem Vortrag den mäßigen Büttenredner kurzerhand »Li(e)tschen«. Das heißt zu Boden gehen. Er war auf dem manchmal glatten Parkett des Fastelovends ausgerutscht, hatte sich (bildlich gesprochen) ein Bein gebrochen und wurde aus dem Verkehr gezogen. Manchem bekommt das herzlich schlecht für immer.

## Lochner, Stefan

Aus Meersburg am Bodensee oder Konstanz um 1430 nach Köln gekommen. Wohnte wahrscheinlich anfangs auf der »Schildergasse« als »Schilderer«, d.h. Schildermaler. Machte bald durch Miniaturmalereien, auch Fahnendekorationen und endlich großformatigen Ölgemälden von sich reden. Stieg zum allseits bewunderten »Stern« der Kölner Malerschule zur Mitte des 15. Jahrhunderts auf. Von seiner virtuosen Malweise im Sinne eines lyrischen Stils künden die »Madonna im Rosenhag« (Wallraf-Richartz-Museum) oder die »Madonna mit dem Veilchen« (Erzbischöfliches Diözesan-Museum) und anderes. Das »Dreikönigenbild« des Kölner Domes und der »Weltgerichtsaltar« im Wallraf-Richartz-Museum sind Höhepunkte seiner Malerei am Ende des Mittelalters.
Lochner war Kölner Ratsherr und recht vermögend. In der Albanspfarre besaß er ein Haus »Zum Karbunkel«. 1451 raffte ihn die Pest hin.

## Lucius Poblicius

Man kann diesen römischen Kölner Bürger aus der Zeit um 60 n.Chr. immer noch bestaunen und zwar im Römisch-Germanischen Museum. Seinetwegen mußte das Treppenhaus um etliche Meter erhöht werden. Denn der 1965 ganz zufällig von sieben Amateurarchäologen entdeckte mächtige Grabturm maß nach dem Wiederaufbau mehr als vierzehn Meter Höhe. Er gliedert sich in drei Zonen, deren untere durch Inschrift den Besitzer ausweist. Eben jenen reichen, nahe Neapel geborenen Legionär. Er diente bei der »Lerchenlegion«, die als Helmschmuck rote Lerchen»flügel« trug. Auf der mittleren Denkmaletage ist Poblicius mit Familienangehörigen dargestellt. Das Monument prangt im Schmuck von Pilastern, Akanthusfries, Girlanden, Kompositkapitellen und dem steil aufragenden prächtigen Schuppendach von einer Aeneasgruppe gekrönt. Tritonen scheinen links und rechts die Totenwache zu halten. Reliefs aus dem Dionysoskult zieren die Seitenwände.

**Jahrhunderte hindurch waren Lucius Poblicius und sein Grabmal vom Erdboden verschwunden. Die archäologische »Wünschelrute« brachte alles ans Tageslicht. Nun leuchtet später Glanz um ihn und seine Sippe** ▷

# Ludwig

## Loß mich gon

»Laß mich gehen« in der Hochsprache. Das bezieht sich auf einen Menschen ohne Mumm, Energie. Mit dem niemand Staat machen kann. Der sollte lieber gleich in der Versenkung verschwinden.

## Ludwig, Dr. Peter

Aachener Schokoladenfabrikant. Seit etlichen Jahren in der Galerie Kölner Mäzene geführt.
Peter Ludwig und seine Frau Irene schenkten der Stadt und ihren sieben Museen bedeutende Kunsterke aller Epochen. Zuerst wurden das Wallraf-Richartz-Museum und dessen neue Abteilung bedacht. Es führt deswegen die zusätzliche Bezeichnung »Museum Ludwig«. Dicht neben dem Dom entsteht zur Zeit ein monumentaler Museumskomplex mit Konzertsaal. Seine eigenwillige Architektur hat bereits herbe Kritik gefunden. Doch läßt sich die Stadt als Bauherr nicht aus der Ruhe bringen, um das neue »Ludwig« Museum einschließlich des dort bald (1986) untergebrachten »Wallraf-Richartz-Museums« vertragsgemäß zu vollenden.
Dr. Peter Ludwig wurde übrigens in den Stand eines »Ehrenbürgers der Stadt Köln« erhoben.

## Luuschhöhnche

Wieder so eine lautmalende kölsche Vokabel. Man sieht förmlich jemanden auf dem Anstand sitzen. Mit langen, vorgestreckten »Lauschern«, ganz Ohr sozusagen und sehr konzentriert, um irgendetwas, was ihn absolut nichts angeht, in Erfahrung zu bringen. Vor »Luuschhöhnche« soll man sich in acht nehmen. Sie haben meist nichts Gutes im Sinn, verbreiten Unbehagen.

## Märkte

Früher war »Markt« ein Stadtereignis. Vor allem dort, wo er Tradition hatte. Nämlich in Kölns Innenstadt. Auf dem Altermarkt, dem Heumarkt. Die »Großmarkthalle« wurde 1940 von dort ans Bonner Tor verlegt. Der »Blumengroßmarkt« zog nach Riehl. Otto Normalverbraucher schuf sich eigene Idyllen. Im Markt vor St. Aposteln zum Beispiel. Platanen breiten ein grünes Dach über das reichliche Angebot vom »Vorgebirge« und anderswoher. Dahinter die dunkle Kirchenkulisse, der »Apostelnklotz«. Eine entzückende Enklave, wie von Anno dazumal, aus Urgroßväters Zeiten. Im rundum lärmenden Großstadtverkehr.

Sonst sind Märkte meist draußen, als Vorortveranstaltung. Zu den beliebtesten gehören der von Klettenberg, auf dem »Gürtel«, der am Neptunplatz (Ehrenfeld) oder der beim Rochuskapellchen (Bickendorf).
Eine geschlossene Marktregion kannte die mittelalterliche Stadt am Rhein. Da gab es den Fisch-, Butter-, Eisenmarkt. Als Straßennamen sind sie heute noch da. Aus den Marktvierteln der Rheinvorstadt formierte sich der erste Aufstand gegen die erzbischöfliche Herrschaft. »Freiheit« hieß das Panier (1074).
Der Kölner Zungenschlag kennt die Sprüche: »Dä geit op der Maat dermet«, wenn etwas lauthals herausposaunt wird. Oder »Fedderche om Maat loße«. Der Betreffende wird gerupft, kommt nicht ungeschoren heim.

## Mäzene

»Herren ihres Geldes« werden sie genannt: die Wallraf, Richartz, Mevissen, Rautenstrauch, Joest, Schnütgen, Haubrich und unzählige andere. Meistens aber bleiben sie namenlos, ungeehrt. Erstaunlich, wie das Mäzenatentum dennoch in dieser Stadt blüht. Fast ist es schon Routine, wenn der Rat Schenkungen annimmt, sie dieser oder jener Institution überweist. Der Gönner erwartet längst nicht immer das eigentlich selbstverständliche »Danke schön«. Er weiß um die Unvollkommenheit dieser Welt. Trotzdem sind bisweilen Mäzene vergrault und fühlen sich brüskiert. Entweder geht das Geschenk dann von Köln fort und findet auswärts einen hochbeglückten Liebhaber. Oder – und dies ist wiederum ein Unikum des Kölner Mäzenatentums, man wartet günstigere Gelegenheiten ab, stockt gar seine Stiftung auf. In jedem Fall soll sie eine Reverenz über den Tod hinaus an jenes Gemeinwesen sein, dem man sich zugehörig fühlt.

## Maggeln

Der Uneingeweihte sieht sich einem Code konfrontiert. Und höchst geheim geht es auch bei diesem Wort zu. Im Verborgenen »unter der Theke« werden verbotene Geschäfte abgewickelt. »Maggeln« tut der Schwarzhändler oder alle jene, die das Licht der Öffentlichkeit scheuen. Und doch gab es während der Nachkriegszeit ganze Kölner Straßenzüge, in denen die Maggelei munter blühte, bis zum plötzlichen Auftauchen der Polizei. Nach ziemlich geordneter Werteskala wechselten begehrte oder rare Dinge den Besitzer. Pure Not gebar jene, vielleicht nicht legalen, aber doch legitimen Praktiken. Heute indes klebt daran ein übler Beigeschmack. Wer maggelt, steht beinahe als Betrüger da. Aber nur beinahe. Die bei vielen noch nicht vergessene »Maggelzeit« nach Kriegsende machte »maggeln« hof- und gesellschaftsfähig. Wie lange noch, bleibt ungewiß.

## Malörche (Malör)

Verharmlosende Umschreibung einer nicht gewollten Schwangerschaft. Aus dem Französischen »Malheur« abgeleitet, kann das Wort auch ein unerwartetes Unglück bezeichnen.

## Mamsell

Aus »Mademoiselle« verkölscht stellt man sich darunter eine behäbige, zu körperlicher Fülle neigende Frau vor, eine mollige Wirtschafterin zumal. »Mamsell«, das riecht nach gutem Essen, nach »Leckerfreß«, ist von allen guten Geistern der Kölner Küche begleitet.

## Maria Himmelfahrt

Fast im Schatten des Domes, auf der Marzellenstraße, überrascht den Köln-Besucher ein nach außen recht schmuckloser, dafür im Innern umso prächtigerer Kirchbau: St. Maria Himmelfahrt. Köln ist nicht reich an barocken Gotteshäusern. Barock heißt: Residenz, fürstliche Hofhaltung. Köln aber war eine Bürgerstadt. Maria Himmelfahrt ist darum auch keine »Bürgerkirche«, sondern die Stiftung des Kölner Erzbischofes Ferdinand aus dem Haus der bayerischen Wittelsbacher und seines Nachfolgers Max Heinrich. 1618 wird der Bau von Christoph Wamser begonnen. 1689 sind die Arbeiten beendet. Das Ergebnis jahrzehntelanger Bauarbeiten war ein rauschender Triumph in den Farben Weiß, Blau und Gold. Gotische und romanische Stilelemente verwoben mit dem Frühbarock. Die herrliche Kanzel des Bildhauers Valentin Boltz erfüllt fast die Funktion einer »tanzenden Ballerina« in diesem hochgestimmten, festlichen Raum, der in der Tat etwas von einem Theater an sich hat.
Maria Himmelfahrt war die Kirche der Jesuiten in Köln. Ihr Gotteshaus sollte den Sieg des katholischen Glaubens nach den Wirren der Reformation deutlich machen. Darum auch der Rückgriff auf romanische und gotische Formen: Zeichen der Einheit des christlichen Gottesvolkes, die in der Glaubensspaltung verloren ging und als Hoffnung nach dem Tridentinum blieb. Die Baugesinnung offenbart gegenreformatorische Strömungen. Träger jener Bewegung waren seit 1552 die Kölner Jesuiten.

## Maria im Kapitol

Im Südosten der alten Römerstadt, nahe beim Heumarkt, wird man die Kirche schnell finden. Ein sich lang hinstreckender Bau auf dem ehemaligen Kapitolshügel. Der Name ist ja nicht zufällig, erinnert an den Tempel des Kapitolinischen Trias. An die Staatsgottheiten Jupiter, Juno, Minerva. Im Kircheninnern wurden die Kulträume aufgedeckt. Über ihnen gründete Plektrudis das Stift zu Ehren der Gottesmutter im 7. Jahrhundert. Als sein Wohltäter ist Erzbischof Bruno überliefert. Auf ihn gehen Teile des Westwerkfundamentes zurück. Das Westwerk: Doppelgeschossig, als Kaiserempore in Anlehnung an die Pfalzkapelle Karls d. Gr. zu Aachen errichtet. Erst Äbtissin Ida gab der Kapitolskirche jene Großartigkeit und kunsthistorische Bedeutung, die wir heute bewundern. Das geschah um 1050. Nun wurde das Gotteshaus dreischiffig, im Osten schiebt sich der Trikonchos mit Umgangschor an. Auftakt der Kölner wie rheinischen Kleeblattchöre. Das

**Held Carneval von 1824**

Vorbild war die Geburtskirche Kaiser Justinians zu Bethlehem. Maria im Kapitol stieg zur »Krippenkirche« auf gleich S. Maria Maggiore in Rom. Oder S. Maria in Ara coeli. Die außergewöhnliche Innenausstattung, durch Jahrhunderte angehäuft, entspricht dem hohen Rang des Gotteshauses, auch als »Staatskirche« Kölns, als Versammlungsort des Rates: Erwähnt seien nur die Holztüren von 1065, das Pestkreuz von um 1350, der Lettner (1523) als Beispiel beginnender »Renaissance« und vieles mehr. Die Kirche bot nach Kriegsende ein Trümmerfeld. Dann begann der mühselige Wiederaufbau. Nun ist die alte Schönheit im Rahmen moderner Kunstschöpfungen wieder erstanden. Dabei dominiert Meister Elmar Hillebrands Handschrift.

## Maria in Lyskirchen

In unmittelbarer Rheinnähe liegt die alte Schifferkirche. Hochwassermarken am Westportal künden von mancher Gefährdung. 1784 kam diese einer Katastrophe gleich.
Maria Lyskirchen ist ein kleiner, intimer Raum. von fast gemütlichem Zuschnitt. Dreischiffig, ab 1220 errichtet. Romanisch und doch auch gotisch. Die hohen Gewölbe zumal. Ihretwegen kommt man nach »Lyskirchen«. Über alle Jahrhunderte hinweg, trotz Übertünchung und anderer Attacken sind einzigartige Gewölbefresken (um 1250) erhalten geblieben: Der Zyklus mit Szenen des Alten und Neuen Testamentes. Es steht ein »Programm« dahinter: Verheißung und Erfüllung im Sinn christlicher Heilslehre. Was hat es mit dem Namen des Gotteshauses auf sich? Vielleicht in ferner Vorzeit Eigenkirche des Lisolfus, woraus dann »Lyskirchen« wurde. Arm und bescheiden im Quartier der Schiffer, in Nothausen, gelegen. Aber Lyskirchen fand Gönner. Den Namen legte sich gar ein Kölner Patriziergeschlecht zu, im Wappenschild den Turnierkragen führend. Ulrich Zell, einer der ersten Kölner Drucker, versah seine heute so kostbaren Erzeugnisse mit dem Signet der Gottesmutter und dem Schriftzug »Impressum Colonie apud lyskirchen«. So ging Lyskirchen auch in die außerkölnische Geschichte ein.

## Marketenderin

Das hochdeutsche Wort wird im Kölnischen zu »Funkemariechen« ganz allgemein. Damit sind hübsche, tanzlustige Mädchen gemeint, die vom »Tanzoffizier« bei karnevalistischen Veranstaltungen »bewegt« werden. Bis 1936 waren die »Mariechen« der Kölner Fastnachtsgesellschaften männlichen Geschlechts. Ihr Ursprung liegt bei den Söldnerheeren des 30jährigen Krieges. Auf frühen Kölner Fastnachtsillustrationen verkörpern sie auch mythische Gestalten, sind zum Beispiel Sinnbild der Fruchtbarkeit.

## Marx, Karl

Zweimal ist der Begründer des wissenschaftlichen Sozialismus in Köln gewesen. Zuerst 1842 als Redakteur der »Rheinischen Zeitung«. Dann – im Revolutionsjahr 1848 – als Chef des Blattes. Der politische Feuerkopf hatte inzwischen mit Engels das »Kommunistische Manifest« geschrieben. Köln bekam bereits eine Kostprobe davon mit den radikalen Forderungen, die Marx und seine Freunde erhoben. Das war im »tollen Jahr« 1848. Nicht lange danach hatten die Preußen wieder Oberwasser. Kurzerhand machten sie dem kommunistischen, ungestümen Spuk ein Ende. Am 19. Mai 1849 erschien die »Neue Rheinische Zeitung« zum letzten Mal rot gedruckt. Eine Sensation in der Kölner Presselandschaft. Karl Marx wurde ausgewiesen. Tief haben sich seine Spuren seitdem eingegraben und Köln hatte besonderen Anteil daran.

## Maternus

Die Kölner Erzbischöfe rühmten sich zuweilen der direkten Nachfolge des Heiligen Petrus. Gewähr dafür bot von altersher Maternus, legendärer Petrusschüler. Eucharius und Valerius waren seine Begleiter ins Missionsland des römischen Germanien. Hier ereilte Maternus ein plötzlicher Tod. Aber auf wunderbare Weise ward er mit dem Stab des Heiligen Petrus wiedererweckt. Zum zweiten Mal – denn Maternus soll jener Legende nach der Jüngling von Naim gewesen sein. Lange Jahre hindurch wirkte die Legendengestalt Maternus als Bischof in Trier, Tongern und Köln. Noch im endgültigen Tod habe er, erneut auf erstaunliche Art, Trier als Grabstätte bestimmt. Die Koelhoffsche Chronik (Köln 1499) erzählt das Geschehen mit entsprechender Bebilderung. Weit nüchterner und gänzlich illusionslos sieht die historische Wissenschaft den »Fall«. Maternus ist als Bischof von Köln zweimal genannt. Und zwar anläßlich einer Lateransynode 313 und einer Synode in Arles im darauffolgenden Jahr.

## Melaten (Malote)

Kölner Zentralfriedhof an der Aachener Straße. 1810 eingeweiht. Vorher (1180 erstmals erwähnt) Leprosenhaus. Daher auch der Name »malade« = aussätzig.
Der Friedhof, bestanden mit seltenen Bäumen, breiten Alleen und altehrwürdigen Grabdenkmälern, wurde zum Kölner Geschichtsmonument erster Ordnung. Hier liegen an der sogenannten »Millionenallee« bekannte Kölner Familien bestattet.
Die bereits für die Kunsthistorie wertvollen älteren Grabmäler haben bei engagierten Kölner Bürgern neuerdings einen liebevollen »Konservator« gefunden.

## Messe

Jeden Tag sei Messe in Köln, künden schon Reisende vor Jahrhunderten. Es wird die Reichsstadt als Platz des ständigen Warenaustausches gerühmt. Messen gab es im Frühjahr und im Herbst, vor allem für den Tuchhandel. Ebenso sind die Kölner Viehmessen bekannt gewesen. 1360 verlieh Kaiser Karl IV. Köln das große Messeprivileg. Am 11. Mai 1924 begann mit der Neugründung ein ganz anderes Kapitel der Kölner Messegeschichte. Auf der rechten Rheinseite (in Deutz) entstanden in den folgenden Jahrzehnten aufwendige Messebauten mit dem »Pressaturm« von 1928 als Wahrzeichen.
Die Kölner Messen von Weltrang: »Anuga«, »Photokina« u. a. Regelmäßige internationale Frühjahrs- und Herbstmessen, mehr als dreißig an der Zahl. 123 000 Aussteller (davon die Hälfte aus dem Ausland) locken eine Million Besucher nach Köln.
In die Stadt fließen jährlich fast eine Milliarde Mark über das Messegeschäft. 40 000 Menschen beschert es sichere Arbeitsplätze.
Das Kölner Messegelände wurde kürzlich an das internationale Autobahnnetz angeschlossen. Bei 212 000 qm Hallenfläche werden Parkmöglichkeiten für 14 000 Kraftfahrzeuge geboten.

4711

## Millionen-Allee

Das hat nichts mehr mit Lebenden, nur noch mit Toten zu tun. Gemeint sind die breiten, von hohen Platanen gesäumten Hauptwege des Melatener Friedhofs. Daran die prächtigen, ja geradezu pompösen Grabmonumente reicher Kölner Bürger. Sie setzten sich hier über den Tod hinaus ein Denkmal für die Ewigkeit. Immer wieder von den Lebenden bewundert, manchmal auch verständnislos belächelt.

## Millowitsch

Bekannte Kölner Mundartbühne. Ihr »Baas« Willy exportierte Kölner Humor oder das, was man gemeinhin dafür hält, über Fernsehen und Rundfunk in alle Welt. Die Schauspielerfamilie Millowitsch kam ursprünglich aus Küstrin. Franz »Millewitsch«, so sein Name um 1840, verdingte sich damals schlecht und recht als Puppenspieler. Er wurde zum Erzvater der »Dynastie Millowitsch« in Köln. Wenn nicht auf Reisen oder anderweitig im »Geschäft«, gastiert die Millowitschbühne auf der Aachener Straße im eigenen Theater.

◁ **Der »Tanzbrunnen« im Rheinpark bietet während des Sommers vielfältige Erholung. Nicht nur des Tanzes wegen steuern ihn Kölner oder Nichtkölner an. Internationale Star-Kapellen und Akrobaten der leichten Muse tun ihr Bestes**

## Minoriten

Niemand würde in Köln auf den Einfall kommen, »Minoritenkirche« zu sagen. Es heißt ganz einfach »Minoriten« – und jeder weiß Bescheid. Das ist die einstige geistige Heimstatt der »Mennebröder«, der armen Söhne des heiligen Franz. So karg und schmucklos, wie die Bezeichnung »Minoriten« daherkommt, so auch das heutige Gotteshaus. Vielleicht ein Werk der Dombauhütte zwischen 1250 und 1350. Doch ohne jeden Aufwand das Armutsideal der Bettelmönche als Bauidee verkörpernd. Hier fasziniert die Gotik in strenger Gliederung mit beinahe asketischen Formen. Als Kontrastprogramm zum nahen Dom nicht ohne Reiz. Auch zu dem, was die Architekten der Moderne – Rudolf Schwarz und Joseph Bernard – 1955/56 als höchst simplen Klinker-Museumsbau hinzufügten. Lange war dieses in der Kölner Öffentlichkeit heiß umstrittene Gebäude die Behausung des Wallraf-Richartz-Museums. Konrad Adenauer riet den Kölnern, das Gebäude abzureißen. Die »Kulturfabrik« fand vor seinen Augen keine Gnade. Jetzt zeigt hier das Kunstgewerbemuseum seine erlesenen Schätze. Von Armut keine Spur. Und dennoch blieb franziskanische Dürftigkeit im nach der Säkularisation übriggebliebenen Kreuzgangrest des ehemaligen Klosters als stiller Museumswinkel erhalten.

## Möhn

Liebevoll-nachsichtige Umschreibung einer älter gewordenen Kölner Matrone mit leichtem Hang zum »Möhnefett« (»Möhnespeck«), einem verdächtig schnell wachsenden Fettpolster. Bei »Möhnekäu« (monotones Geschwätz) tröstet sich die »Möhn« unter Gleichgesinnten wie Altersgenossinnen mittels »Möhnewasser«, auch als »Möhnepeß« überliefert. Mit letzterem bezeichnet der Kölner gerne ein Kaffeegebräu von sehr durchsichtiger, labbriger Beschaffenheit. Die junge Weiblichkeit ist keineswegs sicher, nicht auch als »Möhn« zu

gelten. Wehleidigkeit führt unweigerlich dahin.
Ganz anders die »Möhne« der Fastnacht. Im Unterschied zu den wirklichen sind diese sehr mobil und ausgesprochen knusprig. Ob groß oder klein, alt oder jung – man feiert »Möhnefastelovend« in alten Pluten, als Oma verkleidet.

## Mömmes

Fremden gegenüber darf man das Wort ungeniert aussprechen. Er wird kaum Anrüchiges daran finden. Und in der Tat riecht das Produkt nur sehr selten. Der danach Forschende vertieft sich auf seiner Entdeckungsreise lange verloren, die Umwelt kaum beachtend, als handelte es sich um die Suche nach dem Stein der Weisen. Jener »Stein« indes entpuppt sich meist als von weicher, biegsamer Konsistenz. Man hält ihn befriedigt zwischen Daumen und Zeigefinger, freut sich seines Finderglücks und hat doch nur einen »Mömmes« erwischt: getrockneten Nasenschleim nämlich.

## Mötz

Nur einfach »Mütze« – das wäre entschieden zu wenig und der Bedeutung des Wortes nicht gemäß. »Mötz« meint zuerst und vor allem die Karnevalsmütze. Bunt, schillernd mit wippenden Federn in vielerlei Gestalt je nach Stand und Würde des Trägers. Auch der Geldbeutel hat dabei ein Wörtchen mitzureden.
Die »Mötz« ist unentbehrliches Requisit, wenn der Kölner karnevalsfreudig seine Wohnung verläßt. Ein Sakrileg begeht, wer ohne »Mötz« zum Beispiel bei der »Sitzung« auftaucht.

Längst scheint vergessen, daß es die garstigen »Preußen« waren, die anno 1827 eine erste Karnevalsmütze »erfanden«. Man war damals wie vor den Kopf geschlagen und fast ärgerlich, selbst nicht auf solch glorreiche Idee gekommen zu sein. Aber der Tatbestand ist aktenkundig und nicht mehr aus der Kölner Welt zu schaffen. Noch ein nachträgliches »Alaaf« dem Generalmajor von Czettritz und Neuhauß. Ihm nämlich ist der aparte Einfall zu danken!

## Mülheim

»Müllem«, ehemals Stadt, »Freiheit« (1322) im Herzogtum Berg, 1914 Köln einverleibt.
War durch seine evangelischen Kaufleute, die 1714 aus Köln vertrieben wurden, dem Nachbarn eine arge Konkurrenz. Jan Wellem, volkstümlicher Herzog von Berg, hielt über Mülheim seine Hand. Die Weberei blühte, neue Industrien wurden angesiedelt. Mülheim, ein Hort evangelischen Fleißes.
Toleranz war in Mülheim oberstes Gebot. So feierten die Mülheimer Katholiken ihre alljährliche Schiffsprozession auf dem Rhein vor der Schifferkirche St. Clemens. In den berühmten »Kontroverspredigten« bekamen die Protestanten dennoch ihr Fett weg. Was Mühlheimer beider Konfession nicht hinderte, gemeinsam gegen Köln Front zu machen, wenn es nottat.
Das heutige Mülheimer Zentrum ist der »Wiener Platz« und die »Stadthalle« (M. Felten 1963).

**Hier thront die personifizierte »Mühlheimer Freiheit« über dem von Bildhauer Albermann 1884 gestalteten Brunnen. Zeugnis Mühlheimer Bürgerstolzes, als das Städtchen noch nicht zu Köln gehörte**

## Mundartdichter

Die Zahl der Kölsch Dichtenden wächst weiter. Wie Pilze schossen sie in den vergangenen Jahren aus dem Boden. Freundlich empfangen und genährt von einer über die Stadt schwappenden nostalgischen Welle. Wer ist wohl der größte unter ihnen, wem gebührt die Krone der Heimatpoeterei? Da sieht man sich schon in die Enge getrieben und möchte lieber gar nichts sagen. Dennoch sei's gewagt:
Die Namen der Toten sind ganz unverfänglich. Ein Schneider-Clauß, Kintgen, Klersch, Meurer, Braun, Kiesgen, Berchem, Haeger, Stille der Empfindlichkeit entrückt.
Unter den Lebenden brillieren Lis Böhle, Gravelott, Klar, Martin und Amm. Prosa wie Gereimtes wechseln in bunter Folge. An Themen herrscht kein Mangel. Geschichtliches, Philosophisches, Nachdenkliches, Alltagsleben. Kunterbunt das Programm. Man wagt sich gar in den kirchlichen Raum (Wordel). Psalmen und Meßtexte werden in die Kölner Mundart übersetzt. So entstand das berühmte Kölnische »Gebettboch« – zu zigtausenden verkauft und wirklich benutzt. Kölschpredigten haben Konjunktur.
Und nolens volens mußte sich auch die Kirchenbehörde damit abfinden. Trotz vielerlei Bedenken. Noch sind die Stimmen des Für und Wider nicht verstummt. Unsere Kölner Tageszeitungen nehmen heftigen Anteil daran.

## Museen

Keine andere Stadt Deutschlands unterhält so zahlreiche Museen wie die rheinische Metropole. Es sind sieben an der Zahl. Dazu kommen die Kunsthalle und demnächst ein Monsterbau im Schatten des Domes. Hier werden die Sammlungen Wallraf-Richartz und Ludwig vereint: Mittelalterliche Malerschule und Hochmoderne, sozusagen als »Gegenpol« mit sich ergänzenden Übergängen und »Zwischentönen«. Star in der Kölner Museenlandschaft war lange das »Römisch-Germanische«. Vom »Schnütgen-Museum« erfährt die Kunstwelt durch spektakuläre Ausstellungen.

**Schon die Lage macht das »RGM« zu einem Magnet. Und dann seine glanzvollen Objekte - vor allem Mosaike und Gläser. Dieses Museum ist in der Tat ein faszinierendes »Schaufenster« römischer Herrschaft am Rhein**

▷

Ansicht des RGM

Kaiserporträt

Römischer Reisewagen

Augustus

Neumagener Weinschiff

Agrippina

Liebespaar

◁ Grabmal des Lucius Publicius

Einzigartig die Sammlungen des »Ost-Asiatischen«, des »Rautenstrauch Joest« oder des »Kunstgewerbemuseums« im alten Haus des »Wallraf«. Nicht zu vergessen endlich das »Stadt«-Museum mit einer unerreichten Objektfülle zur Historie der Bürger aus alter und neu(est)er Zeit.

## Musik

Was eigentlich macht Köln zur vielgepriesenen Musikstadt Deutschlands? Die Experten haben eine schnelle Antwort darauf: Musikhochschule, Philharmonischer Chor, Gürzenichorchester, Rundfunksinfonieorchester, Chor und Orchester des Bachvereins, Kartäuserkantorei und was derlei mehr qualifizierte Klangkörper sind. Demnächst die Kölner Philharmonie im Museum Wallraf-Ludwig. Für die nicht so anspruchsvollen Musikfreunde sieht das anders aus. Sie mögen BAP, die Bläck Fööss, die Höhner, Festivals auf der Domplatte und im Rheinpark. Kölsche und andere Tön fabrizieren vagabundierende Straßenmusikanten. Nicht immer zur reinen Freude der Geschäftsleute an Hohestraße oder Schildergasse. Denn hier produzieren sie sich. Auch der politisierende, die Kölner Polizei beglückende »Klaus der Fiedler« gehört dazu. Noch im Gerichtssaal vollführt er seine manchmal gar nicht fidele Kunst. Folklore und elektronische Musik – da zählt Köln zur Weltspitzenklasse. Es singt und tröötet in dieser Stadt also längst nicht nur zu Karneval.

## Muuzemändelcher

1. Kölner Fastnachtsgebäck in Form einer Mandel (Gebildbrot) aus süßem Hefeteig in Schmalz gebacken.
2. Kölner Karnevalistenvereinigung, die an ihrer Narrenkappe als Erkennungszeichen eine Muuzemandel – in Textil natürlich – trägt. Sie richtet gewöhnlich die offizielle »Inauguration« der Kölner Fastnacht am 11. im 11. in der Piazetta des Kölner Historischen Rathauses aus.

## Napoleon - Kaiser der Franzosen

Gleich zweimal stattete er seiner »Guten Stadt« Köln einen Besuch ab. 1804 und 1811. Jedesmal mit außergewöhnlichem Jubel empfangen. Die Popularität des hohen Gastes war auch nach dessen jähem Sturz ungebrochen. Dem Franzosenkaiser imponierte, wie freimütig-resolut, ja keck, Kölner Honoratioren mit ihm umgingen. Bürgermeister Nikolaus Dumont, von Napoleon nach seinem früheren

Amt in der Stadt befragt, antwortete: »Majestät, ich bin gewesen, was auch Sie waren, aber natürlich en miniature, nämlich: Erster Konsul der Stadt

Köln.« Der Bankier Schaffausen fand auf Napoleons Frage nach Kölner Millionären die schlagfertige Antwort: »O ja, Sire. Aber seit 1794 (es war das Jahr der französischen Besetzung Kölns) haben sie sich nicht um einen einzigen vermehrt.«
Napoleon verlieh Köln das sogenannte »Fränkische Wappen«. Es blieb der zweigeteilte Schild. Im oberen Feld drei »Bienen«, darunter der »fränkische Rechen«.

## Neue Wilde

Wird eine Künstlergruppe »Mülheimer Freiheit« schlagwortartig skizziert. Und reichlich »wild« nach Komposition und Farbe mutet wirklich die künstlerische Tatkraft jenes inzwischen international renommierten Konsortiums an, das seinen Namen dem gemeinsamen Atelier auf der Mülheimer Freiheit (zwischen 1980 bis 1982) entlieh. Unter der freischwebenden Treppe im Kölschen Stadtmuseum kann man solch »Wilde« als Porträt inmitten ihrer Produktion (einen verfremdeten Dom) bewundern. Viele Kölner halten das für »Malerklamauk« und reagieren schroff.

**»Glöcksillig Neujohr – göv Gott et wööd wohr!« sagen die Kölner zum Jahresbeginn**

## Neumarkt

Im Westen der mittelalterlichen Stadt bei St. Aposteln 1076 zuerst nachgewiesener Marktplatz für den Viehhandel. Auch als Schützen-Schießgelände erwähnt. Im 18. Jahrhundert promenadenartig angelegt. Am 10. Februar 1823 zog von hier der erste Rosenmontagszug durch Köln. Die Jeckenparade formierte sich dort alljährlich bis zum Ausbruch des Zweiten Weltkrieges.
Die Wilhelminische Ära entfaltete auf dem Neumarkt ihren militärischen Glanz, die so häufig zitierte »schimmernde Wehr« der Kölner Garnison. Zum Beispiel an »Kaisers Geburtstag«. Heute steht der Platz ganz allgemein öffentlichen Veranstaltungen zur Verfügung. Seien sie nun politisch, gewerkschaftlich oder weihnachtlich gestimmt. Letzteres geht dem Kölner in erster Linie ans Herz: Weihnachtsmarkt auf dem Neumarkt mit »Hütt an Hütt«! Das »Funkenbiwak« und die »Volkssitzung« zu Fastelovend sind weitere Neumarkt-Höhepunkte.

## Neppes

Kölner Vorort im Norden. Noch um 1840 mit einem vielbesuchten Brauhaus und Kirmesbetrieb als »Kölner Montmartre« gepriesen. Ringsum gab es fette Felder, hier »regierte« die Kölner »Bauerbank« Eigelstein. Das alles änderte sich ab 1. April 1888 total. Neppes (Nips = weißer Schornstein zu einer Brauerei (?) gehörig) kam zu Köln, entwickelte sich im Rekordtempo, Industrieanlagen nicht ausgenommen, darunter das »Eisenbahn-Ausbesserungswerk«.

## Neven-Dumont

heißt die Kölner Presse- und Verlegerdynastie, nach der neuerlich sogar eine Straße benannt ist. Hier liegt der Komplex »Pressehaus«, von wo aus

»Stadtanzeiger« und »Expreß« des Kölners Nachrichtenhunger stillen. Ahnherr der Dumonts als Kölner Pressekönige war Markus, der seit 1801 der »Kölnischen Zeitung« die Richtung wies. 1882 kommen die Neven dazu. Mit August beginnt die Linie Neven-Dumont. Die Kölner wissen, was sie an ihnen haben. Einige Herren der Bezirksvertretung Innenstadt weniger, als sie einen von Alfred Neven-Dumont gestifteten Brunnen für die Breitestraße 1985 ablehnten und sich schließlich doch zu ihm bekannten. Die Empörung war allerorten verständlich. Aber das Angebot bleibt. Die Neven-Dumonts waren nie »kniestig«. Sproß Alfred bewies das als Karnevalsprinz 1955.

## Nietzsche, Friedrich

Wenige Jahre vor seiner Baseler Professur fand der noch weithin unbekannte Philosoph den Weg nach Köln. Und zwar als Sänger beim Niederrheinischen Musikfest 1865. Eine weiß-rote Schleife aufs Jackett gesteckt, wanderte Nietzsche durch die »Weltstadt«. In Frack und weißer Weste sang er unter Ferdinand Hiller bei Händels »Israel in Ägypten« mit. Im Gürzenich zeigte das Thermometer »50 Grad Réaumur«. Anschließend gab es eine opulente Kneipe mit karnevalistischen Toasts und Liedern.

## Nikolaus

Bischof von Myra (gest. um 350). In Köln als Patron der Rheinschiffer verehrt. So zu St. Maria in Lyskirchen (Nikolauslegende als Gewölbemalerei um 1270 und Holzplastik von der ehemaligen Barockausstattung mit Rheinschiffer-Steuerrad). In St. Gereon ebenfalls Nikolauskapelle (1067 unter Erzbischof Anno erbaut). Nikolausgemälde im Chor von St. Kunibert. Sein Fest am 6. Dezember noch heute Tag der Kinderbescherung (Nikolausteller). Überall in Köln um die Weihnachtszeit als »Hellige Mann« oder »Zinterklos« mit einem Unterton sehnsüchtiger Erwartung hoch geschätzt. Hauptfigur ungezählter Weihnachtsfeiern – mit und ohne »kölsche Tön«. Bisweilen geradezu rührend-rührselig. Ganz anders, wenn ein kölscher Grielächer Zinterklos aufs Glatteis führt und sich Karnevalistisches einschleicht. »Zinterklos«- wie »Hellige-Mann«-Festivitäten haben unterschiedliche Gesichter. Werden mit Andacht absolviert oder herzhaft-lustig in Szene gesetzt. Indes: Nie gehen, egal, wofür nun der »Hellige Mann« herhalten muß, die Kinder leer aus. Auch Spendenaktionen für bedürftige Mitbürger sind bei derlei Veranstaltungen üblich.

## Noblesse op Plüsch

Aufgetakelter Plunder, der mehr Scheinen als Sein will. Gemeint sind auch Neureiche, die ihr simples Herkommen durch allzugroßen Aufwand verdecken möchten. Die Kölner Mundart liebt das Bildhafte. Und so liegt der »Noblesse op Plüsch« das bürgerliche Gehabe der Gründerzeit, wo Plüsch als Textil gang und gäbe war, zugrunde. Angeklebte, gestelzte Vornehmheit wurde auf die Schippe genommen.

## Nöttele

Wer »nöttelt«, ist schlecht gelaunt, macht seinem Ärger durch Nörgeln Luft. Wer permanent dazu neigt, hat schnell den Ruf eines »Nöttelefönes«.

## Nordtor

Darunter versteht die Kölner Umgangssprache den kümmerlichen Rest des einst mächtigen römischen Nordtores (um 50 n. Chr.) auf der Domplatte. Als »Paafepootz« (Pfaffentor) ging es in die Kölner Sagenwelt ein. Mit aufgeknüpften Domherren, die Bürgermeister Gryn ans Leben wollten.

Das römische »Nordtor« als Fragment auf der Domplatte wurde zum »background« aller kölnbesichtigenden Hobby-Fotografen

## Nöttelefönes

Das Lautmalen macht dem Kölner Spaß, und die Mundart eignet sich noch am ehesten dazu. »Nöttelefönes« nennt man in Köln einen verdrießlichen, immer zur Kritik aufgelegten Menschen. Daß solcher Zeitgenosse schließlich zum »Widerling« wird, liegt auf der Hand. Eine Schälnatur, der man möglichst aus dem Wege geht. Und dabei hat das Wort noch nicht einmal etwas »Widerliches«, »Schäliges« an sich. Man spricht durch die Blume, dem nicht Einheimischen kaum verständlich. Ein »Nöttelefönes« soll nicht vor aller Welt bloßgestellt werden. Ihm bleibt die Chance, sich zu bessern.

## Nord-Südfahrt

Vielfrequentierte, mehrspurige Auto-Verkehrsachse durch die Kölner Innenstadt. Der »Kahlschlag« des Zweiten Weltkrieges machte sie möglich. Es war die Wiederaufnahme einer historischen, nämlich römischen Straßenorientierung, nur in größerer Dimension. Der Autoschnellweg liegt teilweise auf der »zweiten Ebene« – da nämlich, wo Autos in einer Großstadt mit der Verkehrsdichte Kölns hingehören. Der phantasielose, ganz unkölnische Name sollte wenigstens in einem Teilstück als »Tunisstraße« den Mangel beheben. Es geht hier um die Partnerschaft Köln–Tunis.

## Nubbel

Zu Fastelovend oder am Kirmestag feiert der »Nubbel« einsame Triumphe. Da hängt er zum Fenster des Stammlokales heraus oder baumelt an einer Fahnenstange. Still »genießt«

unser Festgast aus luftiger Höhe den Trubel. Und er tut das ohne jede körperliche Anstrengung. Denn der »Nubbel« ist nur eine Puppe. Bisweilen verrückt maskiert. Ihr großer Auftritt kommt zu Ende der Lustbarkeit. Dann nämlich wird der »Nubbel« unter lautem Wehklagen verbrannt oder zu Grabe getragen.

## Offenbach, Jacques

In Köln als siebentes Kind eines Synagogenkantors 1819 geboren. Schöpfer der modernen Operette. Paris brachte ihm Ruhm und Glück als geschätzten Erfolgskomponisten seiner Zeit. Offenbach war zunächst eine Art Wunderkind des Geigenspiels. Doch erst mit dem Cello schaffte der Jüngling den sensationellen Sprung ins Pariser Konservatorium. Als erster Nichtfranzose übrigens. Der immer noch berühmte Musikus starb 1880. Am Kölner »Offenbachplatz« – »Baselmanes« der Mitbürger an ihr »Jaköble« – liegen Oper und Schauspielhaus.

## Offener Samstag

»Familieneinkaufstag« genannt. Die Kölner City wimmelt von »Boore«. Das sind die Leute aus dem Umland, dem »Einzugsgebiet«. Ihre Autokennzeichen alarmieren die Köln-Eingesessenen: GL (Gladbach), BM (Bergheim), SU (Siegburg), GM (Gummersbach), EU (Euskirchen). Man verdächtigt die »Frembcher« des wenig geübten Autofahrens. Hoffnungslos verstopfte Straßen scheinen das auf den ersten Blick zu bestätigen. Der zweite allerdings gilt den vielen Baustellen, den Verkehrsumleitungen und der Kölner Überheblichkeit.

## Ohm, Georg Simon

Eine stille Gelehrtenstube im ehemaligen Kölner Jesuitenkolleg auf der Marzellenstraße machte 1825/26 Weltgeschichte. Hier entdeckte der in Erlangen geborene Physiker Georg Simon Ohm das Gesetz des elektrischen Widerstandes (Ohmsches Gesetz).
Ohm stand in der Nachfolge des physikalischen Kabinetts der Jesuiten, die hier schon in den Jahrhunderten zuvor naturwissenschaftlich experimentierten.
Das Tor zu revolutionierenden Erkenntnissen war aufgestoßen.

## Optischer Telegraph

Der merkwürdige, auf dem barocken Turmhelm von St. Pantaleon befestigte Apparat diente mit seinen zahlreichen Signalarmen der »optischen« Weitergabe militärischer oder auch »staatspolitischer« Nachrichten. 550 Kilometer betrug die Signalstrecke von Koblenz nach Berlin. Station Nr. 51 war die Pantaleonskirche, eine weitere stand in Flittard, dem heutigen Kölner Vorort. Sie blieb als technisches Denkmal erhalten und kann besichtigt werden.
Uns mutet diese Form der Nachrichtenübermittlung höchst unvollkommen und fragwürdig an. Als am 7. Juni 1840 der Preußenkönig Friedrich Wilhelm III. starb, erfuhr Köln via Optischer Telegraph erst drei Tage später davon. Auch ein Indiz, wie hoch man das Ableben veranschlagte. Denn bei günstigen Wetterverhältnissen gelangte eine Blitzmeldung von Koblenz nach Berlin binnen dreißig Stunden.

## Orden

In Köln gibt es vornehmlich Karnevalsorden. Anfänglich (1836) noch als Persiflage auf die preußische Ordenslust gedacht, sind sie mittlerweile überaus begehrte Objekte für Träger und Sammler geworden. Ein Karnevalsorden kann »erdient«, er kann aber auch sozusagen »erkauft« werden durch entsprechende Spende an die jeweilige Gesellschaft.
Es gibt Hals- und Brustorden, Ordensschnallen, Ordensschärpen. Orden sind groß- und kleinkalibrig. In Gold oder Silber, perlenübersät. Das glitzert und funkelt nach allen Himmelsrichtungen. Orden entpuppen sich als Tribut an die menschliche Eitelkeit. Wer mehr über die Kölner Ordensherrlichkeit erfahren möchte, suche das Festkomitee des Kölner Karnevals auf der Anwerpener Straße auf oder melde sich im Kölnischen Stadtmuseum (Zeughausstraße). In beiden Häusern wird seine Neugier hinreichend befriedigt.

## Originale

Schrullige Menschen mit dem Hang zum Absonderlichen kann jede Stadt aufweisen. In Köln aber genießen sie einen besonderen Status, gelten als »geheiligtes« Brauchtum. In Büchern und Vorträgen gefeiert, freut man sich an ihren Verrücktheiten und kultiviert geheime, nicht ausgesprochene eigene Sehnsüchte. Denn »Original« möchte man nicht unbedingt öffentlich sein. Um »Maler Bock«, »Orgelspalm«, »Fleuten-Arnöldche«, »Freßklötsch« – und wie sie alle heißen mögen – gibt es die erstaunlichsten Geschichten: Kölsches Seemannsgarn wird da gesponnen. Doch nicht ohne wirklichkeitstreuen Hintergrund.
In der Stadt von heute sind Originale seltener geworden, oder sie blühen mehr im Verborgenen. Gewiß werden sie hier immer noch produziert, wie jener »Doktor s.c.l.« (»summa cum laude«) Braun, Plattenleger von Beruf. Ein kindliches Gemüt, das sämtliche leeren Flächen der Plakatsäulen mit seinen Sprüchen »beglückte«.

# Kölner Originale

# Originale

Meist treibt das Original ein unwiderstehlicher Hang zur Weetschaff. »Bichstohl« und »Weet« sind die Anlaufstellen. Unser »Bichstohl« als »Kontrollorgan« zwischen Zapfhahn und Publikum. Da vor allem bezogen die Originale »Posten« – beäugt oder gnädig-splendid vom Wirt geduldet, von gönnerhaften Philistern belächelt. »Maler Bock« und »Freßklötsch« zum Beispiel hatten hier ihr »Standquartier«. Alkohol beflügelte sie zu allen möglichen Eskapaden.
Da stehen sie nun also miteinander konterfeit-aufgereiht, die fast »klassisch-kölschen Sonderlinge«. Gleichwohl ist die Palette der Kölschen, wie Außer-Kölschen Exoten reicher. Auch nicht nur ans 19. Jahrhundert gebunden. Aller Perfektion abhold, nicht Eingezwängtsein in vorgegebenene Normen oder Schablonen sind Kriterien des »Originals«. Und der Kölner akzeptiert es mit der Lebensweisheit »Jeck loss Jeck elans«.

Eine originelle Existenz war auf sozusagen intellektueller Ebene Heinrich Lindenborn (1705–1750). Bisweilen wunderlich, dieser, die »Welt« beleuchtende »Kölnische Diogenes«, wie sich das von ihm publizierte satirische Journal betitelte.
Und dann Casanova. Ja, er war in Köln, dieser venezianische Tausendsassa auf dem Feld der Liebe. Glücksritter und Spieler, dessen Kölner Amouren mit Frau Bürgermeister präzise beschrieben sind. Die Elendkirche und der Beichtstuhl spielten dabei ebenso eine Rolle, wie das komische Versteckspiel vor Küster oder Ratten. Es war und blieb schon eine recht abenteuerlich-pikante Groteske, dieses Intermezzo während der Fastnachtstage 1760 und auch noch danach in den Zirkeln der »feinen« Kölner Gesellschaft voller Heimlichkeiten. Nahm Casanova schließlich Reißaus. Flüchtete er vom Tatort? Er selbst notierte, daß man ihn nur bedauernd scheiden sah. Wir dürfen dies füglich bezweifeln. Aber die Welt wollte betrogen sein. Und darauf verstand sich unser Held vortrefflich. Maxime des Originals überhaupt. Verschmitzt wie spitzfindig, sich auf dem Buckel anderer schadlos haltend, spähend und witternd nach »Gelegenheiten« ausschauend. Es ist die Kehrseite der so oft gepriesenen Original-Medaille!

**Der Bullewuh**

**Der Bibi**

**Doctor (Scha)bauduin**

## Ostermann, Willy

Die Kölner huldigen ihm wie einem Heros. Meistens wird »unterschlagen«, daß der so Hochgeehrte gar nicht in Köln, sondern 1876 zu Mülheim am Rhein geboren wurde, dem damals noch der schlichte Zusatz »Köln« fehlte, weil nicht eingemeindet. Aber eben dies »Köln« hatte für Ostermann magischen Reiz. Um die Jahrhundertwende begann sein Stern am Kölner Karnevalshimmel aufzugehen. Leuchten tut er immer noch. Auch wenn der Barde 1936 das Zeitliche segnete. Den Leuten schaute er zeitlebens aufs Maul. Eingängig blieben seine Lieder. Gemüt und Herz der kölnischen Volksseele gleichermaßen ansprechend. Sein »Heimweh nach Köln« (1936) hat fast den Rang einer Kölner Nationalhymne. Der Ostermannbrunnen im Altstadtquartier (von Bildhauer Klein 1938) wurde zur Aufwartung an die Lieblinge der Ostermannlieder: Billa, Schmitz, Tant und Palm oder die kölschen Mädchen, die »bütze« können. Nach dem Krieg wurde der Brunnen verändert, das Porträt »Ostermann« wanderte ins Abseits. Dies minderte indes nicht die Beliebtheit des Monuments. Das benachbarte »Rote-Funke-Plätzchen« atmet ebenfalls Ostermannluft.

**»Schlager« des Kölner Altstadtquartiers, der »Ostermannbrunnen«. Seine große Stunde schlägt alljährlich am »Elften im Elften«. Sonst träumt er vor sich hin**

## Otto, Nikolaus August

Erfand 1862 nach langwierigen Experimenten in der Kölner Servasgasse unweit des Domes den ersten brauchbaren Gasmotor (atmosphärischer Gasmotor). Er gründete dort 1864 die erste Motorenfabrik der Welt überhaupt und leitete damit das Zeitalter der Motorisierung ein. In seinem Deutzer Unternehmen (seit 1872) schuf Otto einen Viertaktgasmotor, der als Verbrennungsmotor weiter entwickelt wurde und die Welt revolutionierte. Das Modell steht heute vor dem Deutzer Bahnhof.

## Palazzo prozzi

Mit beißendem Spott bedenkt der Kölner Dinge, die einfach eine Nummer zu groß geraten sind. So auch die Gerling-Monumentalarchitektur bei St. Gereon. Hier wurde während der fünfziger Jahre à la Berliner »Neue Reichskanzlei« gebaut, und Arno Breker stand Pate. Kalt ausgebreitete Pracht in langgestreckten oder hochgetürmten Fassaden schockiert die Älteren immer noch, weil sich für sie auch Ideologisches damit verknüpft. Anders, unbefangener die jüngere Generation. Man hört und liest von Denkmalpflege, kunsthistorischer Zuordnung. Der »Palazzo prozzi« scheint bewältigte Vergangenheit zu werden. Es kommt eben immer darauf an, welche Perspektive zählt. Nichts ist endgültig, alles im Fluß. Auch die Meinungen über den vielgeschmähten »Palazzo prozzi«.

## Pänz

Meist liebevolle Bezeichnung für Kölner Kinder, ausgenommen »Panz«. Hier ist die Nuance sehr viel kritischer. »Panz« zielt aufs Unerzogene, meint freches, unleidliches Betragen von dreisten Sprößlingen, die drangsalieren. »Panz« – darin steckt ebenso ein Stück Verächtlichkeit.

## Pantaleon, St.

Griechischer Arzt und Märtyrer, zu dessen Ehren über den Fundamenten einer römischen villa suburbana die Kirche errichtet wurde. In ihr empfing Erzbischof Bruno 953 das Pallium. Hier gründete er eine Benediktinerabtei und baute nach Trierer Vorbild die »himmlische Palastaula«. Zunächst einschiffig, später (1150) dreischiffig erweitert. Um 1000 Westwerk mit Kaiserempore und Michaelschor. Schöner Kapitelsaal. Darin Gewölbe als Vorspiel zu St. Gereon. Großartiger, spätgotischer Lettner (um 1520). Barocke Ausstattung wesentlich erhalten. Die beiden kostbaren Schreine der Heiligen Maurinus und Albinus erinnern an die um 1180 im Pantaleonskloster tätigen Goldschmiede (Fridericus?).
1803 säkularisiert. Danach Garnisonkirche. Nach 1919 Pfarrkirche. Im Zweiten Weltkrieg schwer beschädigt. Heute im Mittelschiff flache Kassettendecke. Moderne Ausstattung zum Teil von Elmar Hillebrand. Krypta wieder zugänglich. Dort liegt Bruno, der Bruder Ottos des Großen, begraben. Im südlichen Querhaus kostbarer Marmor-Sarkophag (Material von der

Insel Naxos) der Theophanu aus neuerer Zeit (Sepp Hürten). Streng gestaltete große Portale im Westwerk mit Darstellung des Pantaleon sowie Cosmas und Damian als Kirchenpatrone. Illustrationen zum Wirken des heiligen Bruno (Theo Heiermann).

## Parkanlagen

Damit war die Reichsstadt nie sonderlich gesegnet. Das wäre Platzverschwendung, »unrentabel« gewesen. So jedenfalls dachten die Kleinkrämer in knauseriger Gesinnung. Lange blieb es beim Kümmerlich-Engen. Bis 1826 – die Preußen waren schon im Land – ein erster, bescheidener Anlauf mit dem »Stadtgarten« gewagt wurde. Ihm folgte fast zum Jahrhundertende der »Volksgarten«. Der »Stadtwald« bescherte kurz darauf Köln einen Park, welcher sich sehen lassen konnte. Dann ging es Schlag auf Schlag voran: »Süd-«, »Klettenberg-«, »Vorgebirgs-«, »Blücher-«, »Römer-« und Hindenburgpark«.

◁ **Bei St. Pantaleon dominiert immer noch das mächtige, dreitürmige Westwerk der Kaiserin Theophanu (um 1000). Teil des Kölner »Himmlischen Jerusalem«.**

Als nach 1919 die »Entfestung« kam, schlug die Stunde Fritz Schumachers, des genialen Gartenarchitekten unter Konrad Adenauer. Alles, was bislang geplant und ausgeführt wurde, mußte im Vergleich zu seiner Konzeption wie ein Kinderspiel wirken. Schumacher gelang ein großer Wurf mit dem »Inneren Grüngürtel«, auf dem einstigen »Rayon«gelände, genauso wie weit draußen im »Äußeren Grüngürtel« bei Deckstein etwa: weite Alleen und Kanäle vom Zuschnitt fürstlicher Schloßgärten. Dem begnadeten Mann war endlich beschieden, wozu die Reichsstadt nie den Mut aufbrachte. Allerdings kamen ihm die Zeitumstände glücklich entgegen.

## Parkhochhäuser

Als mit dem »Wirtschaftswunder« der Autoboom einsetzte, standen alle westdeutschen Großstädte vor der Frage: Wohin mit dem Blech? Die damalige Trümmerstadt Köln setzte auf »Parkhochhäuser«. Statt in die Tiefe, ging man in die Luft. Sollte wohl billiger sein und war »modern«. Wer dachte damals an die Wiederbelebung der Innenstädte als Wohnquartiere? Grün und draußen war gefragt. Der grauen Städte Mauern wollte man entfliehen. Die »Stadt« entvölkerte sich. Heute ist es wieder umgekehrt: »Stadt« ist »in«, und die Parkhochhäuser enttarnen sich mehr und mehr als lästiges Hindernis in puncto »Lebensqualität«. Da stehen sie nun, die mehretagigen Betonklötze. So gut es geht, pinselt man daran mit frohen Farben herum. Auch ein Eingeständnis, was hier verbrochen worden ist!

## Parodie

In keiner anderen deutschen Mundartlandschaft wird dermaßen parodiert, wie gerade in Köln. Fast alle Literaturerzeugnisse von Rang und Namen sind auf ulkige Weise in Gedichtform umgeschrieben und »verkölscht« worden. Vielzitiertes Paradebeispiel blieb bis heute der »Lohengrin« von Jakob Dreesen (1842–1907) mit den berühmten Anfangsversen: »Op ehrer Burg zo Xante, met allerhand Trabante, do wonnte ens en Tant: Et Elsa vun Brabant«.

## Parteien

Köln gibt sich gerne als demokratiebewußte Stadt mit breit gefächertem Parteienspektrum. Noch in den Tagen der Weimarer Republik hatte hier das katholische Zentrum eine seiner Hochburgen, dicht gefolgt von den

Sozialdemokraten und endlich – als Dritten im politischen Bund – den Liberalen. Die Rechtsparteien rangierten mehr auf den hinteren Plätzen. Viel Getöse machten die Kommunisten.
Politischer Spitzenreiter der Nachkriegsjahre war lange die CDU, deren Wiege in Köln stand (1945). Dann schob sich allmählich die SPD nach vorne und stieg endlich zum Platz eins auf. Einer ihrer populären Oberbürgermeister war über zwei Jahrzehnte hinweg Theo Burauen. Die Liberalen hielten es manchmal mit der CDU, mehr noch mit der SPD. Neuerdings hat Köln eine vierte politische Kraft, die spektakulär rumort. Das sind die »Grünen«. Ihnen ist jeder Anlaß recht, sich mächtig in die Brust zu werfen. Zuletzt, als am Kaiser-Wilhelm-Ring etliche Platanen für eine Tiefgarage und den U-Bahn-Bau weichen mußten. Die »Grünen« sind der Hecht im Karpfenteich, strapazieren in Marathon- und Nachtsitzungen das Nervenkostüm der »Etablierten«, rufen immer wieder Protest hervor: Sie sind das parteipolitische »enfant terrible«.
Früher gab es über alle parteilichen Differenzen hinweg eine »Kölsche Fraktion«: Die mit Kölschwasser Gesalbten und »Kölschklüngelnden«.

**Kanzel und Pastor waren eine optische, meist auch inhaltliche Einheit. Doch wuchs der kölsche »Pastur« weit darüber hinaus. Immer parat, ohne Umschweife**

## Pastor

Das kommt einer Preisfrage gleich: »Was ist ein Kölner Pastor?«. Darüber existiert seit kurzem ein dickleibiges Buch, bebildert und mit schönen Worten. Eine Antwort auf unsere Frage gibt es freilich nur unzulänglich, weil das Exemplar des allgegenwärtigen, volkstümlichen »Pastur« in den Kölner katholischen Gemeinden kaum mehr vorkommt. Was nicht heißen soll, daß es diesen Typ nicht doch eines Tages wieder geben wird.
Der kölsche Pastor ist Vaterersatz, Urbild gütiger, selbstverständlicher Autorität mit einer Fülle origineller Einfälle. Er wird uns als schlagfertig und mit allen Wassern der Menschenkenntnis gewaschen überliefert. Seine Umgangssprache ist selbstverständlich Kölsch – auch von der Kanzel. Eine kräftige Muttersprache, die ungeschminkt alles beim Namen nennt, selbst den Konflikt nicht scheut. Cleverness zeichnet ihn aus in heiklen Lebenslagen. Kein Kostverächter ist unser »Pastur« übrigens, den Freuden dieser Welt in den Grenzen seines kirchlichen Amtes vergnüglich zugetan. Als respektable Mischung von fröhlicher Weltoffenheit und tiefer Frömmigkeit, illustriert er das Bibelwort vom Hirten und der ihm willig folgenden Herde.

**Der Kölner Affe »Petermann« machte Jahre hindurch Schlagzeilen, lockte Presse und Fernsehen, bis er ein unrühmliches Ende fand.**

## Petermann

Der gelehrige Schimpanse, früher Publikumsliebling und Inhaber eines dicken Bankkontos, aufgelegt zu allen möglichen schrulligen, bravourösen Eskapaden (als kölscher Köbes zum Beispiel), drehte am 10. Oktober 1985 – in die Affen-Flegeljahre gekommen und davon trübsinnig geworden – endgültig durch. Ein unbewachter Augenblick – und schon entwischte »Petermann« aus seinem Käfig im Kölner Zoo. Er und die Äffin Susi. Was danach kam, war Amoklauf, wilde Jagd. Zoodirektor Nogge stellte sich dem wütenden Tier in den Weg. Das ihm etliche Bißwunden eintrug. »Petermann« und »Susi« wurden auf der Flucht erschossen. So kläglich endete ein Kölner Starleben.

## Petrarca, Francesco

Als italienischer Tourist kam der erklärte Humanist und Dichter anno 1333 nach Köln, um den Johannisabend am Rhein zu erleben. »Erstaunlich diese Gesittung im Barbarenlande, die Schönheit der Stadt, die gesetzte Haltung der Männer, das schmucke Benehmen der Frauen. Welch ein Stadtbild«, notierte der berühmte Mann in sein Reisetagebuch. Komplimente, auf die Verkehrsamtsmanager noch heute gerne in buntfarbenen Werbeprospekten zurückgreifen.

## Pief

Unselbständige, ungelenke Mitbürger gelten als »Pief«. Also »Pfeife«. Das klingt gutmütig, »riecht« nach demnächst besser machen. Für die »Pief« gibt es noch Hoffnung, ist längst nicht aller Tage Abend.

## Pingelig

»Empfindlich«, »übergenau sein« mit dem leichten Beigeschmack des eben nicht allzusehr empfindlichen oder genauen, hat Konrad Adenauer die Vokabel hoffähig gemacht.
Immerhin fand sie mittlerweile in den Duden Eingang, wurde solchermaßen auf »Niveau« gehoben mit dem erklärenden Zusatz »Rheinisch«. Hier offenbart sich kölnischer Sprachalltag von bezwingender Selbstverständlichkeit.

## Pittermännche

Fast liebkosende Mundartformel für ein kleines Fäßchen »Kölsch«. Wird zu Hausfesten gerne von den Kölner Brauereien entliehen. Denn »Kölsch« »tireck vum Faaß« gilt immer noch wohlschmeckender als das aus der Flasche oder gar aus einer Dose.

## Plaggen

Ein Tuch, eine Fahne auch. Nichts eigentlich Ehrwürdiges hat man darunter zu verstehen. Es sei denn, das verschlissene Fahnentuch der Roten Funken wäre gemeint.
»Plaggen erav« heißt es, wenn irgendwo ein Denkmal zu enthüllen ist.

## Platzjabbeck

Groteskfigur vom mittelalterlichen Kölner Rathausturm. In Verbindung mit der Turmuhr »jappte« jene Holzfratze bei jedem vollen Stundenschlag zum »Platz« (d.h. Altermarkt) und streckte dabei lang die Zunge heraus. Vielleicht eine die Ratsarbeit parodierende Geste, wie man sie auch sonst an frühen Rathaustürmen findet.

## Pluute

1. Das können »lumpige« (vielleicht hier der Wortursprung) Textilreste sein, die auf den Kehricht gehören, doch in Köln bisweilen zu hohen Ehren kommen. Auf Fastnacht nämlich, wenn ganze Trupps von »Pluutemännern« im Lappenkostüm über die Straßen springen.
2. In totaler Umkehrung der Wortbedeutung werden »Pluute« bei hübschen Mädchen zu respektablen Kleidungsstücken: »Nett Plüütcher« etwa. Anerkennend, die Diminutivform benutzend, spielt die Freude am

◁
**Hoch oben, am Rathausturm, hängt dieser »Jabbeck«. Wem zeigt er die Zunge?**

Kontrast mit. Sie kann überhaupt der Kölner Gemütsart entsprechen: Himmelhochjauchzend – zu Tode betrübt.

## Politessen

Vom »Hauptquartier« der Kölner »Verkehrsüberwachung« am Appellhofplatz werden die manchmal streitbaren »Amazonen« des »ruhenden« Verkehrs dirigiert. Im dunkelblauen Dress, das kesse Hütchen auf dem Kopf, die unheilschwere Tasche mit den »Blankoknöllchen« umgehängt – so sind sie, »liebgewordene« Erscheinungen im Kölner Stadtbild, mit der Überwachung hartnäckiger Parksünder betraut. Wird man erwischt, hilft kein Augenaufschlag, nichts Mitleidheischendes, keine kölschen Tön. Unerbittlich tun sie ihre Pflicht. Zugegebenermaßen keine leichte.

## Polizei

Ihr »Feldherrnhügel« liegt am Waidmarkt, im Hochhaus des Architekten Eugen Blank (1955), das als aufgerichtete, vielfach durchlöcherte »Zi-

◁ **Da sind sie ins Bild gerückt, die »Pluntemänner«. Und zwar bei dem »Veedelszög«**

garrenkiste« »veräppelt« wird. Seine nüchterne Zweckarchitektur wird zur benachbarten Georgskirche immer ein Fremdkörper bleiben. Musterexemplar verfehlter Nachkriegsbebauung im Kölner Altstadtbereich. Mit der Polizei hat niemand gern zu schaffen, auch wenn sie »Freund und Helfer« sein will (soll!). Aber in Köln gibt es immer noch einen besonderen Typ von »Schutzmann«. Nicht zu jeder Zeit und überall, versteht sich. Es gehört schon eine Portion Glück dazu, seiner Segnungen teilhaftig zu werden. Wer diese an sich erfährt, ist entzückt: Kein böses oder gar lautes Wort. Aber umständliches Palaver gehört dazu. Auch kölscher Sing-Sang-Dialekt. Er – der »Schutzmann« – möchte überzeugen, überreden. Am liebsten beide Augen zudrücken. Selbst wenn ein »Knöllchen« unumgänglich fällig ist. Dann waltet er seines Amtes, aber in mitfühlender Geste. Er bedauert, setzt eine Leidensmiene auf. Das »Knöllchen« von einem kölschen »Schutzmann« könnte fast Spaß machen, wenn es nicht ans eigene Portemonnaie ginge.

## Präsident

Mit jener Amtsbezeichnung geht der Kölner recht souverän um. Sein »Präsendent« weckt sofort die Vorstellung von »Karnevalspräsident«. Mit Narrenmütze, langer wippender Feder, ordensgeschmückter Frackbrust, dazu das Narrenzepter schwingend, das ist in Köln ein »Präsident«. Jeder andere wirkliche Präsident wird daran gemessen und gleich eine Stufe tiefer angesiedelt. Das heißt, man nimmt ihn längst nicht so ernst wie in anderen deutschen Landen. Darum auch pflegen jene »richtigen« Präsidenten, wenn sie als solche anerkannt werden wollen, in Köln gute Beziehungen zum »vaterstädtischen Fest« – sprich Karneval.

## Prätorium

Seit 1956 gibt es unter dem »Spanischen Bau« beim Historischen Kölner Rathaus (Altermarkt) einen archäologischen Bezirk, der sich mit dem schon sattsam bekannten »Fahrstuhl in die Römerzeit« schnell öffnet: Das Prätorium. Mindestens drei Bauphasen aus vier Jahrhunderten wurden seit 1953 freigelegt. Immer ging es dabei um den römischen Statthalterpalast (1.-4. nachchristliches Jahrhundert). Mächtige Mauerzüge und ein Oktogon künden von dieser einstigen Residenz. Hier wurde Vitellius (69 n.Chr.) zum Kaiser ausgerufen. Die Namen von Trajan, Konstantin, Postumus sind damit verbunden, alles hochkarätige Römer. Selbst der antike Kaiserbiograph Sueton weiß vom palastartigen Amtssitz in der römischen Provinz Niedergermanien und seiner Hauptstadt »Köln« zu berichten.

## Pressa

Internationale Presseausstellung ohne jede kommerzielle Absicht 1928 in Köln. Das Medium »Presse« wurde hier erstmals weltweit gewürdigt und in mehr als dreihundert Kongressen oder Tagungen diskutiert.
Der damals errichtete »Pressaturm« im Kölner Messegelände stieg zum Wahrzeichen auf. Von dort oben schöner Blick über Köln. Er inspirierte Oskar Kokoschka zu seinem Köln-Panorama.

## Preußen

Über hundertjähriges Kapitel der Kölner Stadtgeschichte von 1815 bis 1919. »Preußen«: verächtlich dahergesagt – noch weit ins 19. Jahrhundert hinein, assoziiert mit Gamaschendienst, Strenge, Bärbeißigkeit, Ordnungsfanatismus, unnötigen Schikanen.

Aber allmählich änderte sich das Verhältnis. Es blühte die wirtschaftliche Entwicklung. Köln war auf einmal wieder »Wer«. Am 4. September 1842 legte Friedrich Wilhelm IV. von Preußen den Grundstein zum Weiterbau des Domes. Nur ein Symptom der glanzvollen Preußenherrschaft in Köln. Da werden die Witzfiguren des Schutzmann »Schnäutzerkowsky« aus dem Hänneschen oder das »Stippeföttchen« der Roten Funken – im Anfang noch Spöttereien auf »de Preuße« – bald beziehungslose Relikte, denen der Kontext fehlt. Im Karneval dominierte das Militärische, sehr ernst genommen. Die Kölschen entdeckten Freude an Uniformen und Orden. Bis heute übrigens. Und sie entdeckten wieder die – gar nicht so schlimme – Preußenherrschaft im neuerlichen Aufbau des nach dem Zweiten Weltkrieg fortgeräumten Denkmals jenes Königs, unter dem Preußen in Köln begann: Friedrich Wilhelm III.

**Bisweilen wagte sich das »Hänneschen« aufs glatte Parkett der Politik.
So geschehen im Revolutionsjahr 1848 – wenn auch mit wenig Erfolg**

## Print

1. Beliebtes Gebildbrot aus Roggenmehl, Honig, Kandis, Koriander zur Weihnachtszeit. Eigentlich gilt Aachen als Hochburg der Printenbäckerei (das Wort hergeleitet von »pressen«). Doch Köln darf sich rühmen, harter Konkurrent zu sein. Auch hier gibt es inzwischen Bäckereien, die Printen übers ganze Jahr anbieten: Printen-Schmitz zum Beispiel auf der Breitestraße als gängige Adresse.
2. Zum »Printemann« geformt – etwa in Gestalt des Heiligen Bischofs Nikolaus – wurde in der Kölner Alltagssprache daraus ein steifer, trockener, ungeselliger Zeitgenosse, dem man keine Lebensfreude zutraut.

## Prinzenessen

Das Wort kann leicht zur Mißdeutung führen. Denn verspeist wird kein Prinz. Im Gegenteil, er wird hoffiert, bejubelt, beredet bei festlichem Mahl. In der »Hofburg« hat er sein Standquartier seit dem Tag der »Proklamation«. Es geht also um den Prinzen Karneval. Er bezahlt das aufwendige Speisen, zu dem ein exklusiver Kreis Kölner Bürger alljährlich geladen ist. Dies geschieht am Freitag vor dem Karnevalssonntag. Jedesmal herrscht großer Andrang. Viele möchten dabei sein, doch nur wenige sind erwählt. Am anderen Tag berichten die Kölner Zeitungen. Die Nichtgeladenen ärgern sich und maulen, diffamieren den Karneval als »elitär«. Es jedem recht zu machen, fällt schwer. Vielleicht werden demnächst lange Tische und Bänke auf die Kölner Straßen gestellt – fürs »Volksprinzenessen«. Verrückter Vorschlag der Karnevalsprogressiven!

## Pritsche

Häufig gebrauchtes Instrument der Kölner Narretei. Als lustiger »Schlagstock« von entsprechendem Kaliber in bunten Farben und biegsam. Der Griff aus festem Material.

Unverwechselbar, ungezählte Male fotografiert, »besungen« in Wort und Bild: Das Kölner Stadtpanorama. Seine Fixpunkte: (v.l.n.r.) Rathaus, Colonius, Groß St. Martin, Dom, St. Maria Himmelfahrt. Davor das Stapelhaus, die Alt-Stadt. Schon Anton Woensam von Worms begeisterte diese »Skyline« (1531)

## Pritsche

Kunstvoll geziert ist sie Attribut des Karnevalsprinzen. Zeichen seiner kurzlebigen Herrschaft und vom Oberbürgermeister verliehen.
Ihr Sinn reicht bis in prähistorische Zeiten zurück. Vielleicht eine Art Lebensrute, auch dem »Phallus« der Antike verwandt.

## Pröll

Plunder, Larifari – etwas für den Sperrmüll. Und doch ist heute der Kölner »Flohmarkt« voll davon. Das Suchen nach verloren gegangener Behaglichkeit schlägt merkwürdige Kapriolen. »Pröll« wird als »Krims-Kram« sammelwürdig angepriesen.

## Prominente

Wer ist in Köln »prominent«? Die Entscheidung darüber fällt in der Anonymität, wird aktenkundig im »Spitzenkreis« beim »Büro Oberbürgermeister«. Da gibt es die wenigen »geborenen« Prominenten. Zu ihnen zählen der Kardinal oder der Oberbürgermeister. Es sind die »erdienten« zu erwähnen. Also Behördenchefs-»Präsidenten«. Mitunter auch solche des Karnevals. Leute vom Sport, vom Showgeschäft, von Presse, Fernsehen oder Rundfunk werden der Ehre eines »Prominenten« teilhaftig. Selbsternannte, sich aufplusternde »Prominente« gibt es natürlich auch. Ihnen gegenüber Statuszweifel anzumelden, wäre ein Sakrileg. Die Eitelkeit kann tödlich wirken.
Einige bleiben auf lange oder länger prominent. Sie gelten, von derlei Aura bekränzt, in- und außerhalb der Stadt. Wie zum Beispiel der jüngst verstorbene Heinrich Böll. Andere werden als prominente Eintagsfliegen schneller vergessen. Etwa das für eine Session amtierende Dreigestirn.

## Protestanten

Von »evangelischer Freiheit« wollte man in der erzkatholischen Reichsstadt lange nichts wissen. Es gab Hinrichtungen, Verhaftungen, Vertreibung evangelischer Mitbürger, die als zweitklassig verfemt wurden. Gottesdienste der »Evangelischen« waren in der Stadt verboten. So zogen die immer gefährdeten Gemeinden nach Frechen, Mülheim oder auf Rheinschiffe jenseits des Kölner Territoriums.
Reinen Tisch mit den Aufmüpfigen wollte der Rat machen, als er evangelische Kaufleute nach Mülheim auswies (1714). Indes ging dieser Schuß nach hinten los. Köln büßte damit auf längere Zeit seine wirtschaftliche Anziehungskraft vollständig ein.
Erst 1797 konnten evangelische Mitbürger das Bürgerrecht erwerben.
Seit 1802 war ihnen freie Religionsausübung zugesichert.
Bedeutendes Gemeindezentrum der evangelischen Kirche seit 1919 ist die ehemalige Kartause unweit von St. Severin im Süden der Kölner Innenstadt. Heute wird etwa ein Viertel der Kölner Bürgerschaft als evangelische Christen statistisch geführt. Dies sicherlich bedingt durch den starken Zuzug nach der Vertreibung aus den ehemaligen (meist evangelischen) Ostgebieten.

## Prozessionen

Köln ist, trotz aller gegenteiliger Behauptungen, immer noch eine relativ »fromme« Stadt. Die Vielzahl kleiner wie großer Prozessionen mag das bezeugen. Zuerst natürlich jene am Fronleichnamstage, wenn der Kardinal-Erzbischof und der Kölner Oberbürgermeister mit gleißender Amtskette das andächtige Geschehen begleiten. Man zieht vom Dom aus und bietet ein äußerst malerisches Bild im Prunk der liturgischen Gewänder, der Fahnen, des kostbaren »Himmels«. Fast exotisch muten die zahlreichen Abordnungen der Kölner Gastarbeiter in ihren bunten, heimatlichen Trachten an. Am gleichen Tag lockt Mülheim mit seiner jahrhundertealten »Schiffs-Gottestracht« betende und vor allem neugierige Besucher an. Zahlreiche Nachen begleiten das Prozessionsschiff. Die Schützen »böllern« ausgiebig. Während der nach-

folgenden Wochen sind Pfarrprozessionen selbstverständlich. Zum Herbst dann nochmals die »Schreinsprozessionen«. Zu Gereon (10. Oktober), Kunibert (12. Oktober), Ursula (21. Oktober) und endlich Severin (23. Oktober). Das Kölner Prozessionsjahr neigt sich dem Ende zu. Nebel und Dunkelheit geben diesen, als alten Kölner Brauch sorgsam gehüteten Reliquienumgängen ein eigentümliches Flair. Abschiednehmen, auch Melancholie liegen in der Luft. Allerheiligen und Allerseelen stehen vor der Tür.

## Prümm

In einer gedörrten Pflaume (»Prümm«) steckt absolut kein Leben mehr. Anschaulich überträgt der Kölner das Wort zuweilen auf Mitmenschen ohne Saft und Kraft mit unterentwickelten Umgangsformen.

## Puut

Die Wortanwendung geschieht nach Alter oder Verhalten. Unser kölsches »Pütchen« gibt sich niedlich, brav, wohlerzogen. Es wäre vermessen, in diesem Kleinkind bereits den kommenden Tunichtgut, die oder den »Puut« zu wittern. »Pütchen« erinnert an den freundlichen, etwas dick geratenen italienischen Putto, womit dann der Ursprung des Wortes geklärt wäre. Aber mit »Puut« betritt man anderes Terrain. Im Alter bereits vorgeschritten, auf der Grenze zur Pubertät ist es der verzogene, unleidliche Fratz beiderlei Geschlechts. Alle können nur hoffen, daß dies nicht die letzte, endgültige Entwicklungsstufe sein wird.

## Quaatsch

Dem Wort hört man förmlich an, ja man spürt es selbst, das unqualifizierte Gerede nämlich. Irgendwer gibt etwas Unmögliches von sich und wird mit dem jede Diskussion überflüssig machenden »Quaatschkopp« beschieden. Noch nicht einmal Mitleid schwingt da mit.

## Quadratföß

So wurden mit kritischem Unterton die kölschen »Kappesbauern« genannt, als sich Köln von der Reichsstadt zur Großstadt mauserte. Das Ackerland der »Boore« erzielte ungeahnte Gewinne, die Bodenspekulation blühte. Mit riesigen Schritten (Quadratföß) stapfte man ohne eigenes Verdienst dem Reichtum zu. So auch noch um die Jahrhundertwende, als die Kölner »Neustadt« wuchs.

## Quetschenbüggel

»Gequetschter Beutel« würde die hochdeutsche »Übersetzung« lauten. Aber welcher Mißgriff. Des Rätsels Lösung: Eine Ziehharmonika oder auch ein Akkordeon. Da ist der Kölner nicht pingelig. Hauptsache, das Ding funktioniert und macht

**Hochzeit im Historischen Rathaus kann zum »Kölner Ereignis« werden und ist hunderte Male übers Jahr »in«**

»Musik«. Der »Quetschenbüggel« intoniert. Alles andere läuft dann von selbst und wie am Schnürchen. Ähnlich der »Decken Trumm« entwickelt auch der »Quetschenbüggel« eine merkwürdige Art von Anziehungskraft auf Unentschiedene. Er animiert zum Mitmachen und fördert ganz allgemein die Kommunikation.

## Quisel

Nicht unbedingt ein Kosenamen. Die »Quisel« wird als unverträglich gemieden. Scheinheilig, pharisäisch ist sie ein Kirchenrenner, streut Gerüchte aus – steckt voller übler Intrigen. Und bleibt darum ungenießbar. Auch, weil nicht gerade von adretter Beschaffenheit, wenn es um Körperpflege geht bei solch alter »Giftnudel«.

## Rathaus

Das »Historische Rathaus« (zu unterscheiden vom »Spanischen Bau« an fast gleicher Stelle) entstand nicht von heute auf morgen. Ein »Haus der Bürger« wird (wohl über römischen Fundamenten) um 1150 erwähnt. Kern des heutigen Rathausviertels ist der gotische Hansesaal. Er wurde in den folgenden Jahrhunderten durch die Prophetenkammer, den Turm, sowie die Bauten am Altermarkt erweitert. Von alledem konnte über die Zerstörungen des Zweiten Weltkrieges nur der Hansesaal, der Turm (hier vor allem der Senatssaal) und der Löwenhof erhalten bzw. wiederhergestellt werden. Vor allem die Fassade zum Altermarkt mit Muschel- und Weißem Saal wurde völlig neu gestaltet (Karl Band 1972).
Das Historische Rathaus dient in erster Linie als Amtssitz von Oberbürgermeister und Oberstadtdirektor. Sodann vornehmlich der Repräsentation. Zum Standesamt wurde die alte Rentkammer im Untergeschoß des Turmes hergerichtet. Ein Raum mit Patina, der es schon vielen heiratswilligen Kölnern antat. Voranmeldung und lange Wartezeiten sind einzuplanen.
Entré des Historischen Rathauses blieb die schöne Renaissancelaube (nach 1550).

## Reidt (Rheydt), Melchior

Berühmter Kölner Schreinermeister zwischen 1590 und 1620. Bevorzugte die Intarsienarbeit an Schränken, Truhen. Seine Bildwelt ist die der Renaissance. Ein geschlossener, fast »monumental« zu nennender Zyklus blieb als Gesamtkunstwerk erhalten: Das Kölner Ratsgestühl im Senatssaal des Rathauses. Hier entfaltete der geniale Mann seine schöpferische Kraft vor allem auf den prachtvollen Türen mit Allegorien der »Regierenden«.
Melchior von Reidt (Rheydt) kam wahrscheinlich aus Mainz. Der persönliche Lebensstil warf ihn aus einer hoffnungsvollen Künstlerbahn. Trunksucht, Kauflust – kurzum mancherlei Querelen, auch im finanziellen Gebaren, brachten ihn schließlich an den Bettelstab. Von der Höhe einflußreicher Ratsämter tat »Meister Melcher« den tiefen Fall ins Bodenlose.

## Rheinau-Hafen

Rheinau – das früher so reizvolle Rheinufer mit ausgedehnten Spaziermöglichkeiten. Als Überschwemmungsgebiet des Stromes genießt die »Rheinau« einen weniger guten Klang. »Rheinau«, so hieß auch (noch im späten 19. Jahrhundert) die der Stadt im Süden vorgelagerte Insel. Sie wurde 1898 Teil des ersten Kölner Sicherheitshafens. Eine alte Idylle verschwand damit endgültig und machte farblosen Lagerhäusern Platz oder avancierte zum Überwinterungshafen für die Passagierschiffe der »Köln-Düsseldorfer«. Mehr und mehr ankern nun Motor- und Segelboote dort. Der Freizeitwert des Rheins steht neuerlich obenan.

## Rhein-»Rhing«

Seit römischen Tagen die große Kölner Wasserstraße. Bis um 450 n.Chr. Grenze des Römischen Imperiums nach Germanien. Durch den Ausbau der »Poller Köpfe« während der reichsstädtischen Zeit auch bei drohendem Niedrigwasser für Küstenschiffe befahrbar gemacht. Denn der Rhein war und ist in gewissem Sinn immer noch Kölns Lebensader. Er blieb dessen Verbindung zur Welt. Längst verschwanden mit der Rheinschiffahrtsakte (1832) die lästigen Zölle. Der Rhein von Rotterdam bis Basel wurde eine internationale Verkehrsader. Holländer, Franzosen, Deutsche und Schweizer sind die den Strom vor allem nutzenden Nationen.
Um die Sauberhaltung der »größten Kloake Europas« (so die wenig schmeichelhafte Bezeichnung für den Rhein) gab es harte Kontroversen. In erster Linie mit den Industrieanrainern, unter denen elsäßische Kalibergwerke eine unrühmliche Rolle spielen. Die Wassertemperatur stieg bereits dermaßen, daß der Rhein heute auch in harten Wintern kein Treibeis mehr führt. Der geringe Sauerstoffgehalt dezimierte den Fischreichtum (früher reichlich Salm). Energische Maßnahmen zur Stromentgiftung brachten jetzt erste Verbesserungen der Wasserqualität.

## Richmodis

Kölner Patrizierdame, die in merkwürdiger Weise dem Leben wieder geschenkt wurde. Auf dem Apostelfriedhof mit reichem Schmuck scheintot bestattet, erhofften sich böse Buben beim »Nachgraben« lukrative Beute. Statt funkelnder Juwelen kam Frau Richmodis selbst ans Licht, entstieg der finsteren Grube und machte sich auf den Weg nach Hause. Der Wächter traute seinen Augen nicht, meinte ein Gespenst zu sehen und verriegelte die Tür. Solchermaßen ausgeschlossen, nahm Richmodis Zuflucht bei treuen Tieren. Den Pferden im eigenen Stall befahl sie, die Treppe desTurmes hinaufzutraben und von dort oben zu künden, daß ihre Herrin wahrhaftig vor der Tür stünde. Dem Leben wiedergeschenkt. Kaum hatte sie so gesprochen, als man ein mächtiges Lärmen vernahm. Flugs waren die Pferde oben. Und da schauen sie heute noch zum Fenster hinaus! (Richmodishaus am Neumarkt). Die wundersame Geschichte gab Stoff genug für manche Kölner Komödie.

## Rievkoche

»Rievkoche« = Reibekuchen aß man in Köln vordem freitags als eine Art Fastenspeise. Der Teig besteht aus geriebenen Kartoffeln, Eiern, Mehl, Zwiebeln, Salz, Pfeffer und wird in siedendem Fett knusprig gebraten. Als Beilage kommt Rübenkraut oder Apfelkompott auf den Tisch. Manche mögen auch grobes, mit Butter bestrichenes Schwarzbrot dazu. In Kölner Nobelrestaurants wird der »Rievkoche« gar zu einer Portion Kaviar serviert. Aber das gilt als »Perversion« von »Snobbies«, hat mit der volkstümlichen kölschen »Pizza« nichts mehr zu tun. Einen ordinären »Rievkoche« erwirbt man zünftig an

der »Rievkochebud«. Mehrere solcher Etablissements aneinander gereiht ergeben die »Rievkochenallee«.
Der »Rievkoche« ist so etwas wie das kölnische Nationalgericht. Inzwischen tagtäglich an einer pompös aufgemachten Verkaufsbude vor dem Kölner Hauptbahnhof erhältlich. Solches »Entree« war vielen Kölnern dann doch etwas zu provinziell. Sie liefen Sturm gegen diese Idee der Bundesbahn und zogen den Kürzeren.
»Köln« und »Rievkoche« reimen sich zwar nicht. Untrennbare Begriffe sind es trotzdem.

## Ringstraßen

Als der Stadtbaumeister Stübben kurz vor der Jahrhundertwende an die Projektierung der Kölner »Neustadt« jenseits des niedergerissenen mittelalterlichen Mauerringes ging, hatte er mit der »Ringstraße« anstelle des einstigen Stadtmauergrabens eine großzügige Flanierstraße geplant. Der »Ring« sollte Boulevard nach Pariser Muster werden. Dementsprechend waren die Grundstückspreise. Wer hier bauen wollte, mußte »Jet an de Föß han«; also vermögend sein. Bis vor dem Ersten Weltkrieg gedieh diese Prachtstraße mit jenem aufwendigen Dekorationsstil, wie er damals üblich war. Die »feine« Kölner Gesellschaft war hier zu Hause. Nach 1918 änderte sich das Bild gründlich. Ein verarmtes Großbürgertum zog fort oder ließ die Villen verkümmern. Geschäftemacher bekamen Oberwasser, der wachsende Straßenverkehr bemächtigte sich mehr und mehr des verblichenen Luxus. Als laute Geschäftsstraße mit stark reduziertem Baumbestand und nicht endenwollendem Verkehrsfluß, so endlich gingen die Kölner Ringstraßen unter. Was an historisierenden Fassaden den Zweiten Weltkrieg überlebte, wird heute sorgfältig restauriert. Und schon beginnt auch die Uridee der Ringstraßen wieder zu keimen. Neue Pläne (wenn erst einmal die Straßenbahn unterirdisch verläuft) schwelgen hoffnungsvoll in »Begrünung« und »Beruhigung«. Die »Ringe« vom »Ubierring« bis zum »Theodor-Heuß-Ring« – eine Stätte der Erholung? Schön wär's! Oder doch nur Fata Morgana?

## Römer

Fast genau fünfhundert (von um 50 v.Chr. bis um 450 n.Chr.) Jahre war Köln Teil des römischen Imperiums. Und noch im hohen Mittelalter wird die Stadt »Rom des Nordens« genannt. Es hat dies auch mit dem »Heiligen Köln« und der »treuen Tochter der römischen Kirche« zu tun, wie man in der Umschrift des gotischen Stadtsiegels von 1268 lesen kann.
Das antike Rom ist hier ebenso hautnahes Erlebnis wie die Hauptstadt der Christenheit. Auf Schritt und Tritt begegnet der Besucher beidem. Eine Anhäufung römischer Erinnerungen bietet zum Beispiel das Römisch-Germanische-Museum. Und das »Heilige Köln« blieb in der Vielzahl seiner Kirchen sowie den kirchlichen Gebräuchen präsent.

SALVE!

Die gewachsene Bindung an den romanischen Kulturkreis gehört zur Urerfahrung. Ist Teil römischer Erbschaft. Davon hängt den Kölner Bürgern heute noch einiges in den Kleidern. Macht den »Stallgeruch« aus. »Senatus populusque Coloniensis« – »Rat und Volk von Köln« (so Jahrhunderte hindurch formuliert) deutet auf lang zurückreichende Überlieferungen und römische Gepflogenheiten. Die beiden Regierenden Bürgermeister der Reichsstadt Köln nannten sich stolz »Konsuln«. Im Besitz des Petrusstabes (seit Erzbischof Bruno im 10. Jahrhundert) stieg der Kölner Erzbischof zu einem »zweiten Petrus« jenseits der Alpen auf. Die erste Kathedra glich der frühen römischen Bischofskirche. Köln war »Mutterkirche aller Kirchen Germaniens«. Ein ununterbrochener, nie abreißender Strom von Geschichte und Geschichten bindet diese Stadt an Rom: Faszination der Kontinuität.
Fragt man den Kölner nach seiner Herkunft, sagt er schlicht, doch mit unverkennbarem Pathos: »Mer kumme vun de Römere«.

◁ **Das Römergrab, immer wieder eine erstaunliche Entdeckung, diese schönste antike Grabkammer nördlich der Alpen**

## Römergrab

Wir fahren die Aachener Straße gen Westen, rund zehn Kilometer. Dann beginnt Weiden. Heute Köln-Weiden. Am Ortsausgang, dicht bei der alten Heer- und Krönungsstraße, der römischen Via Appia, gelegen: Das Römergrab. Immer wieder eine erstaunliche Entdeckung, diese schönste antike Grabkammer nördlich der Alpen. Anderswo würde man sich die Finger danach lecken. Hier blüht eine Kostbarkeit im Verschwiegenen. Der Fuhrmann Ferdinand Sieger wußte 1843 gar nicht, was ihm da so urplötzlich an die Angel gekommen war. Dombaumeister Zwirner erkannte sofort das Gewicht des Fundes. Es begann eine systematische Ausgrabung, dann die Renovierung. Sechs Meter liegt der eigentliche Grabraum unter Straßenniveau. Hier wurde in Quadermauertechnik gearbeitet, vielleicht das Ganze auch kostbar mit Mosaiken geschmückt. Nach etruskischem Vorbild hatte sich ein benachbarter Gutsbesitzer das unterirdische Totentriclinium etwas kosten lassen. Den herrlichen »Jahreszeitensarkophag« aus toskanischem Marmor zum Beispiel, die prachtvollen Marmorbüsten. Der römische Totenkult am Rhein fand mit diesem Columbarium eine sehr anschauliche, mit Händen zu greifende Darstellung.

## Römisches Theater

Es bot rund siebentausend Besuchern Platz, maß einhundertzehn Meter in der Breite und lag an der Nordseite des Kölner Kapitolhügels. Seine Fassade glich der des Theaters von Orange, war demnach zweigeschossig gegliedert. Pfeiler und Rundgiebel trennten das Untergeschoß vom mit Säulen und spitzen Giebeln geschmückten Obergeschoß.

## Römisch-Germanisches Museum

Klein und bescheiden hat dies Mammutinstitut in der Kölner Museumslandschaft einmal angefangen. Als »Abteilung« des Wallraf-Richartz-Museums. Was anderen zum Verhängnis wurde, Krieg und Zerstörung nämlich, geriet dem »RGM« unversehens zum Heil. Der Zuwachs an Ergrabenem war gewaltig. Also mußte der Neubau her, als »Schaufenster« kölnisch-römischer Vergangenheit am Roncalli-Platz wirkungsvoll inszeniert. Garniert mit Prähistorisch-Germanischem, darunter die großartige »Sammlung Diergardt«. Nur drei Höhepunkte des Römischen seien erwähnt: Die Mosaike, das Lucius

Poblicius Grabmonument und schillernde Gläser. Sie zuerst. Fast alles entstammt dem Kölner Boden, ist Fazit langjähriger, mühevoller Grabungskampagne. Wenigstens das brachte der unheilvolle Krieg zuwege: Vitrinen zu füllen.

## Romanik

Natürlich hat das Wort mit den Römern zu tun, wie so vieles in dieser Stadt. Die Kunst der Romanik entlehnte manches der römischen Architektur. Man fühlte sich als legitimer Erbe Roms, baute »more romano«, nach »römischer Sitte«. Und ging ebenso darüber hinaus. Die hohe Romanik der Stauferzeit zum Beispiel entwickelte in Köln einen sehr spezifischen Stil, zu dessen Merkmalen Trikonchos, Zwerggalerie und Plattenfries gehören. Dekorative Elemente gliedern die Außenhaut. Im ganzen wird eine Entstofflichung des massiven Baukörpers angestrebt. Im Etagenchor, der Zweischaligkeit, den Triforien – da kündigt sich schon die Gotik an. Man »erfand« den »Rheinischen Übergangsstil«, wie er bis heute in den unvergleichlichen Zeugen der romanischen Gotteshäuser sichtbar blieb.

## Romanische Kirchen

Deren gibt es in der Kölner Innenstadt zwölf, und ihnen zuerst galt das »Jahr der Romanischen Kirchen 1985«. Wahre Pilgerzüge aus aller Welt strömten der Stadt zu.
In der Tat sind Kölns Romanische Kirchen unverwechselbare Juwelen abendländischer Kunst. Ihre Geschichte beginnt fast überall in römischer Zeit. Vorgängerbauten sind Tempel (Maria im Kapitol), Grab- und Gedächtnisbauten (St. Severin, St. Gereon, St. Ursula) oder römische Profanbauten (St. Pantaleon, St. Georg, Gr. St. Martin). Ihre heutige Architektur geht zumeist auf das »Große Jahrhundert der kölnischen Kirchenbaukunst« zwischen 1150 und 1250 zurück. Oft auch die prachtvolle Innenausstattung. Während des Zweiten Weltkrieges wurden die meisten von ihnen bis zur Unkenntlichkeit verwüstet. Nach vierzigjährigem Wiederaufbau erstrahlen sie heute in alter Schönheit. Nicht immer trifft dies auf den Innenraum zu (Gr.St.Martin sei hier als Beispiel genannt). Hier erwartet die Denkmalpflege noch einiges Hick-Hack.

**◁ »Dom des Südens« wird St. Severin im Kölner Volksmund genannt. Ein Türmedreiklang im südlichen Stadtprospekt. Höhnchesmeß« und »Schreinsprozession« sind Severiner »Spezialitäten«**

## Rosenmontag

Haupttag der Kölner Fastnacht. Sein Name mahnt an den »Rosensonntag« der Fastenzeit, »Lätare« genannt. Ostern steht bereits vor der Tür, die Fastenzeit neigt sich dem Ende zu. »Lätare« – »Freuet Euch«. So beginnt die Liturgie. Und die Farbe des Meß-

gewandes ist rosa, nicht violett. Auch Kölns Fastnachtsfreunde durften an diesem »Rosensonntag« vergnüglich sein. Sie sangen lustige Lieder und fanden im Gedenken an vergangene Wonnen zusammen. Später, als das Lätarefest längst seine Bedeutung einbüßte, blieb wenigstens die Reminiszenz daran im Wort »Rosenmontag« erhalten.

Kölnische Fastnacht erweist sich demnach als dem Kirchenkalender zugeordnet: Ein im Grunde genommen sehr christliches Fest, was bei dem lärmenden, auch flüchtig vordergründigen Rummel und Jux gar nicht vermutet wird.
Von den »drei tollen Tagen« mobilisiert der »Rosenmontagszug« alljährlich eine Million »karnevalistische Schlachtenbummler«. Ungezählt bleibt die Fernsehkapazität.
Als Hauptfiguren der Kölner Fastnacht gelten unwidersprochen »Prinz«, »Bauer« und »Jungfrau«. Um diese ranken sich »Prinzen- und Ehrengarde«. Nicht zu vergessen die »Roten« oder »Blauen« Funken. Sodann »Jan von Werth«, die »Hellige Knäächte un Mädcher« mit dem »Geckenbähnchen«, »Schütz« und »Fähnrich«. Manchmal wirbeln die »Knollendorfer« auch mit. Ohne Originale meist keine Kölner Jeckenparade. Zur Narrenpartie gesellen sich mehr als 50 Gesellschaften in buntgewürfelten Kostümen.
Für heiteres Wetter am »Rosenmontag« sorgt die »Schwarze Muttergottes« von der »Koffergaß« (Kupergasse). Kein »Dreigestirn« versäumt, ihr deswegen eine besonders dekorative Kerze zu stiften. In vollem Ornat erweisen die kölschen Oberjecken auch dem Kardinal ihre Reverenz. ▷

Markt-Weiber
Funken-Mariechen
Rote Funken

Stippeföttche
Büttenredner
ngfrau
Prinz
Bauer

## Rubens, Peter Paul

Auch er, der große Malerfürst, mit Köln versippt. Zehn Jahre seiner Kindheit verbrachte Rubens im Umkreis der alten Peterskirche. Der Vater starb 1587 und wurde dort vor dem Hochaltar beigesetzt. Im Auftrag der Kölner Kaufmannsfamilie Jabach malte Rubens vor 1640 die »Kreuzigung Petri« für seine einstige Kölner Pfarrkirche. Von der französischen Besatzung 1794 in den Louvre entführt, kam das berühmte Kolossalgemälde im Triumphzug 1815 nach Köln zurück. »Miliztrommeln und Türkische Musik« bildeten den Auftakt der pompösen Prozession. Alles hatte sehr militärisches Gehabe, und Kriegsmontur überwog im Gepränge. Die Zeitläufte waren ja übervoll davon.

## Rudolfplatz

Früher herrschte dort beschauliche, in gewissem Sinn auch repräsentative Ruhe. Das 1902 von Moritz erbaute Opernhaus drängte sie geradezu auf. Die »Ruine« Opernhaus hätte man wieder als einen sehr kölnischen Theaterbau aufrichten können. Aber nichts davon. Köln flüchtete nach 1945 förmlich aus einer unheilvollen Vergangenheit und wollte sie endgültig vergessen machen. Damit war auch der Rudolfplatz zerstört, verschandelt durch den quer gestellten Betonriegel eines nichtssagenden Bürohauses (demnächst Hotel). Die günstige Gelegenheit schöpferischer Stadtplanung war auf lange verpaßt. Stattdessen Verkehrsmoloch und chaotische Zustände. Rasende Autos, flüchtende Fußgänger. Jammerschade. Jetzt gähnen riesige Gräben dort. Demnächst soll hier die U-Bahn fahren. Fortdauernde Zänkereien unter den Rathausparteien um die Zukunft des Rudolfplatzes sind ein Alarmzeichen. Wer wird ihn retten?

## Salz en dr Zupp

Eine Sache pfiffiger machen. Ihr die richtige Kölner Würze geben. Das gilt für viele Gelegenheiten in der Alltagstretmühle, insbesondere aber fürs »Hänneschen«.

## Saufang

Unikum merowingisch-fränkischer Handwerksfertigkeit – vielleicht aus einer Kölner Glockenwerkstatt. Der »Saufang« wurde aus einigen geschmiedeten und danach zusammengenieteten Eisenplatten gefügt. Sein scheppernder Ton hat nur wenig mit dem zu tun, was wir Glockenklang nennen. Eher wird man an das Geräusch von Kuhglocken erinnert.
Die Kölner Sage verbindet mit diesem komischen Objekt Bischof Kunibert und das ehemalige Cäcilienstift, dem es als »Glocke« diente: Stabiler Urahn ganzer Generationen kölnischer Kirchenglocken späterer Jahrhunderte.

**Ungefüg, fast grobschlächtig und im Ton mehr einer Kuhglocke ähnlich – der »Saufang« von (ehemals) St. Cäcilien**

## Schäl

Ein sehr unangenehmer kölnischer Menschenschlag. Die Figur im »Hänneschen« macht dies überdeutlich. Schon ihr Textil kennt nur schwarzgraue Töne, mahnt an Undurchsichtiges, Böses. Der schielende Blick ist nicht frei, läßt Hinterhältiges ahnen. Und in der Tat bedeutet Schäl die personifizierte Bosheit und große Intrige. Hintenherum spinnt er seine Fäden, scheut das Licht der Öffentlichkeit. Eine »graue Eminenz«, unberechenbar.
Christoph Winters, Baas des ältesten Kölner »Hänneschen« und dessen eigentlicher Gründer (1802) erfand die Schälfigur, um sich an dem begabteren Konkurrenten Franz Millewitsch zu rächen, der auf der rechten Rheinseite (Schäl Sick) spielte. Dieser grub Winters mehr und mehr das Wasser ab, ruinierte ihn auf die Dauer. In seinem »Puppenschäl« glaubte er, Millewitsch treffen und das Publikum für sich gewinnen zu können. Winters blieb der Erfolg versagt.

## Schäl Sick

Die andere, die rechte Rheinseite – das ist des Kölners »Schäl Sick«. Zugegeben: jenes, etwas hämische Etikett schmerzt manchen »von drüben«. Noch dazu, wenn er hören muß: »Do fängk Asien aan«. Also: »Da beginnt Asien«. Der Vorstellung liegt uralte kölnische Erfahrung zugrunde. Die Stadt orientierte sich von jeher nach Westen, war stets mehr dem romanischen, denn dem germanischen Kulturkreis verbunden.
Deutz und die »Schäl Sick« sind so gut wie identisch, womit auch die Wortbildung einen Sinn macht. Winzer pflegen vom Weinberg mit mäßigem Sonnenschein als von der »schä(e)len« Seite zu reden. So bekam Deutz nie oder kaum etwas vom Glanz des reichsstädtischen Köln ab. Stand im Gegenteil lange unter der Knute des Erzbischofes, blieb ständiger Zankapfel zwischen beiden Kontrahenten.
Heute ist alles anders. Wer das berühmte Kölner Rheinpanorama genießen möchte, tut dies von der »Schäl Sick« aus, den Rücken zum »Landeshaus« gekehrt. Dessen karge Architektur auf Stelzen gestellt und triste · dazu kann wenig entzücken. Das war eben 1956 modern. »Bauhausdenken« ist heute nicht mehr gefragt, wie der benachbarte Lufthansa-Verwaltungskomplex beweist. Nur zwei Deutzer Fixpunkte, deren Dominanz die römische und auch mittelalterliche Deutzer Historie fast vergessen lassen. Doch sind diese nicht fern. Mit den Resten des konstantinischen Kastells (um 310) oder der einstigen Heribertabtei. Zuerst als Zentralbau, italienischen Vorbilder folgend, erbaut (1020 geweiht). Nach totaler Zerstörung im Truchsessischen Krieg 1659 barock als Pfeilerbasilika mit Chorflankentürmen wieder aufgerichtet.

## Schäng

»Päng, säht dr Schäng – De Botz eß zo eng«. Nicht so beim munter Kölsch bubbelnden Kolumnisten einer großen Kölner Tageszeitung. Hinter dem Pseudonym (im Hochdeutschen »Johannes«) verbirgt sich ein biederer Kölner Journalist, der Hans W. Krupp heißt. Herzerfrischend schlängelt sich »Schäng« durch alle Possen und Unebenheiten kölnischer Aktualitäten. Seine zweimal wöchentlich erscheinenden kurzweiligen »Betrachtungen« wurden zum Tageblättchen voller witzig-schlauer Passagen. »Schäng« steht ganz oben auf der Sprosse jener Kölschen, von denen »man spricht«.

## Schänge

Sich wie Kesselflicker beschimpfen. »Schänge« tut das Volk, die »Klein

Lück«. In »besseren« Kreisen ist das Wort verpönt.

## Schavu(r)

»Kappes« und »Schavu(r)« wächst um Köln in endlos scheinenden Reihen. Als Wintergemüse oder zum Einmachen. »Schavu(r)« ist Wirsing, vornehmer »Savoyer Kohl« genannt. Französisch »chou de Savoie«. Von hier zu »Schavu(r)« war es dann kein allzulanger Weg mehr. Im Kölner Dialekt natürlich.

## Schildergasse

Die Straßenbezeichnung sollte wörtlich genommen werden. Dort waren einst die »Schilderer« ansässig. Mit Werkstätten, Ateliers. Mitten darin das prachtvolle Zunfthaus der Kölner Brauer, wo Kaiser Maximilian 1505 einkehrte. Nach dem Krieg wurde die Schildergasse Kölns erste »Fußgängerzone«. Die Autos verbannte man auf die damals schon viel besprochene »zweite Ebene«. Kölns Nord-Südfahrt unter der Schildergasse gibt eine Ahnung davon. Hier rast und rauscht es den ganzen lieben langen Tag. Oben, auf der »Schildergasse«, vergnügen sich die Fußgänger unbehelligt, ungestört. Sie wurde zur wirklichen Sehstraße. Nicht gerade so intim, eng wie die benachbarte »Hohe Straße«. Auf der »Schildergasse« gibts Auslauf. Geschäfte en masse und große Kaufhäuser. Quirliges Leben allüberall. Ein »Bierbrunnen« spendet Kühle, manchmal auch tatsächlich Bier. Kölsches, versteht sich. Straßenmusikanten, Pflastermaler, Tröömänner und Penner sind immer anzutreffen. Die »Schildergasse« ein sehr buntes Kaleidoskop großstädtischen Lebens. Ort stillen Innehaltens dann die Antoniterkirche mit dem Barlach-Totenengel. Das sind Gegensätze! Lange war die Schildergasse als Fußgängerzone ziemlich ramponiert und in Verruf geraten. Jetzt ist sie wieder »da«. Famoser als vorher. Mit bunter Pflasterung, Bänken, »Bäumcher«, Kandelabern und vor Weihnachten der leuchtend-gleißenden Pracht des Reklamerummels.

## Schlangenfadenglas

Die Kunst des »Schlangenfadenglases« wurde seit dem zweiten nachchristlichen Jahrhundert in Köln als einer Stadt des Glases besonders gepflegt. Auf die bereits erkaltete Außenwand des Glasgefäßes komponierten virtuose Glasmacher »schlangenförmige« Dekorationen aus bunten Glasfäden. Die Perfektion der Technik erlangte Weltruhm. Köln war in Sachen »Schlangenfadenglas« Exportstadt Nummer eins. Ständig neue Kreationen erfanden die Kölner Glashandwerker als Schlangenfaden-Kunststücke. Sie gehören heute zum seltenen antiken Schatz vieler Museen. Die größte Sammlung jener Prunkgefäße zeigt das Römisch-Germanische Museum in Köln.

## Schmitz

Der sehr häufige Kölner Familienname verweist auf den »kölschen Uradel«. Andeutungsweise überliefern ihn bereits römische Terrakotten. Dem Anonymus »Schmitz« setzte Willy Ostermann ein unvergeßliches Denkmal: »Däm Schmitz sing Frau es durchgebrannt!« Und: In der Kölner Altstadt existiert seit etlichen Jahren sogar die »Schmitz-Säule«. »Schmitze« – der Blick ins Kölner Telefon- oder Adreßbuch beweist es – sind Legionen. In Verbindung mit dem Vornamen »Josef« füllen sie inzwischen ganze Spalten. Es bürgert sich allmählich ein, den »Schmitz« mit weniger gängigen Nachnamen zu kombinieren.

In der Kölner City präsentiert sich die »Schildergasse« als ein Fußgängerparadies, gewürzt mit den flüchtigen Gastspielen der Straßensänger oder Pflastermaler.

## Schnäuzer

Nicht nur das manchmal geradezu kess wirkende Oberlippenbärtchen. Einen »Schnäuzer« trug »Dr Schnäuzer« schon, als dieses, jetzt so modische »Anhängsel« noch gar nicht en vogue war. Als kölscher Schutzmann machte »Dr Schnäuzer« während der wirren Nachkriegsjahre seine Kontrollrunden durch die trüben Zonen, den auch kriminellen Dunstkreis von »Maggelei« und »Munddiebstahl«, inbegriffen das Kölner Dirnenmilieu – Wegelagerer der Neuzeit. Wo der Polizist mit dem »Schnäuzer« urplötzlich und wie Ziethen aus dem Busch auftauchte, war die Szene mobilisiert. Ein unbehagliches, immer auch gefährliches Geschäft. Den »Schnäuzer« focht das wenig an, ihn plagten keine Gewissensbisse. List blieb seine »Waffe«. Mensch in Uniform bei aller Plackerei zu sein – dies galt als »Schnäuzerdevise«.
Die Anonymität lüftete unser »Schnäuzer« sehr viel später, als der Autor Alfred Hasemeier (dies nämlich war sein wirklicher Name) jene oft umwerfenden, tragikomischen Erlebnisse im Polizeidienst zu Papier brachte. »Paß op, dä Schnäuzer kütt« heißt das vielgelesene Büchlein.

## Schnäutzerkowski (y)

Bärbeißiger, meist mißmutiger Polizist aus dem Kölner Stockpuppentheater. Erfunden anno 1815 (Köln war gerade preußisch geworden). Sein Vorgänger zeigte eine vergleichbare Gemütsart: der französische Gendarm als »Musjö Ampmann«. Beide persiflieren ungeliebte Staatsmacht und Amtspersonen überhaupt. Hier die Franzosen, dort die Preußen, wobei des »Schnäutzerkowski(y)« Namensgebung ostelbische Herkunft verrät.

Schnäutzerkowski(y) ist dickleibig. Die Pickelhaube auf dem Kopf und mit scheppernder »Plempe« zur Schlägerei der »Knollendorfer« auftauchend. Sein Habitus reizt zum Spotten, die »Sippschaff« nimmt ihn nicht ernst – eine Witzfigur. Sie weckt mehr Mitleid als daß sie Autorität ausstrahlt.

## Schnüß

Zum vorlauten Plappern gespitzter Kölscher Mund. Er (sie) ist übrigens nicht nur bei Kindern, sondern auch bei Erwachsenen zu finden. Den Kindern nimmt man die »Schnüß« gnädig ab, toleriert sie in Maßen. Die »Schnüß« eines erwachsenen Zeitgenossen wird ernster bewertet. Mit fast drohendem Unterton verlautet: »Hal ding Schnüß«. Dem Großmäuligen und Kraftmeier stopft man solchermaßen das Maul.

## Schnütgen, Alexander

Domkapitular, Mäzen und kölsches Original (1843–1918). Nach ihm ist das »Schnütgen-Museum« in der ehemaligen Cäcilienkirche benannt. Sehenswerte Sammlung sakraler Kunst aus Köln und dem Rheinland. Schnütgen trug sie ein Leben lang zusammen.

Wie er das machte – darüber kursieren unendlich viele, amüsante Geschichten. Der korpulente, den Lebensgenüssen gar nicht abgeneigte Kleriker erzählt davon offenherzig in seinen Lebenserinnerungen. Sie sind inzwischen eine Fundgrube für das Kölner Kunstleben vor 1914 geworden.

## Schöne Madonnen

Lassen wir den Kunstterminus beiseite, nehmen wir das Merkmal als etwas in Köln unabhängig von Ort und Zeit Erfahrbares: Seine »Schönen Madonnen«. Lieblich-lächelnd, sanft, bescheiden. Meist etwas füllig geraten und in reiche, fast barocke Gewandung gehüllt. Madonnen des Kölner Volkes. Heilig, fromm immer. Doch auch der Lebensfreunde, dem Weltlichen zugekehrt. Die Madonna der Schiffer in Maria Lyskirchen zum Beispiel. Madonnenbilder des 15. Jahrhunderts auch zu St. Gereon, St. Kunibert. Sehr Kölnisch Herzerfrischendes ist daran. Das Volk wallfahrtet gerne dahin, sucht Schutz und Trost. Zwischen ihm und jenen Pretiosen der spätmittelalterlichen Plastik aus Stein oder Holz besteht ein jahrhundertealtes Vertrauensverhältnis. Diese Madonnen sind zeitlose, immer zum »Gespräch« bereite Begleiter, Freunde kölnischen Alltags.

## Schreckenskammer

Beliebtes Kölner Lokal im Schatten von St. Ursula. Mit »Schrecken« oder »Marterqualen«, bezogen auf die Kölner Ursulalegende, hat dieser Name nichts zu tun. Ursprünglich in der Johannisstraße gelegen, soll die »Weetschaff« letzte Station und gleicherweise »Wegzehrung« des zur »Weckschnapp« verurteilten Delinquenten gewesen sein.

**Immer sind es funkelnde Gehäuse, diese »Schreine« für Kölns Stadtheilige. Meisterwerke der Kölner Goldschmiede aus vielen Jahrhunderten**

## Schreine

Das sind kostbare Reliquienbehältnisse. Aus Gold, auch Silber, mit Edelsteinen, Gemmen, Kameen oder feinen Emails geschmückt. Stirn- und Längsseiten zeigen prachtvoll getriebene, manchmal gegossene Figuren aus der Propheten- und Heiligenwelt. Szenen des alten und neuen Bundes sind dargestellt. Köln besitzt von solch gleißenden Sarkophagen eine Vielzahl, entstanden zwischen 1100 und 1250. Einige stammen aus späteren Jahrhunderten, sind Werke des Barock oder des Historismus. Aber doch immer nachempfunden jenen prunkenden Gehäusen, die Gebeine großer Heiliger bergen. Kölner Goldschmiede schufen damit Spitzenleistungen, die über Jahrhunderte Maßstäbe setzten.
Unsere Kölner Schreine tragen Namen. »Dreikönigs-«, »Ursula-«, »Albinus-«, »Maurinus-«, »Severin-«, »Anno-«, »Ätherius-«, »Heribertus-«, »Kunibert-«, »Makkabäer-«Schrein und andere. Eine Phalanx Kölner Schutzgeister zieht da vorüber. Der die Stadt beschirmende »Kölner Himmel« sozusagen.
Manchmal ist es auch eine richtige feierliche Prozession. Wenn nämlich Kölns Schreine die Kirchen und Schatzkammern verlassen, um durch die Straßen der Stadt getragen zu werden. Zuletzt noch am 18. August 1985 zum Jahr der Kölner Romanischen Kirchen.

## Schützen

Kölner Schützen sind zwar keine Soldaten, gleichwohl lieben sie Uniformen, Orden, stramme Musik und Parade. Es geht im Kölner Schützenwesen nicht so »konzentriert« wie etwa in Neuß zu. Jede Gesellschaft feiert unter sich und am Ort. In Deutz zum Beispiel seit vor 1463. Die von Mülheim ist noch älter, datiert aus dem Jahr 1435. Schützen schießen gern und schützen nur noch selten. Früher waren sie in der Tat den Bürgern ein Schutz, ihre Schießspiele nichts anderes als Manöver für den Ernstfall. Im Trinken und ausgiebigen Feiern wurde man ebenfalls sattelfest. Das Kölner Schützenwesen hat demnach eine lange Tradition, ist eng verbunden mit dem Schutz demokratischer Freiheiten.

## Schull- un Veedelszög

Mehr improvisierter Umzug von Schulen und Stadtquartieren am Karnevalssonntag. Es gibt Kölner, denen dieses Jeckengaudi mehr bedeutet als der Rosenmontagszug. Sie schätzen die ungekünstelte Originalität, den Witz der Gruppen wie Grüppchen aus den Stammtischen, Sport- und Veedelsvereinen oder das ungezwungene Mittun der Schulkinder mitsamt Lehrpersonal und Elternpflegschaften. Der närrische Heerwurm übertrifft an Länge und Dauer mitunter den Rosenmontagszug.

## Schunkeln

Man hakt sich unter, wiegt hin und her im Rhythmus heimatlicher Klänge. Tuchfühlung zählt viel dabei. Häufig ist eine gehörige Portion Alkohol mit im Spiel. Schunkeln braucht gewisse Anlaufzeiten. Spontan funktioniert es nicht. »Schunkeln« und »Stimmung« sind nahe beieinander liegende Begriffe.

## Schwarze Muttergottes

Ein dem Kölner liebgewordenes Gnadenbild zu »St. Maria in der Kupfergasse«. Es kam mit den Karmeliterinnen während der Glaubenswirren im 16. Jahrhundert von Hertogenbosch nach Köln. Aufgestellt in einer kleinen Kapelle nach dem Vorbild des Hauses von Loreto. Erst 1715 wurde die prächtige Barockkirche daraus. Nichts blieb von der ehemals reichen Ausstattung über den zweiten Weltkrieg erhalten. Der heutige barocke Hochaltar des Meisters Johann Franz von Helmont wanderte 1966 von St. Andreas in die »Koffergaß«.

## Sechstagerennen

Seit nun vierunddreißig Jahren beginnt alljährlich am 27. Januar das berühmte Kölner Sechstagerennen. Ort der Handlung: Kölns Sporthalle im Messegelände. Fassungsvermögen achttausend sensationslüsterne Zuschauer. Zur Siedehitze steigt die Begeisterung in der Neujahrsnacht, wo Allotria das Feld beherrscht.
Radsport in Köln. Eine Domäne schon immer. Die Ehrenfelder Rheinlandhalle sah zwischen den Kriegen weltbekannte Profis. Und Willi Ostermann dichtete seinen Sechstagesong: »Das war ein Spurt, das war ein Spürtchen – es lebe Rausch, es lebe Hürtgen«.

## Session

Zu Deutsch: »Sitzungsperiode«. Nicht die des Kölner Stadtparlamentes, sondern die der Kölner Jecken. Der Zeitraum ist fixiert. Die »Session« beginnt am 11. im 11. und dauert exakt bis Karnevalsdienstag 24 Uhr.

**Unter den mittelalterlichen Kölner Torburgen zählt die »Vringspooz« zu den volkstümlichsten, weil Bürgertreff im »Veedel«** ▷

TAXI

## Severin

»Zinter Vring« sagt der Kölner mit Respekt und Vertraulichkeit zugleich. Severin gilt ihm als einer der Kölner Erstheiligen. Um 400 stand der Bischof seiner recht unheiligen Gemeinde vor, tat große Wunder und wurde schließlich in der Kirche mit seinem (späteren) Namen begraben. Fritz Fremersdorf, kundiger Kölner Archäologe und lange Chef des Römisch-Germanischen-Museums, glaubte 1925 das älteste Grab der Kölner Bischöfe entdeckt zu haben. Inmitten eines römischen Totenackers. Dieser gilt als Kölner Sensation und kann besucht werden. Darüber erhebt sich die jetzige, teils romanische, mehr indes gotische Kirche. 1411 war der steil aufragende Westturm vollendet. Neben den die Ostpartie flankierenden Türmen (1237) bietet St. Severin als »Dom des Südens« in der Kölner Stadtlandschaft einen charakteristischen Türmedreiklang, vor allem in Korrespondenz zu St. Kunibert im Norden des Panoramas. »Höhnchesmeß« und »Schreinsprozession« zu St. Severin sind Ereignisse, die auch den nur »Kölschkatholischen« zur Kirche locken.

## Sitzung

Wieder geht es um den Kölner Karneval, wenn die Vokabel bei eingesessenen und die Bräuche der Stadt beherrschenden Kölnern fällt. Wie das Wort sagt, wird gesessen. Und zwar stundenlang und bisweilen langweilig mit vielen Durststrecken. Festlich gekleidet oder kostümiert geht man zur »Sitzung«. Das Spektakel leitet der »Elferrat« am Kopfende des kleinen oder auch großen Saales (das kommt aufs Renommee der Gesellschaft an). Im Vortrag wechseln die Mannen von »Bütt« und »Podium«. Ab und an treten uniformierte Korps oder irgendwelche Tanzgruppen auf. Der Besuch des Dreigestirns kann Höhepunkt einer solchen Sitzung sein. Jetzt ist alles aus dem Häuschen, einschließlich des Präsidenten.
Die Karnevalssitzung regiert ein nicht klein zu kriegendes, abzuspulendes Ritual. Man spricht inzwischen von »Reform«, doch es geschieht (leider) nichts. Nach wie vor zahlt jeder, der was im Karneval erleben will, der Sitzung seinen freiwilligen Tribut und mag sie noch so dressiert wirken.

## Sporthochschule

Die Kölner Sporthochschule war die erste ihrer Art in Deutschland und wurde nach dem Krieg (1947) von Carl Diem gegründet. Ohne Frage wird hier der Spitzensport gefördert. Doch ebenso geht es um die Heranbildung tüchtiger Sportpädagogen unter idealen Lehr- und Lernbedingungen. In den weiten Grünanlagen des Kölner Stadions sind inzwischen hervorragende Möglichkeiten für alle sportlichen Disziplinen entstanden.

## Stadion

Konrad Adenauer war als Kölner Oberbürgermeister ungemein einfallsreich. Um die Arbeitslosen nach dem Ersten Weltkrieg von der Straße zu holen, erfand er »Notstandsarbeiten«. So geriet zwischen 1921 und 1923 das Kölner »Stadion« mit etlichen »Kampfbahnen«. Ein Mekka der Sportsfreunde von damals. Es hatte endgültig die Stunde der »Sportstadt Köln« geschlagen. Sie blieb dies bis heute, unterstrich ihren Anspruch mit dem Bau des supermodernen Müngersdorfer Stadions. Daß es hier manchmal turbulent zugeht – bei den Fans der berüchtigten »Südkurve« – sei nur am Rande vermerkt und der Kölner Polizei anempfohlen.

## Stadtsanierung

Der Begriff, häufig strapaziert und mißgedeutet, kann zum Reizwort werden, wie z. B. für die südliche Kölner Altstadt (Stollwerckgelände). Inzwischen hat man voneinander gelernt: Die Sanierer wie die zu Sanierenden. Im Grunde geht es um die Erhaltung alter Wohnviertel oder um deren Erneuerung mit Rücksicht auf gewachsene Strukturen. Das Viertelspezifische darf nicht angetastet werden. »Geborgensein«, »Sichwohlfühlen« sind heute Leitgedanken jeder vernünftigen wie auch erfolgreichen Erneuerung. Mit Abreißen allein ist es längst nicht mehr getan. Der »Fassadenwert« alter Gebäude wird hoch eingeschätzt.

## Stapelrecht

Darum drehte sich in Köln seit 1259 und vorher schon alles, was wirtschaftliche Bedeutung hatte. Das »Stapelrecht« war Folge der ausgezeichneten geographischen Lage am Übergang vom Mittel- zum Niederrhein. Von See her erreichten Handelsgüter der ganzen damaligen Welt Köln auf direktem Weg – ohne Umschlagzwang. Aber von hier aus ging es per Schiff nur noch im »Treidelverkehr« weiter. Des niedrigen Rheinwasserstandes wegen. Nun mußte umgeladen werden. Daraus zog Köln beträchtlichen Nutzen. Die Ware kam für drei Tage zu den Stapelhäusern. Hier hatten Handwerker vor allem Vorkaufsrecht. Das Prinzip der »Marktforschung« stand obenan. Preiswerte und dazu vorzügliche Rohstoffe wanderten in die Werkstätten und von dort als Fertigprodukte erneut in die Hand der Kölner Kaufleute mit dem Gütestempel »Kölnisch«.

## Steine Mann – Steine Frau

Alte Kölner »Hauszeichen« vom »Steinweg«, als Köln noch keine Hausnummern kannte. Die Häuser trugen die Namen ihrer »Bilder«. Unsere »Steine Frau« – kurioserweise nur als Holzplastik in Marketendertracht erhalten – wäre ein Beispiel dafür. Ebenso der »Steine Mann«, geharnischt und als »Ritter Gürzenich« beschrieben. Er wie die »Steine Frau« wurden zu Sagengestalten. Bei jeder Jahrhundertwende kletterten sie angeblich von ihren Podesten, wanderten durch die Stadt – früher. Denn sie sind als Steinreliefs festgebunden, unverrückbar geworden!

## Stippeföttchen

»Stippen« bedeutet soviel wie aneinanderreiben. Und »Fott« steht im Kölnischen für Hinterteil. So reibt man denn Hinterteil an Hinterteil, macht »Stippeföttchen«. Vornehmlich bei den Roten Funken. Ein herzerfrischender Ulk für jeden Fremden, weil gänzlich ungewohnt. Den Ursprung hat das »Stippeföttchen« in einer Art Verspottung preußischen Paradedrills nach 1815. Als Kulttanz ist es von nordischen Steinritzungen bekannt.
Heute denkt kaum noch jemand an solch prähistorische Zeiten. Der Gag, zu oft geboten, nutzt sich ab und wird Routine.

## Stöötz

Nichts als wunderbarer Blödsinn, groteske Unterhaltung oder Erklärung.

## Stollwerck

Die Kölner Schokoladenfabrik genießt Weltgeltung. Franz Stollwerck (geb. 1815) war ihr Gründer. Für die Zeit ganz ungewöhnliche Werbemethoden ließen das Unternehmen schnell wachsen. Bunte Bildserien und Automaten

zum Beispiel (als Vorläufer der Selbstbedienung) waren Schlager. Um 1848 gedieh das »Deutsche Kaffeehaus von Franz Stollwerck« im politischen wie gesellschaftlichen Leben Kölns zum Angelpunkt. Auch aufs Parkett der leichten Muse, des Schauspiels überhaupt, wagte sich der Manager. Das Kölner »Vaudeville-Theater« gab der rheinischen Komödianten-Zunft wichtige Impulse. Stollwerck und seine Söhne wurden zu »Allroundmännern«. Im »Vringsveedel« entstanden neue Fabrikhallen, am Wallrafplatz das »Stollwerckhaus« mit der großzügigen Passage. Zweigbetriebe in Berlin, London, Wien, Pressburg, Kronstadt schossen wie Pilze aus der Erde. Stollwerck expandierte ungehemmt und mit ihm die »Kölsche Schokolade«. Appetitlich anzuschauen desgleichen die »Stollwercksmädchen«. Eine besonders adrette Sorte vom »Vringsveedel«. Denn bei der Schokoladenproduktion war Sauberkeit, Hygiene oberstes Gebot.
Als vor einigen Jahren Stollwerck das »Vringsveedel« verließ, war guter Rat teuer. Was sollte mit der Fabrik geschehen? Rückten jetzt die berüchtigten Baulöwen an? Wirre Konzepte der alternativen Szene schwirrten durch die Luft. Es kam zum perfekten Kladderadatsch. Aufruhr, Besetzungen, Polizei. Das Stollwercksgelände wurde zum Hexenkessel. Inzwischen beruhigte sich alles. Wer heute dorthin kommt, sieht keine Wolkenkratzer, sondern ansehnliche Wohnbauten. Ein famoses Kölner Neubauviertel entstand.

## Straßen

Die Kölner Straßen sind auf den ersten Blick durchaus normal. Beim zweiten Zuschauen entpuppen sich etliche Ungewöhnlichkeiten. Der Kundige kann sie sogar »enttarnen«. Einige von ihnen führen schnurgerade durch die Stadt. Mal von Ost nach West oder von Nord nach Süd. Zum Beispiel die »Hohe Straße«, die »Breite Straße«, auch »Schilder-« und »Sternengasse«. Sie gehören noch zum dicht verzweigten Straßennetz aus Kölns römischen Tagen, das wie ein Schachbrett aussah und eine geplante, keine gewachsene Stadtlandschaft war. Später ging's nicht mehr so akkurat zu. Kreuz und quer verlaufen jetzt Straßen, Gassen, Pfade. Manche von ihnen tragen immer noch die Namen alter, längst untergegangener Handwerkszweige und muten wie Anachronismen an. So die »Glocken-«, »Kupfer-« oder »Fleischmengergasse«. Die »Goldgasse« verweist auf das anrüchige Gewerbe der »Toilettenfeger«. In Rheinnähe künden die Straßen- oder Platznamen von Handel und Wandel. »Alter-« »Heumarkt« »Fischmarkt«, »Eisenmarkt«. Es gibt »feine« Kölner Straßen und andere von weniger gutem Ruf. Laute, betriebsame und solche, in denen das Gras zwischen dem Kopfsteinpflaster wächst. Auch solche von »Charakter« prägen das Stadtbild. Zu ihnen zählt nicht unbedingt die Hohestraße. Ganz sicher aber die »Mittelstaße«. Da ist eigentlich alles beisammen, was man sich an großstädtischem wie an Intimität wünscht: Vor St. Aposteln eine selten gewordene Marktidylle, nach Westen zu der »Bazaar de Cologne« als höchst geschickt konzipiertes Einkaufszentrum. Die Straße selbst verführt zum Bummeln vorbei an guten Restaurants und Cafes. Ein wirklicher Corso, der sich den Anliegerstraßen mitteilt. Und jeder profitiert davon.

## Tabak

Zwei Namen nur für Köln: Foveaux und Feinhals. Der erste wurde berühmt durch sein Hauszeichen »Zum großen Kardinal«. Dankbare Geste

**Gravitätisch-ernst in entsprechender Garderobe – so verbringt das Opernpublikum die ersehnte »große Pause« im nach draußen verlegten »Foyer« vor dem »großen Haus«** ▷

an Nuntius Fabio Chigi, der für den lange verbotenen »blauen Dunst« eine Lanze brach. Wahrscheinlich, weil er ihm selbst zugetan war. Es durfte endlich geraucht werden. In Köln 1639 amtlicherseits.
Dann Feinhals. Piekfeiner Laden auf der Hohestraße für den anspruchsvollen Havannaraucher. In der Etage darüber »residierte« Johannes Kuhlemann im extravaganten »Tabakmuseum«. Das Etikett mancher Packung zierte modernste Gebrauchsgraphik. Ein Spleen, wenn man will. Aber einer, der Schule machte. Feinhals war Grandseigneur, Grielächer, kölsches Original, dem so leicht keiner das Wasser reichen konnte, was Popularität und Kunstverstand anging. Desgleichen Literat, Mäzen, Sammler, wie einst sein Kölner »Tabakvorgänger« Lyversberg, dessen Bilder mittelalterlicher Meister im Wallraf-Richartz-Museum hängen. Feinhals hatten es die Avantgardisten der Kunst angetan. Die Kölner »Sonder-« und »Werkbundausstellung« (1912 und 1914) fanden in ihm einen engagierten Förderer. Sie gelten immer noch als der eigentliche Durchbruch moderner Kunst in Deutschland.
»Collofino« – so das Pseudonym des ungewöhnlichen Mannes, sollte auf dem »Geschichtsfenster« Georg Meistermanns im neuen Rathaus verewigt werden. Daraus wurde nichts. Wegen der Anrüchigkeit des »Non olet oder die beschissene Welt«. So der Titel seines ziemlich unappetitlichen Sammelwerkes pornographischer Sprüche. Es gab damals (1956) fast einen kleinen Skandal. Die Prüden mokierten sich über die Fortschrittlich-Liberalen. Alle Eingeweihten lachten sich kaputt. »Collofino« über den Tod hinaus! Den Namen »Feinhals« findet man immer noch auf der Hohestraße.

## Tanzbrunnen

Hübsche und (1950) recht originelle Tanzfläche über Wasserfontänen. Inzwischen gilt die Bezeichnung für einen ganzen Bereich der Bundesgartenschau von 1957 im Gelände der Messe auf dem rechten Rheinufer. Bekannte Tanzorchester, Showgruppen und Jazzbands sind Publikumsmagneten in der warmen Jahreszeit. Sie machen der »Schäl Sick« wenigstens über den Sommer alle Ehre.

## Theater

Ist Köln eine »Theaterstadt«? Böse Zungen behaupten »Nein«. »Theater« gibt's in Köln um Intendanten und so. Aber wirkliches Theater? Lassen wir den unerfreulichen Disput beiseite. Köln hat ein »großes« und ein »kleines« Haus. Beide von Wilhelm Riphahn an der Nord-Süd-Fahrt gebaut (1957 und 1962). Eine Theaterinsel quasi. Das »große« als Opernhaus, mit originellen »Schubladen« im Innern für die Lauschenden auf den Rängen. Außen geht's nüchterner zu. Vom »Denkmal des unbekannten Intendanten« ist die Rede. Aber Schuh und Assmann waren sicher keine Unbekannten und Hampe ist es heute nicht. Benachbart das »kleine« Schauspielhaus, an dem Heyme und Flimm wirkten.
Daneben nehmen sich die zahlreichen Privattheater wie Inseln der Seligen ohne Intendantenknatsch aus. Das »Theater am Dom« in der Ladenstadt, »Theater der Keller« (Kleingedank-

straße), »Comedia Colonia« (Löwengasse), »Machtwächter« (Gertrudenstraße), »Senftöpfchen« (Pipinstraße), und last not least das »Theater Kefka« (Magnusstraße). Der große Pantomime Milan Sladek ist für Köln in der Tat eine Errungenschaft! Jemand zum Vorzeigen.

## Theophanu

Griechische Pinzessin und Gattin Kaiser Ottos II., Mutter Kaiser Ottos III. Zeitweise Reichsverweserin. Sie stiftete das Westwerk für St. Pantaleon in Köln (um 1000) und wurde dort im südlichen Querhaus beigesetzt. Die Stirnwand des weißen Sarkophages aus Marmor von der Insel Naxos (Bildhauer Sepp Hürten) schmückt ein Relief (nach Vorbild aus dem 10. Jahrhundert) mit dem das Kaiserpaar krönenden Christus. Flankiert von der Hagia Sophia in Konstantinopel und dem Westwerk von St. Pantaleon. Das untergegangene römische Weltreich als »Sacrum imperium« zu erneuern, war Lieblingsidee Ottos des Großen.

## Thermalbad in Deutz

Allzugerne hätte Köln dem alten römischen Namen von Deutz ein »Bad« hinzugefügt. Doch die langgehegte Hoffnung blieb Illusion. Es gab zahlreiche, kostspielige Bohrungen nach Wärme und Gesundheit spendenden Quellen. Zwar sprudelte ein halbwegs warmes Wässerlein aus beträchtlicher Tiefe, das gerade dazu reichte, die etwas hochtrabende Firmierung »Thermalbad« mit Einschränkung zu rechtfertigen – doch folgte die Quittung für gepfefferte Investitionen auf dem Fuß. Das so lauthals propagierte Deutzer Thermalbad geriet zusehends in die roten Zahlen und in die Klemme. Jetzt stritten sich die Gelehrten darüber, was geschehen solle. Aufgeben wollte eigentlich niemand. Die Stadt nahm es schließlich in eigene Regie, reihte es unter ihre »Bäder« ein. Denn trotz aller Unkenrufe floriert das Deutzer Thermalbad – wenigstens der Besucherzahl nach.

## Tradition

Ein Lieblingswort in Köln, das sicher auch mit dem Altwerden in einer alten Stadt zu tun hat. Man fühlt sich ganz automatisch allenthalben in Traditionen eingebunden und kann ihnen kaum entfliehen. Da greift »Traditionsmentalität« um sich. Eine Veranstaltung, gerade erst aus der Taufe gehoben, ist morgen schon »Tradition«. Manchmal allerdings von erstaunlicher Kurzlebigkeit. Da schlägt die Tradition der »Tradition« ein Schnippchen. Lange Gesichter und Spötter gesellen sich dazu.

## Trajan, römischer Kaiser (53-117 n.Chr.)

Im Kölner Prätorium wird ihm 98 n.Chr. die Nachricht überbracht, römischer Kaiser geworden zu sein. Unter ihm erlangte das Imperium seine größte Ausdehnung.

## Transfixbrief

Mord und Totschlag verbinden sich mit dieser bedeutenden Kölner Verfassungsurkunde vom Jahre 1513. Etliche der Zünfte hatten den Klüngel satt und erklommen die Barrikaden. Bürgermeisterköpfe rollten auf dem Heumarkt. Das Ergebnis der auch im Reich registrierten Revolte war die bessere Kontrolle der Stadtverwaltung. Vor allem aber wurden dem Bürger Freiheiten zugesichert, die der »Verbundbrief« nicht kannte: Garantie persönlicher Unantastbarkeit, Urteil nach Anhörung, Schutz des Eigentums. Der Kölner Transfixbrief ist eine »Inkunabel« deutscher Verfassungsgeschichte!

## Trapp-Trapp

Es gibt Leute, die mögen nun einmal Pferdefleisch: »Trapp-Trapp«. Einst gerühmte Spezialität von »Firmenich« am Heumarkt als »Roßbeef«. Um die Mißtrauischen nicht argwöhnisch zu machen, wurde die verhüllende Umschreibung gewählt. Heute verscheucht die Pferdemetzgerei Krosch im »Vringsveedel« alle Voreingenommenheit.

## Tröötemänner

Das sind die Herren der Blaskapellen mit roten, dicken Gesichtern. Beim Karneval, den Schützenfesten, der Kirmes immer dabei, schmettern sie ihre Melodien unters Volk. Nur in der Prozession und bei Begräbnissen geht's gemessener zu. Dieselben Trööter, wenn auch schwarz-feierlich gewandet und von ernstem Habitus.

**In »Dur« und »Moll«, mal zu Fastelovend, dann beim Begräbnis sind sie zur Stelle: Kölns »Tröötemänner«**

## Trümmermadonna

Die alte Kölner Kolumbakirche ging in den Bombennächten des Zweiten Weltkrieges unter. Nur eines blieb fast unversehrt und wie durch ein Wunder erhalten: die spätgotische Madonna mit dem Kind. Als »Trümmermadonna« wurde sie in Köln populär und innig verehrt. Gottfried Böhm baute drumherum 1950 eine vielbesuchte Kapelle. Für sie schuf Ludwig Gies die strahlenden Fenster in blau-gelb mit dem faszinierenden Engelreigen. Stille Beter findet man immer hier. Und Hochzeitskirche ist »Madonna in den Trümmern« zuweilen.

## Tünnes und Schäl

Beide sind für Köln sozusagen ein Markenzeichen geworden, vor allem als Witzfiguren. Tünnes, der Gutmütige, auch Faul-Behäbige. Schäl, der Bösewicht und Intrigant, die zwielichtige Existenz. Im »Hänneschen« hat das noble »Brüderpaar« seine großen Auftritte, wurden sie seit der Mitte des letzten Jahrhunderts als Inkarnationen des kölnischen Volkscharakters konzipiert. Was das Alter der beiden »Helden« angeht, sind diese demnach noch recht jung an

Jahren. Nichts Mittelalterliches oder gar Antikes. Ein Gag wohl nur und weit hergeholte Mystifikation. Schließlich ist es dann doch zu simpel, die Kölner Volksseele auf Tünnes und Schäl zu reduzieren.
Beide können durchaus Medienfunktion haben, wenn etwas durch die Blume gesagt werden soll. Man macht sich hinter ihnen quasi unsichtbar, verbrämt Tatbestände, um sie anzuprangern. Dutzende Tünnes und Schäl-Witze während der Nazizeit liefern eindrucksvolle Beispiele dafür. In Denkmälern verewigt wurde das merkwürdige Kölner Zweigespann gleich mehrfach. So in der Altstadt als fast lebensgroße Bronzeplastiken. Oder im Miniformat am Gürzenichportal von Ewald Mataré. Und endlich im Haus der Kölner Kreissparkasse (Neumarkt).

## Turnier

Festlich ging es dabei zu und meterhoch wurde auf dem »Altermarkt« der Pferdemist geschichtet. Die Herren sollten wenigstens weich fallen, wenn sie das Pech hatten, vom Roß gestoßen zu werden. Dies widerfuhr König Maximilian, dem späteren Kaiser Max, als er 1486 gegen den Pfalzgrafen Philipp »rannte«. Eine schlimme Blamage!

**Die »Ühlepootz«, der mittelalterliche Festungsturm, beherbergt heute das Funkenregiment. Und zwar das der »Roten« – mit gemütlichen Versammlungsräumen. Dicht dabei – ebenfalls in Resten der Stadtmauer – residieren die »Blauen Funken« und die »Prinzengarde«**

## Ubier

Urahnen aller »Kölschen«. Sie kamen von der rechten Rheinseite, aus der Neuwieder Kante und wurden um das Jahr 37 oder 38 v.Chr. auf dem Gebiet des heutigen Köln von Marcus Vipsanius Agrippa, dem Schwiegersohn des Kaisers Augustus, angesiedelt. Das berühmte »Ubiermonument«, der älteste römische Quadermauerbau nördlich der Alpen (An der Malzmühle 1) entstand zu augustäischer Zeit (vor 14. n.Chr.). Vielleicht als befestigter Turm in der Rheinlagune.
Mit dem »Ubierring« beginnt die Kölner »Ringstraße« nahe St. Severin. Als Reklamesignet wurden die Ubier längst entdeckt. Und die »Schmitzsäule« in der Kölner Altstadt träumt von »blonden« Ubiermädchen im »Fisternöll« mit römischen Legionären.
Im frühesten Namen der Stadt sind die Ubier mit dem Wort »ara« verewigt. Wahrscheinlich war damit ein Altar, eine Kultstätte zu Ehren des Kaiser Augustus gemeint.

## Ühlepootz

Am Sachsenring liegt die »Ühlepootz«. »Ulrepforte« steht im Adreßbuch. Da werkelten einst die »Auler« oder »Euler«. Das waren Töpfer. Die Ulrepforte als mittelalterlicher Torturm hat ihren Namen daher. Erhalten blieben auch Mauerreste sowie der Stadtgraben, von den Kölner Müttern lange als »Deefer Kindergade« (»Tiefer Kindergarten«) genutzt und geschätzt. Dahinter liegt heute die von hohen, schattenspendenden Bäumen bestandene »Ringstraße«. Das gibt fast noch eine Vorstellung von der einstigen »Prumenad«, dem idyllischen Weg um die Stadtmauer in ihrer ganzen Länge. Vergangenes blieb mit dem Denkmal vom Überfall anno 1268 gegenwärtig. Eine Hauptrolle fiel bei diesem blutigen Streich dem verräterischen Schuster »Havenit« zu. Es werden des Erzbischofs Bruder Graf Dietrich von Cleve und Herzog Adolf von Limburg genannt. Doch mit Hilfe aller Kölner Heiligen (vor allem Gereon und Ursula) und des Stadtvogtes Mathias Overstolz, der sein Leben bei diesem blutigen Drama einbüßte, wurde der nächtliche Raubzug (es war die Nacht der Heiligen Mohren vom 14./15. Oktober) abgeschlagen und siegreich bestanden, wie zwanzig Jahre danach die Bataille von Worringen. Heute geht es an der »Ühlepootz« nur noch kriegerisch-karnevalistisch zu. Mit den »Roten« –, den »Blauen Funken« und der Prinzengarde. Sie errichteten ihre fröhlichen Standquartiere im alten Gemäuer.

## UKB

Im Kölner Jargon hingeworfene Abkürzung für einen recht volkstümlichen Straßenzug im Eigelsteinquartier: Unter Krahnenbäumen. Derb und deftig gings hier zu, nicht ohne eine gewisse Zudringlichkeit, was den Nachbarn betraf. Streit, öffentlich ausgetragen, war an der Tagesordnung, und Feste vereinten die Straßengenossen. Man hatte Korpsgeist, ließ nichts auf die Großfamilie »Unter Krahnenbäumen« kommen. Es war der Idealfall von »Pack schlägt sich, Pack verträgt sich«. Verblüfft und vielleicht auch mit gewissem Neid schaute Köln in diese kleinbürgerliche Idylle. Ostermann regte sie zum Lied vom »Kinddauffeß unger Krahnebäume« an. Böll und Chargesheimer schufen gar einen vielgelesenen, die Psyche der Straße ausleuchtenden Bildband. Zu jener Zeit hatte »Unter Krahnenbäumen« aber schon seinen eigentlichen Reiz verloren. Der Verkehr fraß sich immer mehr ins Eigelsteinviertel. »Unger Krahnebäume« wurde Erinnerung.

## Universität

Köln darf sich der ältesten städtischen Hochschule Europas rühmen. Zunftgenossen und Patrizier gründeten sie

1388. Unter den klassischen Fakultäten lief die »artistische« (sprich »philosophische«) allen anderen den Rang ab. Von den Franzosen 1798 aufgehoben, gründete Konrad Adenauer 1919 die »Neue Universität«. Im »Inneren Grüngürtel« entstanden bald danach sehr modern anmutende Kernbauten, um die sich nach dem Zweiten Weltkrieg ein dichtes Korsett weiterer wissenschaftlicher Institute legte. Kölns »Uni« platzt aus allen Nähten. Die Zahl der Studierenden reicht heute an die 70.000-Marke heran. Aber eine »städtische« ist sie längst nicht mehr. Köln, finanziell überfordert, warf das Handtuch und gab seine traditionsreiche Universität an das Land Nordrhein-Westfalen ab. Eine Studentenstadt ist Köln allerdings nicht. Die Jünger der »Alma mater« bleiben mehr oder weniger unter sich, haben nur lose Kontakte zur Bürgerschaft. So wird die Uni zum Getto. In ihrer Nähe gibt es »Studentenstraßen«, nicht eigentlich Viertel Warum diese gegenseitige Abstinenz? Hier sind Vorurteile am Werk, versammelt in der Vorstellung vom Studenten-Bürgerschreck und Schmuddelkind. Der Kölner riecht »Aufruhr«. So etwas verfestigte sich und zur Korrektur besteht wenig Neigung. Die studentische Zimmervermittlung kann ein garstig Lied davon singen. Schade!

## Ursula

Weitverbreiteter Kölner Mädchenname, dessen Herkunft sich im Dunkel der Geschichte verliert. Umso heller strahlt die Ursulabasilika, leuchten die bunten Tafeln der Ursulalegende in Kirche und Museum: Ursula eine britannische Königstochter, von den Hunnen erschlagen! Der römische Senator Clematius weiß nichts davon in seiner berühmten Inschrift, die um 400 entstand. Aber von Märtyrer-Jungfrauen ist auch hier die Rede. Desgleichen von einer Gedächtniskirche, wiedererstanden nach dem Frankeneinfall (350). Da fängt also die Geschichte des Gotteshauses an. Sie hat etliche Stationen, bis zum Beginn eines völligen Neubaues im 12. Jahrhundert. Nun wird sie zur romanischen Emporenbasilika mit dem nach 1200 errichteten Turm. Wie ein steinerner Schrein wirkt der langgestreckte gotische Chor. Er entstand unter dem Einfluß des Domes.
Als makabre Sehenswürdigkeit gilt die »Goldene Kammer«, das Beinhaus mit unzähligen, auch zu frommen Inschriften komponierten Knochen. Diese stammen meist vom ehemaligen römischen Friedhof an der Ausfallstraße nach Norden, dem früh gerühmten »ager ursulanus«. Zwischen solchen Gebeinen lächeln selige Gesichter in Reliquienbüsten. Sehr froh schauen sie drein. Versöhnen mit der Todesnähe, zeigen ganz kölnisch empfundene Lebensbejahung. Vom ehedem so prunkvollen Schrein des Heiligen Ätherius, dem Verlobten Ursulas, blieb wenig erhalten.

## Usschwärme

»Ausschwärmen« – von den »Roten Funken« mit Bravour praktiziert. Das Kommando kommt plötzlich, ganz unverhofft. Und schon sind die karnevalistischen Stadtsoldaten bei jungen, hübschen Mädchen oder freundlichen »Möhnen« gelandet. Wozu? Zum »Bützen« natürlich. Alles kräht vor Vergnügen.

## Veräppeln

Da hat man seinen Spaß, gutgläubige Zeitgenossen an der Nase herum zu führen. Eine gewisse Sorte von Kölnern kann Methode dabei entwickeln. Geradezu glaubhaft das Unsinnigste behaupten. Mit ernstem Gesicht, vieldeutigem Augenaufschlag, entsprechender Gestik. Die »Veräppelten« haben das Nachsehen.

## Verbundbrief

Verbunden haben sich Zünfte und Patrizier, Geld und handwerkliche Fertigkeit. 1396 wurde der Bund generös besiegelt. Im »Verbundbrief«. Eine Urkunde, die demokratischen Geist atmet, auch wenn immer wieder gelehrte Forscher behaupten, mit der mittelalterlichen Verfassung sei es nicht weit her gewesen, was »Demokratie« angeht. Gleichwohl war sie republikanisch, mit starken Männern an der Spitze. Man kann es drehen und wenden wie man will. Köln ist vierhundert Jahre lang im großen und ganzen gut dabei gefahren, hatte stabile »Gewalten«. Revolutionen wirkten zuweilen wie ein reinigendes Donnerwetter. So 1513, als sich Vetternwirtschaft nun doch in unerträglichem Maß einschlich. Köpfe rollten. Heraus kam der »Transfixbrief«. Die Obrigkeit hatte Federn lassen müssen. Als unantastbar galt künftighin die persönliche Freiheit.
Helden wider den Kölschen Klüngel gab es etliche. Unter ihnen wird noch heute Nikolaus Gülich gerne zitiert. 1636 starb er auf dem Schafott zu Mülheim. Ein Typ vom Schlag des Michael Kohlhaas. Die Kölner Fraktion der »Grünen« geht mit dem »Nikolaus Gülich Solidaritätsfonds« auf Stimmenfang!

## Vergnügungsviertel

Am Kaiser-Wilhelm-Ring oder auf der Friesenstraße gibt es einige jener zwielichtigen Etablissements, in die sich vor allem Unbedarfte aus der »Provinz« verirren. Wer mehr wissen will, frage die Taxichauffeure oder werfe einen Blick in den Anzeigenteil der Kölner Presse. »St. Pauli«, der »Prater« – vielleicht sprießt auch das demnächst in Köln. Man könnte dabei an die Tradition der »Golde Eck« vor dem Ersten Weltkrieg in Riehl anknüpfen. Ein Rummelplatz mit vergleichsweise harmlosen Darbietungen.

**Die Kölner Altstadt floriert als »Vergnügungsviertel« mit kölschen Extras. Auch mit einer Mischung aus fromm und fidel.
Das Paradies aller Vergnügungssüchtigen beschattet der mächtige Turm von Groß St. Martin**

## Verkehrsamt

Hinaus, herein – tagaus, tagein. Besucht von Kunden aus aller Welt: Das Kölner Verkehrsamt am Dom. Hier wird Köln »verkauft«. Es ist die legitime Funktion solcher Institutionen. Daß es mit Engelszungen geschieht, wundert eigentlich niemanden. Plakate, Prospekte, kleine hübsche Souvenirs – das Kölner Verkehrsamt muß sich immer wieder etwas Ausgefallenes einfallen lassen. Die Werbemanager sind unermüdlich tätig im Erfinden neuer Lockvögel. So floriert denn das Geschäft. Die Besucherskala kennt keinen Abwärtstrend. Amerikaner suchen in Köln zuerst den Rhein und das alte Europa. Belgier, Franzosen, Holländer folgen in Scharen. Engländer, Skandinavier, Italiener. Wer nennt die Völker, kennt die Namen! Köln ist eine Reise wert für mehr als eine Million Touristen jährlich. Davon buchen 250 000 die attraktive »Stadtrundfahrt«.

## Verzell

Nicht ernst zu nehmendes Geschwätz, was man nur mit halbem Ohr wahrnimmt. Der »Verzell« ist ein Produkt jener Gerüchteküche, die in den Kölner Stadtvierteln oder am Stammtisch blüht.

## Vitellius

Römischer Imperator. Gefräßig und arglistig. In Köln zeitweise kaiserlicher Statthalter. 69 n.Chr. sah er seinen Weizen blühen. Nero endete damals durch Selbstmord. Vitellius machte sich von Köln aus mit Eliteeinheiten des römischen Heeres auf den Weg nach Rom. Zuvor kam es im Kölner Prätorium zu dramatischen Ereignissen. Der Kaiserbiograph Sueton berichtet vom festlichen Akt der Kaiserproklamation samt Purpur und Schwert des Cäsars. Doch legte irgendein Bösewicht Feuer im Palast. Ungutes Zeichen der Götter, wie die abergläubischen Soldaten meinten. Mit herrischer Handbewegung wischte Vitellius alle Bedenken vom Tisch. Bei Fackelschein und Feuersbrunst rief er den Zögernden zu »Seid guten Muts, für uns hat es geleuchtet. Uns wird es den Sieg bringen!«

## Vringsveedel

Mit dem Beginn der Industrialisierung breitete sich seit der Mitte des letzten Jahrhunderts um die Kirche St. Severin (Zinter Vring) ein typisches Kölner Stadtquartier aus, das heute als Aushängeschild von Eigenart und Stadtsanierung, als Mythos des Kölnischen schlechthin gilt. Unbestreitbar daran ist das Atmosphärische, die überschaubare Welt des Kölner Kleinbürgertums. Manches wird auch hochstilisiert, wirkt gewollt und aufdringlich heimattümelnd.
Immerhin: Ein Spaziergang über die Severinstraße lohnt sich durchaus. Vorbei an Geschäften voller exotischer Köstlichkeiten. Fremdländische Laute sind zu hören. Denn das »Vringsveedel« bietet vielen Kölner Gastarbeitern ein wirkliches Zuhause. Das kann zur Überfremdung führen, zu belastender Fluktuation, weil auch üble Makler ihre Chance wittern. Die Severiner nehmen es gelassen, feiern ihre althergebrachten Bräuche wie Kirmes, Nachbarschaftsfeste mit der »längsten Theke«, Fastelovend und was das Jahr sonst noch an willkommenen Gelegenheiten bringt. Wer Glück hat, findet sogar im Vorübergehen etwas von richtiger kölnischer Genöglichkeit, den Nachbartratsch von Fenster zu Fenster oder an der Straßenecke, den urwüchsigen »Tante Emma-Laden«. Die Schreinsprozession im Spätherbst verbreitet stimmungsvollen Glanz in immer noch stillen Straßen und Gassen.
Nahe beim Severinstor prangt die stattliche Fassade von »Haus Balchem« (früher »Zum Goldenen Bären«) mit dem lustig-geschwungenen Erker daran und einem würdigen, in Eisenankern gefertigten »SOLI DEO GLORIA«. Das Bürgerhaus stammt von 1676.
Et »Vringsveedel« kennt weitere »Knüller«. Da ist das Theater der Trude Herr. Die Prinzipalin, ein Unikum von erstaunlicher Vitalität mit prallrunden Körperformen, thront nicht über ihrer kölschen Theaterwelt. Nein, sie spielt aus Leibeskräften mit und hantiert als Allroundfrau für alles.

## Wahn – Köln

Die Heidelandschaft im Kölner Südosten wurde seit der Nachkriegszeit zum Airport. Zunächst ging es sehr bescheiden, ja fast dörflich zu. Bis die Düsseldorfer Konkurrenz und vor allem die Nähe Bonns neuen An- und Auftrieb für eine recht großzügige Gestaltung von Abflug- wie Landeköpfen mit den dazugehörigen Pisten gab. Stolz firmierte Köln-Wahn als »Regierungsflughafen«. Nur: Die großen Fluggesellschaften machten sich rar, und Charterflüge gibt es so gut wie gar keine. Anders beim Frachtverkehr (der an der Spitze aller deutschen Flughäfen liegt) oder wenn in Düsseldorf Nebel herrscht. Dann hat Köln-Wahn seinen großen Tag. Und als Forschungszentrum für die bemannte Raumfahrt ist es seit dem letzten Jahr in aller Mund.

## Wallfahrten

Was für die Prozessionen als bare Selbstverständlichkeit gilt, nämlich pompöse Zurschaustellung, ist bei den Wallfahrten verpönt. Still zieht die Kölner Männerwelt in der Nacht zum Passionssonntag ans Gnadenbild der Schmerzhaften Gottesmutter nach Kalk (seit 1932). Im August macht sich seit 1672 von St. Kunibert aus die Pilgerfahrt nach Kevelaer am Niederrhein – auch ein Marienheiligtum – auf den Weg. Drei Tage hin, drei Tage zurück über zum Teil laute und staubige Straßen. Es wird gesungen, gebetet. Die Hitze kann zu schaffen machen. Die Füße schmerzen. Dennoch, die Strapazen solch frommer Wanderschaft schrecken kaum ab. Der Teilnehmer werden nicht weniger, sondern mehr.

## Wallraf-Richartz-Museum

Nicht lange mehr, und das »WRM«, wie es hier unter den Mundfaulen heißt, wird in den Museumsgiganten an der Ostseite des Domes ziehen. Ferdinand Franz Wallraf, Kanonikus-Professor, war der Gründer in den Tagen der Franzosenherrschaft um 1800. Richartz, der Häutegroßhändler, stiftete das Gebäude. Die neogotische Architektur verschlang der Krieg. Ein

**Stummes Raten oder Ergötzen sind Besucherreaktionen auf derlei Bilderwerke. Eine Kinderschar hat's da leichter, braucht ihr (Un)-Verständnis nicht zu verschlüsseln**

Neubau mußte her – auch wenn man sich durchaus im alten Gemäuer hätte einrichten können. Schwarz und Bernard wurden die Architekten des von Konrad Adenauer verächtlich als »Fabrik« abqualifizierten Musentempels. Hierher zogen dann wieder die »Kölner Malerschule«, die »Niederländer«, der ganze Schatz dessen, was über den Krieg davonkam. Haare hat die bedeutendste Gemäldegalerie am Rhein lassen müssen. Man nahm ihr während der Nazizeit als »entartet« diffamierte Glanzstücke. Der Verlust wurde nie wettgemacht, wohl gemildert durch die nach dem Krieg erworbene Sammlung des längst verstorbenen Kölner Rechtsanwaltes Haubrich, der zum Kölner »Kunstpapst« in den Nachkriegsjahren aufstieg. Heute heißt er Peter Ludwig. Das Wallraf-Richartz-Museum wirbt mit dem Anhängsel »Museum Ludwig«. In das aufgegebene Haus zieht demnächst Kölns Kunstgewerbemuseum, Stiefkind insofern, als es vierzig Jahre nach Kriegsende noch immer kein eigenes Domizil besitzt.

## Wappen

Es besteht aus einem zweigeteilten Schild. Oben auf rotem Feld drei goldene Kronen. Unten auf weißem Grund elf »Flammen«. Rot-weiß sind

die überlieferten Stadtfarben, Couleur der Reichs- und Hansestädte. Die Kronen weisen auf den Besitz der Dreikönigsreliquien seit 1164. Die »Flammen« (auch als »Hermelinschwänzchen« interpretiert) erinnern an das Martyrium der legendären britannischen Königstochter Ursula und ihrer Gefährtinnen.
Das Kölner Wappen machte eine lange Entwicklungsgeschichte durch.

Es erscheint zuerst am Hochgrab des Kölner Erzbischofes Philipp von Heinsberg (vor 1300), kurz danach auf einem der Fenster im Hochchor des Kölner Domes (um 1322). Übrigens noch ohne den Hinweis zum Ursula-Martyrium. Die Elf-Zahl (elftausend Gefährtinnen) der Flammen gibt es erst seit dem 17. Jahrhundert.

## Weckschnapp

hieß einer jener skandalumwitterten Gefängnistürme der mittelalterlichen Stadtmauer unweit von St. Kunibert, heute fälschlich auf ein Gemäuer übertragen, das zum stimmungsvollen Wohnturm wurde. Nichts davon ehedem. Das Gefangenenverließ – längst steht es nicht mehr – war karg, kahl, höchst unwirtlich beschaffen. Von besonderem Reiz insofern, als von der Decke her dem hungrigen Bösewicht ein verführerisch duftender Weck das Leben schwer machte. »Schnappte« der arme Kerl im Sprung danach, öffnete sich eine Falltür über scharf gewetzten Messern.

## Weetschaff

Zum Standardmobiliar einer kölschen »Weetschaff« (nicht Kneipe oder Pinte) gehören: Weiß gescheuerte Tische (ohne Tischtuch), einfache Holzstühle oder Bänke. Will der Wirt seiner Lokalität historisches Fluidum angedeihen lassen, nimmt er zur Ausstattung ein »Kontörchen« (auch »Beichtstuhl« genannt) hinzu, von dem aus das Geschehen zwischen Zapfhahn und Gast mit Argusaugen überwacht wird. Der »Bichtstohl« ist bald museumsreif. Nur noch sechs (!) gibt es davon in Kölner Wirtschaften.
Selbst bei engen Häuserschluchten fehlt manchmal der Garten im Hinterhof nicht. In den tiefen Kellern wird Bier gelagert und oben vom Faß gezapft. Daß der »Köbes« hier die Szene beherrscht, mag selbstverständlich sein. Stammtischfreunde finden sich ein zum Kartenspiel und Schwatzen. Laut geht's zu und rauchgeschwängert ist eine solche »Weetschaff«, wo die »Kölsche Fooderkaat« (Speisekarte mit Kölner Spezialitäten) bei Gott nicht mehr ausschließlich das kulinarische Feld behauptet. Aparte Namen haben sie sich zugelegt, diese »Weetschafften«. »Blomekörvge«, »La päd«, »Malote Stüffge«, »Em Krützche«, »Zum Salzrümpchen«, »Zum Immi« usw.

## Weggemann

Den gibt es, knusprig und aus Hefeteig gebacken, zu St. Martin, weniger zum Nikolaustag. Der »Weggemann« (Weck), auch »Helljemannskälche« genannt, entpuppt sich als Gebildbrot mit Korinthenaugen. Im Arm hält die duftende Köstlichkeit das kleine, weiße Tonpfeifchen. Ist sein Geschlecht sonst undefinierbar, so gibt wenigstens die Pfeife einen Hinweis. Die Kinder blasen damit herrliche Kringel aus Seifenschaum.

## Westdeutscher Rundfunk

Segen und Fluch zugleich. Die Kölner partizipieren an seiner finanziellen Großzügigkeit, genießen Konzerte und andere Annehmlichkeiten »vor Ort«, exklusiv wie life. Das gilt als segensreich. Gar nicht begeistern dagegen die klotzigen Bauten im Stadtkern (seit 1954). Das »Scheibenhaus«, das »Archivhochhaus«. Zahlreiche Verwaltungsgebäude und Studios fraßen sich in die Stadtlandschaft. »Westdeutscher Rundfunk«, »Deutsche Welle« und »Deutschlandfunk« vervollständigen den Kölner Moloch. »Sendeanstalten« als akustisch-visuelles »Dreigestirn«.

## Weiberfastnacht

heißt im Kölnischen viel besser »Wieverfastelovend«. Dann herrschen die Frauen. In den Büros, den Betrieben fängt das schon frühmorgens an. Als Mann läßt man den Schlips daheim. Denn der könnte um ein Ende kürzer gemacht werden. Auch sonst sollte sich das männliche Geschlecht zurückhalten. Wieverfastelovend ist elementarer Ausbruch der Emanzipation. Das Defizit des Jahres muß hier beglichen werden. Außer Rand und Band zieht man verkleidet umher. Als »Möhn« und auch anders. Vor allem zum Altermarkt, wo punkt 11.11 die Straßenfastnacht eröffnet wird.

## Weinsberg, Hermann v.

Weinsberg schrieb Tagebücher, Jahrzehnte hindurch. Das Bild einer mittelalterlichen Bürgerstadt wird dabei lebendig. Es ist das Köln des 16. Jahrhunderts. Der emsige Chronist schilderte Kinder- und Schuljahre, das Studentendasein. Er amtierte als Kölner Ratsherr und reiste in die Welt von damals. Krankheit und Tod blieben nicht fern. Aber auch Feste, Familienfeiern – das ganze Drum und Dran der Kölner Gesellschaft wird lebhaft notiert. So entsteht endlich ein buntes Kaleidoskop, ein »Sittenbild« des späten Mittelalters. Unerschöpfliche Quelle für jeden Köln-Liebhaber, diese liebenswürdigen Plaudereien.

## Weiße Flotte

Das sind die schmucken Schiffe der »Köln-Düsseldorfer-Dampfschiff-fahrts-Gesellschaft« mit dem Heimathafen Köln. Im Sommer schaukeln sie Tag für Tag den Rhein hinauf und hinunter. Manchmal bunt bewimpelt mit Musik an Bord. »Schiffstour« ist für den Kölner ein Zauberwort. Möglich macht diesen Zauber die »Köln-Düsseldorfer«. Bis zum Siebengebirge, oder nach Andernach, Koblenz – zur Loreley und die Mosel hinauf. Ja nach Basel und Rotterdam geht zuweilen die Fahrt.

## Wetter

»Wat e Wedder wieder wa!« Kummervoller Ruf an vielen Tagen des Jahres. Auf allzuviel Regen kann sich dieser Kölner Klageruf nicht beziehen. Denn statistisch gesehen, gilt Köln nicht als Regenloch. Wohl gibt sich der Kölner Himmel wolkenverhangener als anderswo. Ein Trost bleibt der Rekord an milden Wintern. Immerhin nur acht Dauerfrosttage und eine mittlere Temperatur von plus 2,5 Grad. Der Kölner Winter zählt damit zu den wärmsten in Mitteleuropa!

## Worringen

Das war die »Stunde Null« der Kölner Bürgerschaft im Jahr des Herrn, den 5. Juni 1288. Fünfzehn- bis achtzehntausend Streiter standen sich gegenüber in der größten Ritterschlacht auf rheinischem Boden. Die Reimchronik des Brabanters Jan van Heelu und die des Jan de Klerk protokollierten das Kriegsgetümmel ausführlich. Kölns Erzbischof Siegfried von Westernburg mußte die Segel streichen, wurde als Gefangener zur Feste Burg an der Wupper geschafft. Vor allem die Kölner Nobilität blieb Sieger des blutigen Ringens vor Worringen, unweit der nun praktisch »Freien Reichsstadt« im Norden gelegen, wenn auch Gerhard Overstolz, der Anführer des Kölnischen Kontingentes, fiel.
Der Kölner Erzbischof mußte sich fortan mit dem Recht der hohen Gerichtsbarkeit begnügen. Alle anderen Privilegien fielen an die Bürgerschaft. Jetzt endlich galt das Wort »Stadtluft macht frei«.

## Zeitungen

In der alten Druckerstadt Köln gab's ehedem renommierte Blätter. Die »KV« zum Beispiel (Kölnische Volkszeitung) oder die »KZ« (Kölnische Zeitung). Auch die »Rheinische Zeitung«, das »Marxblatt« von 1848, gehörte dazu. Keines existiert mehr oder doch nur noch als Untertitel. Wie beim »Kölner Stadtanzeiger« etwa. Er ist die Postille der Kölner Bürger. Aus dem Käseblättchen des vergangenen Jahrhunderts mauserte sich eine Zeitung mit Millionenauflage. Auf den dicken Anzeigenteil zum Wochenende wird vor allem geachtet. Der Boulevard-Renner »Express« vom gleichen Verlag mit sex and crime steht dem Stadtanzeiger an Beliebtheit kaum nach. Die »Bild-Zeitung« schlug er fast aus dem (Straßen-)Feld. Ziemlich weit abgeschlagen von jenen »Presse-Elefanten« muß sich die »Kölnische Rundschau« plagen. Die Zeitung der Kölner Konservativen. Geschätzt wird ihr »Kölscher« Lokalteil. Da ist sie manchmal den anderen Blättern eine Nasenlänge voraus.
Den »Wochenspiegel« gibt's einmal wöchentlich gratis und frei Haus. Dicht sitzt er als Anzeigenblatt allen »Etablierten« auf den Versen.
»Köln in« informiert als Monatsblatt über Termine, Personen, Bücher etc.

## Zentral-Dombauverein

Am 8. Dezember 1841 von Friedrich Wilhelm IV. in seinen Statuten bestätigt. Der Zweck: »Vermittelst Darbringung von Geldbeiträgen und jeder sonst angemessenen Weise für die würdige Erhaltung und den Fortbau der Katholischen Kathedral-Domkirche in Köln nach dem ursprünglichen Plan thätig zu werden«. Sein Wahlspruch: »Eintracht und Ausdauer« gilt heute noch.
Im Aufschließen neuer Geldquellen sind die rund 4000 Dombaufreunde (soviele Mitglieder zählt der Verein jetzt) stets erfinderisch gewesen. Eine Dombaulotterie besteht seit 1865. Das »Glücksrad« um den Dom lockt mit Stimmaufwand und fetten Preisen. Neuerlich bringt dem Dom das »Spiel 77« erklecklichen Gewinn.

## Zint Määtes

»St. Martin« – 11. November – ein Freudentag der Kinder. Laternenumzüge werden von Schulen oder Pfarreien veranstaltet. Mitten drin St. Martin hoch zu Roß und hinter ihm der Gänsewagen. Bunte, laut singende und nur langsam sich fortbewegende Lichterprozessionen ziehen durch die Kölner Straßen.

## Zint Märjens Repp

Das ist und bleibt ein Wunderding zu St. Maria im Kapitol. Sowohl vom Namen her als auch vom Objekt. Da hängen, unweit der herrlichen Holztüren von 1050, an derben Kettengliedern befestigt, wenige ungefüge Knochenreste von beträchtlichem Ausmaß. Die Fama weiß vom Fund am Rhein. Vielleicht sind es die Rippen eines Dinosauriers. Kurzum, der Kölner machte daraus die »Zint Märjens Repp«. Despektierlich, ironisch schrieb er sie der Gottesmutter zu. Nichts Blasphemisches ist daran.

## Zitronenpresse

Wird die 1931 von Dominikus Böhm erbaute Engelbertkirche in Köln-Riehl schmunzelnd doch ohne Wimperzucken genannt: Auftakt des modernen Kirchenbaues in Köln, der erst nach dem Zweiten Weltkrieg so richtig in Schwung kam.
St. Engelbert wurde als Zentralbau konzipiert. In den Materialien Beton, Ziegel, Glas. »Zelt Gottes unter den Menschen« zu sein, war die Bauidee. Vielfach variiert in anderen, schon berühmt gewordenen Kirchen der Nachkriegszeit, als Köln das »Paradies« moderner Sakralarchitektur wurde.

Boltensternstr.
EINGANG
RIEHLER GÜRTEL
Boxen für
Besucherhunde
P
P

Niederländer Ufer
Riehler Str.
11 15 16
U-BAHN
ZOO
Rhein Seilbahn
WC
P
HAUPTEINGANG
UND VERWALTUNG
EINGANG
Gaststätte
AQUARIUM
148
Flora

## Zons

Etwas übertrieben als »Rheinisches Rothenburg« in bunten Reklamen vorgestellt. Beliebtes Ausflugsziel per Rad am Rhein entlang oder mit einem der vielen »Böötchen« erreichbar. Aus der typischen Niederrheinlandschaft ragt die ehemals erzbischöfliche Feste »Friedestrom« (13. Jh.). Der Zolleinnahmen wegen wurde Zons 1388 mit einer festen Mauer umwehrt. Das hübsche Heimatmuseum sollte man besuchen.

## Zoo

Dr. Kaspar Garthe (1796-1876) war durch Jahrzehnte ein unermüdlicher Motor für die Gründung des Kölner Zoos, die dann auch wirklich am 22. Juli 1860 erfolgte. Die Kölner haben von Anfang an den prächtigen Tiergarten – ihren »Zoolonischen« – ins Herz geschlossen. Er wächst, blüht und gedeiht weiter – jüngst noch durch ein neues Affenhaus. Die Kölner Tageszeitungen nehmen jedesmal lebhaften Anteil, wenn aus dem Zoo Neuigkeiten zu melden sind. Schon setzt eine wahre Völkerwanderung nach Riehl ein. Denn dort ist jene Kölner Beliebtheit zu finden.

## Zweiter Weltkrieg

Er verwandelte Köln in einen Trümmerhaufen. Die Stadt bot als Stätte der Verwüstung fast apokalyptische Züge. Mit dem ersten Tausend-Bomberangriff in der Nacht zum 31. Mai 1942 begann das Unheil. Die Altstadt war zu über neunzig Prozent zerstört. Kaum anders erging es den übrigen Regionen im weiten Umkreis. 30 Millionen Kubikmeter betrug die Trümmermasse. Zwanzigtausend Menschen fanden unter ihr einen fürchterlichen Tod. Das kulturelle Leben erlosch gänzlich. Kein Museum existierte mehr. Sakrale oder profane Denkmäler einer alten Stadtgeschichte waren nur noch in Rudimenten geblieben. Über den Strom führte keine Brücke. Die Straßen verkümmerten zu Trampelpfaden mit Menschen, die in schäbiger Kleidung auf der Suche nach Nahrung herumlungerten. Kein Wasser, kein Strom, kein Gas. Die Stadt schien einem Abgrund nahe, als amerikanische Soldaten (es waren die 8. und die 100. Infanteriedivision) Köln am 6. März 1945 besetzten. Wen konnte wundern, daß ernsthaft darüber nachgedacht wurde, ob man die Stadt am alten Platz wieder aufbauen sollte. Eine solche Katastrophe war noch nie in den zwei Jahrtausenden ihres Bestehens über sie hereingebrochen.

## Zunft

Bezeichnet in Köln durch Jahrhunderte nicht nur das biedere, rechtschaffene Handwerkertum. Zunft heißt von 1396 bis 1794 gleichermaßen »Herrschaft«, »Stadtregiment«. Die Randleisten vieler Kölner Stadtansichten sind mit den Wappen der Zünfte geziert. Zeichen ihrer schützenden und die Stadt repräsentierenden Funktion. Aus den Zünften kamen die Bürgermeister, die Ratsherren. Die Zunft begleitete den Bürger von der Wiege bis zur Bahre. Sie war Zentrum des politischen wie gesellschaftlichen Lebens. Sie reglementierte, strafte, belobigte. War überhaupt allgegenwärtig.